扬州统计年鉴

YANGZHOU STATISTICAL YEARBOOK

2023

扬州市统计局
国家统计局扬州调查队 编

中国统计出版社
China Statistics Press

图书在版编目(CIP)数据

扬州统计年鉴. 2023 = Yangzhou Statistical Yearbook 2023 / 扬州市统计局, 国家统计局扬州调查总队编. -- 北京 : 中国统计出版社, 2023.12
ISBN 978-7-5230-0356-5

Ⅰ. ①扬… Ⅱ. ①扬… ②国… Ⅲ. ①统计资料-扬州-2023-年鉴 Ⅳ. ①C832.533-54

中国国家版本馆 CIP 数据核字(2023)第 226469 号

扬州统计年鉴 2023
Yangzhou StatisticalYearbook 2023

作　　者/ 扬州市统计局，国家统计局扬州调查总队 编
责任编辑/ 冯燕玲
出版发行/ 中国统计出版社有限公司
通信地址/ 北京市丰台区西三环南路甲 6 号　邮政编码/ 100073
发行电话/ 邮购(010)63376909 书店(010)68783171
网　　址/ http://www.zgtjcbs.com/
印　　刷/ 扬州南洋印刷有限公司
经　　销/ 新华书店
开　　本/ 880mm×1230mm　1/16
字　　数/ 812 千字
印　　张/ 25.5
版　　别/ 2023 年 12 月第 1 版
版　　次/ 2023 年 12 月第 1 次印刷
定　　价/ 300.00 元

《扬州统计年鉴2023》

编委会和编辑人员

编　者　说　明

1.《扬州统计年鉴2023》是一部内容丰富、信息密集的综合性统计资料汇编。本年鉴汇集了中华人民共和国成立以来主要年份和2022年扬州市及各县(市)区国民经济和社会发展的统计资料,全面、系统地反映了改革开放中扬州经济、社会、科技等各方面的发展变化。

2.本年鉴收录了《统计法》《中华人民共和国统计法实施条例》《江苏省统计条例》,以供社会各界参考。

3.本年鉴的内容包括:综合、国民经济核算、人口与劳动力、固定资产投资与建筑业、人民生活、居民消费价格指数、农业、工业、国内贸易、服务业、交通运输和邮电、对外经济贸易和旅游、财政金融、能源电力、科学技术、教育文化和卫生、其他社会事业、城市建设和环境保护、乡镇资料、全省市县及长三角资料二十个部分。

4.按年鉴出版惯例,本年鉴标明年份采用出版年的年份。

5.2011年区划调整,市区历史数据资料已作相应调整。

6.有关表中使用的符号,作如下说明:空白栏表示未掌握该项资料或该项数字小,不足计量单位的百分之一;“#”表示其中的主要指标。

《扬州统计年鉴》编辑部

二〇二三年十月

目　　录

一、综合

二、国民经济核算

三、人口与劳动力

四、固定资产投资与建筑业

五、人民生活

六、居民消费价格指数

七、农业

八、工业

九、国内贸易

十、服务业

十一、交通运输和邮电

十二、对外经济贸易和旅游

十三、财政、金融

十四、能源、电力

十五、科学技术

十六、教育、文化和卫生

十七、其他社会事业

十八、城市建设与环境保护

十九、乡镇资料

二十、全省市县及长三角资料

附录

2022年扬州市国民经济和社会发展统计公报

2023年3月

2022年,扬州市上下坚持以习近平新时代中国特色社会主义思想为指导,全面贯彻党的二十大和中央经济工作会议精神,认真落实“疫情要防住、经济要稳住、发展要安全”重大要求,高效统筹疫情防控和经济社会发展,着力打响“九大攻坚战”,奋力谱写中国式现代化扬州新篇章,经济社会发展保持了稳中有进、稳中向好的良好态势。

一、综合

经初步核算,全市实现地区生产总值7104.98亿元,增长4.3%。分产业看,第一产业增加值326.62亿元,增长2.4%;第二产业增加值3470.02亿元,增长5.7%;第三产业增加值3308.34亿元,增长3.1%。

全市新登记市场主体11.44万户,其中,新登记企业(含分支机构)3.14万户,新登记个体工商户8.28万户,新登记农民专业合作社101户。全市实有市场主体69.41万户,同比增长11.6%。其中各类企业21.59万户,同比增长4.6%;个体工商户47.6万户,同比增长15.2%;农民专业合作社2259户,同比下降1.2%。

全年城镇新增就业57296人,新增转移农村劳动力5200人,完成城乡劳动者就业技能培训2.13万人次,创业带动就业52665人。期末城镇登记失业人数4.21万人,城镇调查失业率达标,年末领取失业保险金人数2.3万人。

全年居民消费价格比上年上涨2.2%,其中食品烟酒价格上涨2.3%,非食品烟酒价格上涨2.2%。八大类消费品及服务项目价格呈现上涨趋势,其中交通和通信价格上涨6.0%,医疗保健价格上涨2.7%,食品烟酒价格上涨2.3%,教育文化和娱乐价格上涨1.8%,居住价格上涨0.9%,生活用品及服务价格上涨0.9%,衣着价格上涨0.7%,其他用品和服务价格上涨3.3%。

二、农林牧渔业

全年粮食播种面积584.95万亩,同比增长0.3%,其中,夏粮播种面积267.83万亩,同比增长0.5%;秋粮播种面积317.12万亩,同比增长0.2%。全年粮食亩产497.1公斤,同比下降0.1%,其中,夏粮亩产382.4公斤,同比增长0.8%;秋粮亩产584公斤,同比下降0.5%。全年粮食总产287.62万吨,同比增长0.2%,其中,夏粮总产102.42万吨,同比增长1.3%;秋粮总产185.2万吨,同比下降0.4%。全年猪牛羊禽肉产量15.68万吨,同比下降3.7%。禽蛋产量7.71万吨,同比增长2.8%。牛奶总产量2.22万吨,同比下降7.1%。水产品总产量41万吨,同比增长1.8%。

全市新建高标准农田17.23万亩,农作物耕种收综合机械化率86.2%。创建农业产业化国家重点龙头企业5家，全国“一村一品”示范村镇13家。高邮市四河四路现代农业产业高质量发展示范园、仪征市现代农业产业高质量发展示范园入选首批省级现代农业产业高质量发展示范园，宝应现代农业产业园获国家级认定。

三、工业和建筑业

全市3550家规上工业企业增加值增长8.7%，其中轻工业增长8.2%，重工业增长8.9%。按门类分，制造业增加值增长9.1%，电力、热力、燃气及水生产和供应业增加值增长0.4%，采矿业增加值下降0.9%。按经济类型分，国有工业增长20.9%，集体工业下降0.9%，股份制工业增长11.4%，外商港澳台投资工业下降3.5%。

先进制造业产值增长13.9%，对全部规上工业总产值的贡献率达66.7%。分产业看，汽车及零部件（含新能源汽车）产业增长2.6%，食品产业增长11.3%，海工装备和高技术船舶产业增长21.3%，新型电力装备产业增长34.7%，生物医药和新型医疗器械产业增长3.7%，高端装备产业增长5.8%，高端纺织服装产业增长7.6%，电子信息产业增长10.6%，航空产业下降28.9%。

规模以上工业企业营业收入增长6.1%，利润下降27.7%。规模以上工业企业营业收入利润率、成本费用利润率分别为3.9%、4.2%。规模以上工业企业资产负债率为54.7%，总资产贡献率为6.7%。全年规模以上工业企业产销率为93.8%。

全社会用电量313.61亿千瓦时，增长8.2%，其中，第一产业用电量4.57亿千瓦时，增长15.7%；第二产业203.34亿千瓦时，增长5.2%，其中工业用电200.15亿千瓦时，增长5.6%；第三产业52.29亿千瓦时，增长11.8%；城乡居民生活用电53.41亿千瓦时，增长16.9%。

全年建筑业实现总产值5258.3亿元，同比增长7.7%。房屋建筑施工面积33006.6万平方米，同比增长1.5%，其中新开工面积12119.6万平方米，同比下降1.8%。竣工产值2712.2亿元，同比下降32.3%。竣工面积11019.2万平方米，同比下降3.2%。

四、固定资产投资

全年固定资产投资同比增长10%，其中第一产业投资同比增长0.5%，第二产业投资同比增长25.6%，第三产业投资同比下降0.9%。

房地产开发投资完成717.32亿元，下降14.8%。商品房施工面积3045.8万平方米，下降9.4%；竣工面积350.62万平方米，下降14.8%。全年商品房销售面积671.9万平方米，下降19%；商品房销售额729.17亿元，下降21%。

五、国内贸易

全市社会消费品零售总额1518.91亿元，同比增长2.6%，其中限额以上社会消费品零售总额727.37亿元，同比增长17.4%。按销售单位所在地分，限额以上城镇消费品零售额695.87亿元，同比增长17%；限额以上乡村消费品零售额31.5亿元，同比增长30.3%。分类别看，粮油、食品类61.35亿元，同比增长33%；饮料类7.24亿元，同比增长8%；烟酒类24.18亿元，同比增长3.7%；服装鞋帽、针、纺织品65.58亿元，同比增长27.6%；日用品27.98亿元，同比增长37.8%；家用电器和音像器材类32.97亿元，同比增长15%；中西药品类30.42亿元,同比增长24.4%;通讯器材类16.75亿元,同比下降31%;石油及制品86.38亿元,同比增长19%;汽车类217.18亿元,同比增长17.3%。

六、开放型经济

全市实现进出口总额1101.1亿元,同比增长13.9%。其中出口870.8亿元,同比增长22.3%;进口230.4亿元,同比下降9.6%。从进出口主体看,民营企业和国有企业分别进出口585.1亿元和184亿元,分别增长22.7%和3.1%,占我市进出口总值的比重为69.8%;外商投资企业进出口332.1亿元,同比增长6.5%,占比30.2%。从贸易方式看,一般贸易进出口876.7亿元,同比增长14.7%,占比79.6%;加工贸易进出口185.8亿元,同比增长19.7%,占比16.9%。从重点市场看,对欧盟、美国、大洋洲、东盟、中国台湾分别进出口219.3亿元、169.2亿元、114.4亿元、94.7亿元和57.1亿元,增长33.8%、11.5%、11.6%、11.6%和1.9%;对"一带一路"沿线国家进出口228.8亿元,同比增长23.4%;对RCEP其他成员国进出口277.8亿元,同比增长1.6%。

全市实际利用外资15.3亿美元,同比下降14.3%。从产业分布看,制造业利用外资4.82亿美元,同比增长318%;高技术产业利用外资3.92亿美元,同比增长387.6%。从新批项目看,全市新设外资项目107个,新增协议外资28.74亿美元。

全市完成对外投资总额4.5亿美元,同比增长47.2%。从业务板块看,新批对外投资项目26个,中方协议投资额2.43亿美元,同比增长389.8%;对外直接投资额1.96亿美元,同比增长106.9%;对外承包工程企业完成营业额2.15亿美元,同比增长23.3%;对外输出劳务人员实际收入4243万美元,同比增长8.7%。

七、交通、邮电和旅游

全市货运总量和货物周转量分别完成1.8亿吨和717.93亿吨公里,分别增长8.3%、16.8%;客运量和旅客周转量完成571.23万人和2.53亿人公里,分别下降15.9%、41.6%;完成港口货物吞吐量1.5亿吨,集装箱吞吐量60.92万标箱。扬泰机场新开通一个国内通航点,累计开通通航点64个,其中国内50个,国际(地区)14个;机场累计完成旅客吞吐量139.4万人次,下降37.3%;完成货邮吞吐量0.88万吨,下降18%。全市新增汽车73432辆,全市机动车保有量109.2万辆,增长5.2%,全市机动车驾驶人总数169.6万人。

全市邮政通讯业务收入105.1亿元,增长13.1%,其中通讯业务收入61.85亿元,增长13.2%;邮政业务收入43.25亿元,增长13%。年末电话用户630.3万户,其中移动电话用户550.88万户,增长5.3%。互联网宽带接入用户241.98万户,增长11.3%。

全年共接待国内外游客5066.27万人次,其中国内旅游人数5065.3万人次。全年实现旅游总收入685.37亿元。全市拥有国家A级景区58家,总量位居全省第一。省级全域旅游示范区1家,省级及以上旅游度假区4个,省级以上夜间文旅消费集聚区4个,省级以上乡村旅游重点村10家。

八、财政、金融

全市一般公共预算收入325.49亿元,下降5.4%。税收收入238.14亿元,下降13.3%,税收占一般公共预算收入比重为73.2%。主体税种中,增值税89.48亿元,下降24%;企业所得税39.37亿元,下降10.5%;个人所得税12.65亿元,增长16.7%。

表:财政收入情况

指 标 名 称	2022 年	比上年±%
一般公共预算收入(亿元)	325.49	-5.4
#税收收入(亿元)	238.14	-13.3
#增值税	89.48	-24.0
企业所得税	39.37	-10.5
个人所得税	12.65	16.7
城市维护建设税	14.93	-16.5
房产税	13.02	8.6
印花税	4.07	-12.9
城镇土地使用税	7.00	4.7
契税	33.58	3.1
#非税收入	87.36	25.7
#行政事业性收费	12.90	-2.1
附:政府性基金预算收入	656.41	-0.4

全市一般公共预算支出699.17亿元,增长2.1%,其中一般公共服务支出84.34亿元,增长5.5%;公共安全支出46.44亿元,增长5.5%;教育支出107.05亿元,下降7.9%;科学技术支出14.59亿元,下降1%;文化旅游体育与传媒支出14.28亿元,下降3.3%;社会保障和就业支出94.53亿元,增长8.4%;卫生健康支出60.75亿元,增长8.1%;节能环保支出10.77亿元,下降37.1%;农林水支出59.83亿元,增长2.3%;交通运输支出38.59亿元,增长18.7%;资源勘探信息等支出17.92亿元,下降4.7%;住房保障支出43.88亿元,增长39.4%;政府性基金预算支出587.67亿元,下降1.8%。

年末金融机构人民币存款余额8903.02亿元,同比增长8.6%,其中住户存款余额5006.37亿元,同比增长20.6%。人民币贷款余额8115.69亿元,同比增长13.9%。其中住户贷款余额2611.37亿元,同比增长3.7%。非金融企业及机关团体贷款余额5503.9亿元,同比增长19.5%,其中制造业贷款余额876.78亿元,同比增长18.2%。

表:年末金融机构人民币存贷款情况

指 标 名 称	2022 年	比上年±%
人民币各项存款	8903.02	8.6
1. 住户存款	5006.37	20.6
2. 非金融企业存款	2593.70	-9.1
3. 广义政府存款	1201.23	8.7
人民币各项贷款	8115.69	13.9
1. 住户贷款	2611.37	3.7
个人消费贷款	1893.69	-1.6

指 标 名 称	2022 年	比上年 ± %
住房贷款	1642.00	-4.4
2. 非金融企业及机关团体贷款	5503.90	19.5
其中:票据融资	470.58	8.3
制造业贷款	876.78	18.2

全市证券资金账户数 107.8 万户,比上年增加 10.7 万户,增长 11.1%。客户交易结算资金余额 39.1 亿元,下降 5.4%。证券交易额 18365.8 亿元,比上年减少 395.4 亿元,下降 2.1%。股票(A、B 股)交易额 10174.7 亿元,比上年下降 19.6%,其中,A 股交易额 10172.4 亿元,比上年减少 2474 亿元,下降 19.6%,占交易额的 55.4%;基金交易额 2753.1 亿元,比上年增加 786.6 亿元,增长 40%,占交易额的 15%。

全市各类保险机构实现保费收入 190.9 亿元,增长 9.7%。其中,财产险保费收入 43.1 亿元,增长 9.8%;寿险保费收入 116.68 亿元,增长 11.7%;健康险保费收入 26.54 亿元,增长 4.8%;意外伤害险保费收入 4.57 亿元,下降 7.6%。累计赔付支出 54.56 亿元,下降 0.7%。其中,财产险赔付支出 26.63 亿元,下降 1.4%;寿险赔付支出 14.53 亿元,增长 4.9%;健康险赔付支出 11.58 亿元,下降 6.9%;意外伤害险赔付支出 1.81 亿元,增长 12.4%。

九、科学技术和教育

全市完成专利授权量 23219 件,其中发明专利授权量 2543 件。PCT 国际专利申请量 101 件。新增地理标志商标 8 件,地理标志商标总量达 40 件。全市有效发明专利量 12270 件,其中维持年限在 10 年以上的有效发明专利量 2095 件。每万人发明专利拥有量 26.81 件。

全年认定国家高新技术企业 712 家,有效高企累计数达 1774 家。2930 家企业通过国家科技型中小企业认定。全年高新技术产业产值占规上工业产值比重达 51.2%。

全市共有普通高校 8 所。普通高等教育招生 4.1 万人,在校生 12.72 万人,毕业生 3.23 万人,其中研究生教育招生 0.47 万人,在校生 1.44 万人,毕业生 0.3 万人。高中阶段教育毛入学率达 100%。中等职业教育在校生 2.92 万人(不含技工学校)。特殊教育学校招生 0.01 万人,在校生 0.09 万人。全市小学在校生 23.17 万人,普通中学在校生 17.4 万人。全市共有幼儿园 384 所,比上年增加 6 所;在园幼儿 10.32 万人,比上年减少 0.64 万人。学前三年教育毛入园率达 99% 以上。

十、文化、体育和卫生

全市共有文化馆 7 个,公共图书馆 8 个,国有登记注册博物馆 17 个,电影院 70 家。全市共有广播电视播出机构 5 家,广播综合人口覆盖率和电视综合人口覆盖率均达 100%。建成开放城市书房 63 家、村(社区)综合文化服务中心 1333 个。

全市新建(改建)体育设施 497 处,公共体育设施完好率达 97%;推动全市 6 家大型体育场馆向社会提供低免开放服务近 70 万人次;全市建成健身步道 90 多公里、生态体育公园 7 个;组织参加第二十届省运会,青少年部共获 64.5 枚金牌。

年末全市拥有各类卫生机构 1926 个,其中医院 95 个,疾病预防控制中心 7 个,妇幼卫生保健机构 7 个。

各类卫生机构拥有病床27438张，其中医院拥有病床20123张。全市共有卫生技术人员33475人，其中医院卫生技术人员17997人，疾病预防控制中心卫生技术人员612人，妇幼卫生保健机构卫生技术人员1332人。全市共有乡镇卫生院55个，床位数4288张，乡镇卫生技术人员5358人，乡村医生1185人。

十一、城乡建设和生态环境

全市新增城市道路57.28公里。江平快速路、运河快速路、江广快速路、润扬快速路全线贯通，城市快速内环全面形成。新建(提升)各类公园8个。改造老旧小区164个，棚户区改造新开工8822套(户)，基本建成9120套(户)，保障性租赁住房新开工3843套(间)，基本建成3149套(间)。新增污水处理能力9万吨/日，新建(改建)污水管网183公里。新建成省级特色田园乡村12个、市级特色田园乡村24个。

全市PM2.5年均浓度31.9微克/立方米，下降3.9%；空气优良天数277天，空气优良率达75.9%，首次实现有监测记录以来全年消除重污染天。15个国考断面水质达标率为100%，优Ⅲ类断面比例为86.7%。47个省考断面水质达标率为100%，优Ⅲ类断面比例为95.7%，同比上升2.1个百分点，达到有监测记录以来最优水平。全市县级以上集中式饮用水源地水质达到或优于Ⅲ类标准比例为100%，水质达到Ⅱ类标准比例为77.8%。

十二、人口、人民生活和社会保障

年末全市户籍人口448.46万人，比上年下降0.7%。年末常住人口458.29万人，比上年增长0.1%。常住人口城镇化率为72.01%，比2021年末上升0.59个百分点。城镇地区常住人口330.01万人，增加3.12万人；乡村地区常住人口128.28万人，减少2.53万人。

全体居民人均可支配收入44828元，同比增长6%，其中工资性收入27003元，同比增长6.2%；经营净收入7084元，同比增长4.8%；财产净收入3503元，同比增长4%；转移净收入7238元，同比增长7.5%。城镇居民人均可支配收入53673元，同比增长5.4%，其中工资性收入32419元，同比增长5.5%；经营净收入7267元，同比增长4.1%；财产净收入5115元，同比增长3.5%；转移净收入8872元，同比增长6.8%。农村居民人均可支配收入29332元，同比增长7.2%，其中工资性收入17514元，同比增长7.4%；经营净收入6763元，同比增长6.1%；财产净收入679元，同比增长3.3%；转移净收入4376元，同比增长8.8%。全体居民人均消费支出27581元，同比增长5.7%。城镇居民人均消费支出30888元，同比增长4.4%。农村居民人均消费支出21786元，同比增长8.7%。

年末全市城乡基本养老、医疗、失业、工伤和生育保险参保人数为323.35万人、426.5万人、80.2万人、99.29万人和94万人。城乡居民基本养老保险基础养老金最低标准由每人每月205元提高到210元。城乡居民医保人均财政补助最低标准提高到每人每年650元。全市城乡低保月人均标准提高到770元，累计发放低保资金1.35万人次0.98亿元。

注：

1. 本公报使用的数据为快报数。
2. 公报中地区生产总值、各产业增加值绝对数按当年价格计算，增长速度按可比价格计算。
3. 部分指标数据因统计口径调整，较上年不具可比性。

一

综　合

编辑:王敏　周浩　韦文娴

1－1　行政区划和土地面积

（2022 年）

地　区	镇（个）	乡（个）	街道办事处（个）	村民委员会（个）	居民委员会（个）	土地面积（平方公里）
全　市	**61**	**2**	**20**	**1011**	**399**	**6591**
市　区	28	1	18	466	245	2305
开发区	3		2	28	33	88
广陵区	6		5	83	63	335
邗江区	6	1	11	97	76	553
江都区	13			258	73	1329
宝应县	14			239	44	1462
仪征市	9			136	49	902
高邮市	10	1	2	170	61	1922

1－1　续表　　（2022 年）

地　区	乡（镇）、街道名称
开发区	朴席镇　施桥镇　八里镇　扬子津街道　文汇街道
广陵区	湾头镇　杭集镇　李典镇　沙头镇　头桥镇　泰安镇　东关街道 汶河街道　文峰街道　曲江街道　汤汪街道
邗江区	公道镇　方巷镇　槐泗镇　瓜洲镇　杨寿镇　杨庙镇　平山乡　邗上街道　新盛街道　蒋王街道 汉河街道　梅岭街道　甘泉街道　瘦西湖街道　双桥街道　城北街道　竹西街道　西湖街道
江都区	仙女镇　小纪镇　武坚镇　樊川镇　真武镇　宜陵镇　丁沟镇　郭村镇　邵伯镇 丁伙镇　大桥镇　吴桥镇　浦头镇
宝应县	安宜镇　氾水镇　夏集镇　柳堡镇　射阳湖镇　广洋湖镇　鲁垛镇　小官庄镇 望直港镇　曹甸镇　西安丰镇　山阳镇　黄塍镇　泾河镇
仪征市	真州镇　青山镇　新集镇　新城镇　马集镇　刘集镇　陈集镇　大仪镇　月塘镇
高邮市	龙虬镇　车逻镇　汤庄镇　卸甲镇　三垛镇　甘垛镇　界首镇　周山镇 临泽镇　送桥镇　菱塘回族乡　高邮街道　马棚街道

1-2 扬州气象

（2022 年）

月份	气温(℃)					日照时数	降雨量		风(米/秒)	
	平均气温	极端最高		极端最低			雨日（天）	雨量总量（毫米）	平均风速	极大风速
		℃	日期	℃	日期					
全年	**17.1**	**40.6**	**8月14日**	**-7.6**	**12月23日**	**1655**	**113**	**833.0**	**1.8**	**20.3**
1月	3.9	13.4	3日	-6.5	14日	94.3	10	77.1	1.6	10.4
2月	4.0	22.8	28日	-6.6	20日	97	9	25.3	1.6	9.8
3月	12.6	28.2	16日	2.1	2日	152.9	12	166.1	2.2	14.7
4月	17.3	33.3	11日	2.7	2日	165	6	86.2	1.8	12.5
5月	21.3	31.4	31日	10.5	2日	162.1	8	15.5	1.7	10.5
6月	28.2	37.3	16&17日	18.3	14日	170.4	8	51.5	2.2	20.3
7月	30.2	39.2	12日	23	24日	161.1	14	141.0	1.9	15.2
8月	30.8	40.6	14日	20	31日	163.5	9	44.3	1.6	13.3
9月	23.3	34.7	6日	13.6	24日	103.6	9	11.5	1.9	12.1
10月	16.7	39.1	3日	6	18&19日	169.9	10	131.6	1.6	12.7
11月	13.7	23.8	11日	-0.5	30日	86	11	74.0	1.7	12.3
12月	2.8	14.2	15日	-7.6	23日	129.2	7	8.9	1.4	12.8

1-2 续表 （2022 年）

月份	最大日降雨量		最小相对湿度		降水		雾日（天）	霾日（天）
	雨量（毫米）	日期	%	日期	雨日（天）	雨日（天）		
全年	**49.3**	**3月21日**	**14**	**12月24日**	**10**	**1**	**25**	**37**
1月	33.8	5日	26	13日	1		3	15
2月	15.0	7日	20	20日	6	1	3	5
3月	49.3	21日	19	3&4日	1		1	6
4月	44.1	25日	15	8日				1
5月	13.1	26日	17	4&22日			1	
6月	19.7	5日	22	1日			4	5
7月	43.6	17日	42	12日				
8月	18.3	16日	34	14&22日			1	
9月	5.3	15日	30	23日			1	1
10月	46.6	6日	23	10日			3	
11月	21.8	17日	30	5日	1		5	1
12月	3.7	3日	14	24日	1		3	3

1－3 国民经济主要指标

项　　　目	单位	1995 年	2000 年	2005 年	2010 年	2015 年	2016 年
一、人 口							
户籍人口	万人	443.87	450.62	456.31	459.12	461.12	461.67
二、在岗职工人数	万人	63	45.25	34.73	38.16	85.18	96.89
#国有单位	万人	37	27.24	18.1	16.94	17.05	16.8
城镇集体单位	万人	22	9.61	2.87	2.75	2.40	2.28
三、地区生产总值(当年价)	亿元	299.2	472.12	990.85	2257.02	4099.91	4539.12
第一产业	亿元	46.22	63.91	94.76	161.37	262.46	257.44
第二产业	亿元	170.87	250.19	551.70	1255.12	2029.25	2262.78
第三产业	亿元	82.11	158.02	344.39	840.53	1808.2	2018.9
人均地区生产总值	元	6749	10515	21911	50401	91501	101150
四、固定资产投资							
固定资产投资	亿元	99.38	128.25	410.07	1331.85	2856.82	3288.68
五、财 政							
一般公共预算收入	亿元	8.87	16.34	49.55	167.78	336.75	345.3
一般公共预算支出	亿元	12.62	23.00	62.22	201.68	435.28	478.97
六、物 价							
市区商品零售价格指数	%	112.5	98.2	100.6	102.7	100.5	100.5
市区居民消费价格指数	%	116.1	100.4	101.9	103.4	101.7	102.4
七、人民生活							
职工工资总额	亿元	36.86	44.83	62.48	134.36	650.67	654.28

1-3　续表1

项　　目	单位	1995 年	2000 年	2005 年	2010 年	2015 年	2016 年
在岗职工平均工资	元	5945	9732	18165	35429	63891	67611
城镇常住居民人均可支配收入	元	5378	6734	11379	21766	32946	35659
农村常住居民人均可支配收入	元	2390	3464	5215	9462	16619	18057
城乡居民年末住户存款余额	亿元	112.1	276.05	604.65	1252.39	2376.68	2560.98
八、运输							
客 运 量	万人	4961	6207	8144	7276	4158.5	3852.2
货 运 量	万吨	5718	4686	5855	9333	12162	12324
九、国内外贸易							
社会消费品零售总额	亿元	101.18	152.04	306.89	726.12	1040.42	1129.90
注册外资实际到账额	万美元	13347	8264	52580	205645	84841	120392
出口总额	万美元		60583	190532	605680	771076	725903
十、教 育							
高等学校本专科在校学生	万人	1.81	3.07	5.91	7.33	7.56	7.44
普通中学在校学生	万人	19.12	19.99	26.41	22.25	17.88	17.56
小学在校学生	万人	32.31	37.51	26.57	22.74	21.63	21.26
十一、卫 生							
卫生机构数	个	788	756	1208	2028	1780	1787
卫生机构床位数	张	10937	10506	11765	14685	17864	20683
卫生技术人员数	人	16204	16347	15269	22826	26419	25273
#执业(助理)医师	人	7335	7595	7003	7881	9826	10405

1－3　续表2

项　　目	单位	2017年	2018年	2019年	2020年	2021年	2022年
一、人 口							
户籍人口	万人	459.98	458.83	457.14	454.71	451.56	448.46
二、在岗职工人数	万人	92.98	89.99	81.00	81.20	82.99	80.85
#国有单位	万人	15.93	17.66	12.89	16.00	17.38	19.30
城镇集体单位	万人	2.21	1.44	1.96	2.67	1.97	2.15
三、地区生产总值(当年价)	亿元	5078.58	5478.7396	5799.08	6013.33	6640.57	7104.98
第一产业	亿元	268.36	279.9711	292.8	307.10	317.18	326.62
第二产业	亿元	2474.71	2621.09	2727.21	2751.35	3166.87	3470.02
第三产业	亿元	2335.51	2577.6785	2779.07	2954.88	3156.52	3308.34
人均地区生产总值	元	112862	121222	127733	132016	145340	155132.26
四、固定资产投资							
固定资产投资	亿元	3690.09	—	—	—	—	—
五、财 政							
一般公共预算收入	亿元	320.18	340.03	328.79	337.27	344.07	325.49
一般公共预算支出	亿元	507.64	563.57	611.95	668.30	684.83	699.17
六、物 价							
市区商品零售价格指数	%	102.2	102.9	102.3	102.0	102.5	103.30
市区居民消费价格指数	%	101.7	102.2	103.0	102.5	101.5	102.20
七、人民生活							
职工工资总额	亿元	657.48	695.72	664.89	697.19	785.96	831.09

1－3　续表3

项　　目	单位	2017年	2018年	2019年	2020年	2021年	2022年
在岗职工平均工资	元	71663	75996	81837	87874	96754	105794
城镇常住居民人均可支配收入	元	38828	41999	45550	47202	50947	53673
农村常住居民人均可支配收入	元	19694	21457	23333	24813	27354	29332
城乡居民年末住户存款余额	亿元	2664.64	2860.65	3217.51	3698.46	4150.69	5006.37
八、运输							
客 运 量	万人	3427	3100.75	2942	2079.72	678.53	571.23
货 运 量	万吨	13374	14127	11829	12748	16573	17955
九、国内外贸易							
社会消费品零售总额	亿元	1233.93	1336.87	1423.20	1379.29	1480.92	1518.91
注册外资实际到账额	万美元	108660	122044	138756	147049	173007	153457
出口总额	万美元	786778	854167	836469	835718	1102340	1309821
十、教 育							
高等学校本专科在校学生	万人	8.28	7.90	8.70	9.92	10.75	11.27
普通中学在校学生	万人	17.50	17.51	17.58	17.67	17.61	17.40
小学在校学生	万人	21.05	21.45	21.90	22.26	22.78	23.17
十一、卫 生							
卫生机构数	个	1756	1813	1890	1964	1899	1926
卫生机构床位数	张	22215	23355	24994	26316	26998	27438
卫生技术人员数	人	28609	29202	30936	30964	38952	33475
#执业(助理)医师	人	10872	11209	12109	13203	13097	13538

1－4　扬州国民经济占全省的比重

（2022 年）

项　　目	单位	江　苏	扬　州	扬州占全省的比重(%)
户籍人口	万人	7872.00	448.46	5.70
地区生产总值(当年价格)	亿元	122875.62	7104.98	5.78
第一产业	亿元	4959.38	326.62	6.59
第二产业	亿元	55888.74	3470.02	6.21
第三产业	亿元	62027.50	3308.34	5.33
社会消费品零售总额	亿元	42752.12	1518.91	3.55
出口总额	亿美元	5225.92	130.98	2.51
注册外资实际到账额	亿美元	305.00	15.35	5.03
一般公共预算收入	亿元	9258.88	325.49	3.52
一般公共预算支出	亿元	14903.19	699.17	4.69
高等学校本专科在校学生	万人	221.91	11.27	5.08
卫生机构床位数	万张	56.30	2.74	4.87
卫生技术人员数	万人	71.37	3.35	4.69
#执业(助理)医师	万人	27.90	1.35	4.84
在岗职工平均工资	元	124175	105794	—
城镇常住居民人均可支配收入	元	60178	53673	—
农村常住居民人均可支配收入	元	28486	29332	—

1－5　扬州的一天

项　　目	单位	2005 年	2010 年	2015 年	2016 年	2017 年	2018 年	2019 年	2020 年	2021 年	2022 年
地区生产总值	万元	27147	61836	111669	123737	138765	149758	160276	165708	183464	194657
第一产业	万元	2596	4421	6626	6887	7179	7489	8022	8414	8690	8949
第二产业	万元	15115	34387	56622	61858	67832	71870	76115	76338	87873	95069
第三产业	万元	9435	23028	48421	54991	63754	70400	76139	80956	86901	90639
粮食产量	吨	6204	7865	8614	8205	7820	7873	7825	7853	7862	7880
油料产量	吨	336	220	196	188	179	179	123	136	143	143
水产品产量	吨	977	1042	1092	1096	1109	1085	1085	1094	1043	1120
社会消费品零售总额	万元	8408	19894	28505	30956	33806	36626	38992	37789	40573	41614
出口总额	万美元	522	1659	2113	1983	2156	2340	2292	2290	3020	3589
一般公共预算收入	万元	1357	4597	9226	9434	8772	9316	9008	9240	9427	8918
客运量	万人	22.31	19.93	11.39	10.53	9.36	8.50	8.06	5.70	1.86	1.57
货运量	万吨	16.04	25.57	33.32	33.67	36.54	38.70	32.41	34.93	45.41	49.19
住户存款	万元	16566	34312	65115	69972	72804	78374	88151	101328	113717	137161

1－6 法人单位和产业活动单位数

（2022 年） 单位：个

项 目	法人单位数	单产业法人	多产业法人	产业活动单位数
合 计	**168926**	**166999**	**1927**	**181764**
一、按机构类型分组				
企业	157149	155374	1775	169391
事业单位	2531	2435	96	2941
机关	530	481	49	702
社会团体	2243	2243		2243
民办非企业单位	2910	2908	2	2912
基金会	36	36		36
居委会	367	367		367
村委会	994	993	1	994
农民专业合作社	1698	1694	4	1704
农村集体经济	95	95		100
其他组织机构	373	373		374
二、按登记注册类型分组				
内资	167756	165858	1898	180137
国有	3463	3310	153	4184
集体	3599	3517	82	3950
股份合作	79	69	10	141
联营	604	598	6	829
国有联营	8	8		12
集体联营	47	43	4	53
国有与集体联营	19	19		24
其他联营	530	528	2	740
有限责任公司	4450	4317	133	5690
国有独资公司	243	224	19	314
其他有限责任公司	4207	4093	114	5376
股份有限公司	746	693	53	1681
私营	149808	148355	1453	158417
私营独资	12530	12458	72	12882
私营合伙	1007	1000	7	1071
私营有限责任公司	135560	134214	1346	143402
私营股份有限公司	711	683	28	1062
其他内资	5007	4999	8	5245
港澳台商投资	624	612	12	790
与港澳台商合资经营	191	186	5	206
与港澳台商合作经营	3	2	1	4
港澳台商独资	408	404	4	553

1-6　续表　　单位:个

项　　目	法人单位数	单产业法人	多产业法人	产业活动单位数
港澳台商投资股份有限公司	12	10	2	14
其他港、澳、台商投资	10	10		13
外商投资	546	529	17	837
中外合资经营	227	220	7	237
中外合作经营	2	2		3
外资企业	296	289	7	561
外商投资股份有限公司	10	8	2	19
其他外商投资	11	10	1	17
三、按行业分组				
农、林、牧、渔业	2909	2903	6	2937
采矿业	34	34		49
制造业	40606	40332	274	41303
电力、热力、燃气及水生产和供应业	518	507	11	568
建筑业	21330	21135	195	23133
批发和零售业	44279	43815	464	48401
交通运输、仓储和邮政业	4685	4639	46	5125
住宿和餐饮业	3344	3239	105	3939
信息传输、软件和信息技术服务业	5136	5100	36	5671
金融业	423	372	51	1431
房地产业	4115	3949	166	4760
租赁和商务服务业	13881	13738	143	14855
科学研究和技术服务业	10658	10569	89	11447
水利、环境和公共设施管理业	1250	1239	11	1349
居民服务、修理和其他服务业	3144	3084	60	3299
教育	2316	2217	99	2518
卫生和社会工作	2038	1978	60	2359
文化、体育和娱乐业	3073	3019	54	3190
公共管理、社会保障和社会组织	5187	5130	57	5430
四、按地区分组				
广陵区	31310	30951	359	33577
邗江区	38416	37749	667	42073
江都区	29440	29236	204	31499
宝应县	16298	16143	155	17608
扬州经济技术开发区	8384	8276	108	9027
仪征市	20754	20580	174	22122
高邮市	24324	24064	260	25858

1－7　个体工商户登记情况

（2022 年）

行　　业	合　　计	
	户　数 （户）	资金数额 （万元）
总　　计	**476012**	**4840665.1**
按行业分		
农、林、牧、渔业	8464	260441.09
采矿业	14	177
制造业	37129	526015.54
电力、热力、燃气及水生产和供应业	39	1407
建筑业	5452	106881.5
批发和零售业	282391	2470991.25
交通运输、仓储和邮政业	30421	233312.79
住宿和餐饮业	44944	545311.58
信息传输、软件和信息技术服务业	1986	19777.29
金融业	33	308
房地产业	1389	10759.04
租赁和商务服务业	9249	114576.5
科学研究和技术服务业	1280	14585
水利、环境和公共设施管理业	194	2144.5
居民服务、修理和其他服务业	46718	461421.6
教育	1542	17866.7
卫生和社会工作	472	7189.93
文化、体育和娱乐业	4295	47498.79

1－8　私营企业登记情况

（2022 年）

行　　业	合　　计	
	户　数 （户）	注册资本 （出资数额） （万元）
总　　计	**198021**	**116257056.54**
按行业分		
农、林、牧、渔业	3552	1582402.95
采矿业	7	1145.00
制造业	47265	31117514.22
电力、热力、燃气及水生产和供应业	301	384552.27
建筑业	26931	22526690.75
批发和零售业	53617	15031592.02
交通运输、仓储和邮政业	4369	1484487.43
住宿和餐饮业	3160	563860.60
信息传输、软件和信息技术服务业	4990	1987162.77
金融业	723	4785301.29
房地产业	4429	4147363.80
租赁和商务服务业	15997	12531952.63
科学研究和技术服务业	21322	17307634.60
水利、环境和公共设施管理业	366	313938.80
居民服务、修理和其他服务业	5431	1289203.79
教育	1233	151190.68
卫生和社会工作	569	156879.53
文化、体育和娱乐业	3759	894183.41

二

国民经济核算

编辑:赵犁

2-1 历年地区生产总值

（按当年价格计算） 单位：亿元

年份	地区生产总值	第一产业	第二产业	工业	建筑业	第三产业	人均地区生产总值（元）
1978	14.38	6.24	5.83	5.27	0.56	2.31	363
1979	15.85	6.98	6.32	5.57	0.75	2.55	396
1980	17.56	6.99	7.64	6.53	1.11	2.93	434
1981	19.84	8.21	8.18	7.22	0.96	3.45	487
1982	22.77	9.16	9.59	8.02	1.57	4.02	554
1983	26.21	9.78	11.40	9.07	2.33	5.03	633
1984	33.18	12.98	13.80	11.46	2.34	6.40	798
1985	41.06	12.87	20.74	17.81	2.93	7.45	984
1986	47.83	13.96	25.02	21.81	3.21	8.85	1141
1987	56.28	15.00	30.15	26.56	3.59	11.13	1332
1988	73.00	18.80	38.93	35.02	3.91	15.27	1711
1989	78.39	19.14	41.55	37.61	3.94	17.70	1819
1990	89.05	21.75	47.48	43.18	4.30	19.82	2048
1991	101.42	18.31	60.24	55.46	4.78	22.87	2318
1992	130.67	22.26	77.62	71.41	6.21	30.79	2975
1993	174.57	27.27	103.80	94.28	9.53	43.50	3961
1994	241.33	39.22	139.08	124.00	15.08	63.02	5457
1995	299.20	46.22	170.87	153.94	16.93	82.11	6749
1996	351.15	55.09	195.42	173.60	21.82	100.64	7903
1997	376.68	57.75	202.24	178.68	23.56	116.69	8455
1998	401.60	59.41	210.35	184.19	26.16	131.84	8997
1999	426.98	61.65	221.90	199.36	22.54	143.43	9552
2000	472.12	63.91	250.19	225.01	25.18	158.02	10515
2001	500.31	66.83	263.20	233.23	29.97	170.28	11091
2002	544.28	69.29	286.04	248.05	37.99	188.95	12044
2003	631.77	73.32	347.16	301.38	45.78	211.29	13949
2004	767.65	83.51	438.09	379.26	58.83	246.05	16908
2005	990.85	94.76	551.70	478.05	73.65	344.39	21911
2006	1135.69	100.99	639.60	564.41	75.19	395.10	25336
2007	1370.36	111.47	777.28	694.38	82.90	481.61	30730
2008	1665.59	134.10	943.16	839.96	103.20	588.33	37299
2009	1878.97	144.88	1063.19	934.77	128.42	670.90	41910
2010	2257.02	161.37	1255.12	1100.39	154.73	840.53	50401
2011	2664.87	184.54	1460.27	1273.27	187.00	1020.06	59725
2012	2974.55	205.19	1594.05	1384.25	209.80	1175.31	66618
2013	3367.25	212.78	1763.12	1532.29	234.28	1391.35	75354
2014	3750.13	227.35	1933.65	1682.38	238.55	1589.13	83821
2015	4099.91	262.46	2029.25	1647.70	383.14	1808.20	91501
2016	4539.12	257.44	2262.78	1850.32	414.30	2018.90	101150
2017	5078.58	268.36	2474.71	2011.23	465.57	2335.51	112862
2018	5478.74	279.97	2621.09	2105.45	517.82	2577.68	121222
2019	5799.08	292.80	2727.21	2210.96	518.59	2779.07	127733
2020	6013.33	307.10	2751.35	2244.17	509.52	2954.88	132016
2021	6640.57	317.18	3166.87	2622.38	546.69	3156.52	145340
2022	7104.98	326.62	3470.02	2871.82	600.16	3308.34	155132

2－2 历年地区生产总值指数

（按可比价计算，以 1978 年为 100） 单位：%

年份	地区生产总值	第一产业	第二产业	工业	建筑业	第三产业	人均地区生产总值
1978	100.0	100.0	100.0	100.0	100.0	100.0	100.0
1979	103.9	98.9	107.2	105.3	125.9	109.2	102.7
1980	110.5	89.7	129.7	123.0	191.8	118.2	108.1
1981	123.1	102.5	139.4	136.7	166.2	137.3	119.4
1982	139.0	107.4	165.2	154.2	267.9	158.7	133.8
1983	160.3	110.4	198.6	176.9	401.6	198.6	153.1
1984	196.8	139.0	239.2	222.0	398.3	246.5	187.2
1985	236.7	125.0	346.5	331.1	490.5	262.1	224.5
1986	267.0	125.0	409.8	397.2	527.5	290.7	251.9
1987	299.1	121.2	475.8	465.3	573.8	334.3	280.1
1988	345.0	123.6	570.3	569.4	578.3	375.0	320.1
1989	345.8	120.4	572.5	576.1	538.7	383.4	317.6
1990	373.2	126.1	624.4	629.5	577.0	407.4	339.6
1991	425.9	108.8	801.5	822.3	608.8	450.3	385.1
1992	526.5	127.6	992.4	1026.8	697.6	578.7	474.3
1993	603.5	130.4	1145.0	1189.2	740.8	708.1	541.8
1994	687.0	136.4	1350.5	1375.1	1064.9	775.1	614.8
1995	766.4	152.0	1483.2	1524.5	1107.5	901.5	683.9
1996	858.3	168.3	1625.8	1653.0	1380.0	1071.8	764.2
1997	935.2	185.1	1722.8	1749.0	1485.8	1229.4	830.4
1998	1028.3	197.7	1875.2	1899.7	1652.6	1397.3	911.3
1999	1133.2	211.5	2070.2	2141.5	1433.1	1558.0	1003.2
2000	1251.7	222.2	2308.1	2390.6	1571.1	1728.6	1103.1
2001	1352.8	235.7	2506.1	2589.3	1739.2	1869.7	1186.7
2002	1503.0	250.1	2819.4	2879.3	2130.5	2079.1	1316.1
2003	1704.4	255.3	3298.7	3391.8	2377.6	2330.7	1488.5
2004	1954.9	272.4	3862.8	3995.5	2667.7	2647.7	1704.3
2005	2248.2	288.7	4523.3	4698.8	3006.5	3026.3	1968.5
2006	2589.9	302.6	5310.4	5572.7	3289.1	3492.3	2287.4
2007	2996.5	317.7	6234.4	6670.6	3351.6	4058.1	2660.2
2008	3398.1	333.6	7150.8	7724.5	3546.0	4614.1	3011.4
2009	3867.0	350.6	8187.7	8867.7	3964.4	5306.2	3414.9
2010	4389.0	366.4	9383.1	10180.1	4467.8	6043.7	3880.2
2011	4924.5	381.1	10556.0	11503.6	4892.3	6841.5	4368.4
2012	5500.7	400.5	11833.3	12861.0	5606.6	7669.3	4873.9
2013	6160.8	422.9	13288.8	14558.6	5965.4	8628.0	5454.3
2014	6838.4	438.2	14737.2	16218.3	6383.0	9680.6	6046.0
2015	7542.8	453.9	16299.4	17921.2	7142.5	10716.4	6658.5
2016	8249.2	454.3	17602.3	19466.0	7521.5	12029.3	7271.1
2017	8912.7	464.4	18833.2	20960.3	7820.6	13224.0	7834.5
2018	9506.3	478.5	19869.1	22296.9	7936.1	14323.6	8319.6
2019	10129.9	485.3	21279.8	23991.4	8308.6	15272.7	8825.6
2020	10484.4	499.4	22045.9	24927.1	8458.2	15807.2	9104.5
2021	11228.8	514.3	24056.0	27704.8	8471.0	16700.3	9721.1
2022	11711.7	526.7	25427.1	29311.7	8877.6	17218.0	10110.0

2-3 历年地区生产总值构成

（按当年价格计算）

单位:%

年 份	地区生产总 值	第一产业	第二产业			第三产业
				工业	建筑业	
1978	100.00	43.42	40.53	36.62	3.91	16.05
1979	100.00	44.03	39.86	35.14	4.72	16.11
1980	100.00	39.80	43.52	37.20	6.32	16.68
1981	100.00	41.39	41.25	36.39	4.86	17.36
1982	100.00	40.24	42.11	35.20	6.91	17.65
1983	100.00	37.32	43.48	34.58	8.90	19.20
1984	100.00	39.13	41.57	34.53	7.04	19.30
1985	100.00	31.34	50.51	43.38	7.13	18.15
1986	100.00	29.18	52.31	45.59	6.72	18.51
1987	100.00	26.66	53.57	47.19	6.38	19.77
1988	100.00	25.75	53.33	47.97	5.36	20.92
1989	100.00	24.41	53.01	47.98	5.03	22.58
1990	100.00	24.42	53.32	48.49	4.83	22.26
1991	100.00	18.06	59.40	54.68	4.72	22.54
1992	100.00	17.04	59.40	54.65	4.75	23.56
1993	100.00	15.62	59.46	54.00	5.46	24.92
1994	100.00	16.25	57.63	51.38	6.25	26.12
1995	100.00	15.45	57.11	51.45	5.66	27.44
1996	100.00	15.69	55.65	49.44	6.21	28.66
1997	100.00	15.33	53.69	47.44	6.25	30.98
1998	100.00	14.79	52.38	45.87	6.51	32.83
1999	100.00	14.44	51.97	46.69	5.28	33.59
2000	100.00	13.54	52.99	47.66	5.33	33.47
2001	100.00	13.36	52.61	46.62	5.99	34.03
2002	100.00	12.73	52.55	45.57	6.98	34.72
2003	100.00	11.61	54.95	47.70	7.25	33.44
2004	100.00	10.88	57.07	49.41	7.66	32.05
2005	100.00	9.56	55.68	48.25	7.43	34.76
2006	100.00	8.89	56.32	49.70	6.62	34.79
2007	100.00	8.13	56.72	50.67	6.05	35.14
2008	100.00	8.05	56.63	50.43	6.20	35.32
2009	100.00	7.71	56.58	49.75	6.83	35.71
2010	100.00	7.15	55.61	48.75	6.86	37.24
2011	100.00	6.92	54.80	47.78	7.02	38.28
2012	100.00	6.90	53.59	46.54	7.05	39.51
2013	100.00	6.32	52.36	45.51	6.96	41.32
2014	100.00	6.06	51.56	44.86	6.36	42.38
2015	100.00	6.40	49.49	40.19	9.35	44.10
2016	100.00	5.67	49.85	40.76	9.13	44.48
2017	100.00	5.28	48.73	39.60	9.17	45.99
2018	100.00	5.11	47.84	38.43	9.45	47.05
2019	100.00	5.05	47.03	38.13	8.94	47.92
2020	100.00	5.11	45.75	37.32	8.47	49.14
2021	100.00	4.78	47.69	39.49	8.23	47.53
2022	100.00	4.60	48.84	40.42	8.45	46.56

2－4 分地区生产总值(2022 年)

(按当年价格计算)　　　　单位:亿元

指　标	全市	市区					宝应	仪征	高邮
			广陵	邗江	江都	开发			
地区生产总值	**7104.98**	**4205.59**	**972.70**	**1246.65**	**1256.02**	**730.22**	**881.65**	**1002.93**	**1014.81**
第一产业	326.62	112.49	10.50	23.53	77.07	1.39	93.54	24.51	96.08
第二产业	3470.02	2000.68	400.04	505.27	649.93	445.44	434.18	525.85	509.31
工业	2871.82	1669.76	316.52	418.87	513.15	421.22	338.08	456.16	407.83
建筑业	600.16	331.94	83.85	86.50	137.15	24.44	96.18	70.49	101.55
第三产业	3308.34	2092.42	562.16	717.85	529.02	283.39	353.93	452.57	409.42
交通运输、仓储和邮政业	166.58	102.03	22.57	38.94	24.19	16.33	20.07	23.24	21.24
批发和零售业	679.65	445.50	177.05	129.55	107.36	31.54	68.36	108.97	56.82
住宿和餐饮业	86.63	52.53	15.90	21.84	10.43	4.36	12.56	11.21	10.33
金融业	393.04	276.51	60.36	115.30	79.56	21.29	32.44	40.35	43.74
房地产业	583.42	355.58	94.44	122.80	97.58	40.76	44.87	93.76	89.21
其他服务业	1375.17	852.71	190.88	286.70	206.37	168.76	169.94	171.38	181.12
人均地区生产总值(元)	155132	158606	158304	144665	134954	298414	129569	186974	142630

2－5 分地区生产总值发展速度(2022 年)

(按可比价计算,以上年为 100)　　　　单位:%

指　标	全市	市区					宝应	仪征	高邮
			广陵	邗江	江都	开发			
地区生产总值	**104.3**	**104.0**	**103.4**	**103.3**	**103.1**	**108.0**	**104.6**	**104.6**	**104.8**
第一产业	102.4	101.7	100.4	100.4	102.4	99.3	102.3	103.0	103.0
第二产业	105.7	105.5	105.2	104.6	103.0	111.1	106.1	105.8	105.8
工业	105.8	106.2	105.0	106.5	103.2	111.2	104.7	105.8	105.4
建筑业	104.8	102.1	106.0	96.2	102.3	110.0	111.6	105.4	107.5
第三产业	103.1	102.8	102.3	102.6	103.1	103.9	103.5	103.3	103.9
交通运输、仓储和邮政业	97.8	98.4	92.4	100.6	101.9	97.1	104.8	94.0	93.6
批发和零售业	103.5	103.3	103.3	103.2	103.6	103.2	103.1	104.1	103.6
住宿和餐饮业	102.1	102.0	102.2	101.9	102.1	101.8	102.1	101.3	103.0
金融业	106.1	106.2	105.2	104.9	109.0	106.4	108.7	102.5	107.2
房地产业	94.0	91.0	94.4	87.8	91.6	92.8	97.8	99.1	103.6
其他服务业	107.1	108.3	106.6	110.1	107.9	107.9	104.2	106.7	104.4
人均地区生产总值	**104.0**	**103.7**	**102.7**	**103.5**	**103.0**	**105.9**	**104.9**	**104.0**	**104.5**

2-6 分地区生产总值

（按2011年可比价计算） 单位:亿元

指 标	全市	市区	广陵	邗江	江都	开发	宝应	仪征	高邮
2010	2257.02	1415.63	338.97	406.97	450.69	218.99	305.57	326.09	326.96
2011	2531.78	1605.09	377.34	459.25	516.40	252.10	342.24	368.13	367.18
2012	2826.80	1793.50	419.00	515.44	577.86	281.20	378.28	411.20	405.37
2013	3165.90	2006.91	466.82	577.98	649.18	312.90	425.17	460.92	456.04
2014	3513.53	2230.70	520.80	643.23	719.04	347.63	472.90	512.97	506.21
2015	3875.34	2457.53	565.83	712.11	794.54	385.07	523.31	558.76	547.36
2016	4238.26	2666.25	619.16	773.85	853.47	419.98	566.47	610.97	596.15
2017	4579.18	2867.49	658.36	838.41	921.75	449.08	612.59	659.95	645.04
2018	4884.13	3054.11	702.90	905.27	967.84	478.34	653.02	703.23	696.65
2019	5206.49	3252.63	750.69	969.55	1022.03	509.43	694.81	751.75	744.02
2020	5388.71	3369.72	776.97	1007.36	1052.70	530.82	719.83	777.31	769.31
2021	5771.31	3605.26	831.20	1061.25	1132.09	579.99	771.15	833.49	826.45
2022	6019.48	3749.47	859.46	1096.27	1167.19	626.39	806.62	871.83	866.12

2－7　市区 2012－2022 年地区生产总值

（按当年价格计算）　　单位:亿元

年　份	地　区 生产总值	第一产业	第二产业	工　业	建筑业	第三产业	人均地区 生产总值 （元）
2012	1858.23	71.28	925.92	744.72	182.28	861.03	77051
2013	2083.18	78.02	1025.10	828.50	197.83	980.06	86212
2014	2321.92	82.42	1131.81	918.93	214.13	1107.69	94896
2015	2478.08	87.68	1190.25	970.25	220.32	1200.15	99748
2016	2779.78	92.14	1317.18	1070.53	246.99	1370.46	111193
2017	3016.28	95.94	1399.32	1136.50	262.96	1521.02	119620
2018	3273.98	100.46	1501.52	1206.59	296.13	1672.00	127975
2019	3473.02	104.13	1555.33	1260.29	296.32	1813.56	133840
2020	3612.19	108.92	1568.90	1280.76	289.34	1934.37	137702
2021	3972.44	110.03	1820.56	1511.27	310.42	2041.85	150269
2022	4205.59	112.49	2000.68	1669.76	331.94	2092.42	158606

2－8　市区 2012－2022 年地区生产总值发展速度

（按可比价计算,以上年为 100）　　单位:%

年　份	地　区 生产总值	第一产业	第二产业	工　业	建筑业	第三产业	人均地区 生产总值
2012	111.7	104.3	112.0	111.8	112.7	112.1	111.4
2013	111.9	104.7	111.2	112.5	105.9	113.1	111.7
2014	111.2	103.4	109.6	110.1	107.7	113.3	109.8
2015	110.2	103.0	108.6	107.8	112.5	112.2	108.5
2016	108.5	100.2	107.1	107.2	106.5	110.5	107.8
2017	107.5	101.9	107.2	107.7	104.5	108.3	106.6
2018	106.5	110.9	103.7	104.8	99.3	108.9	105.0
2019	106.5	100.5	106.7	107.2	104.6	106.6	105.0
2020	103.6	102.9	103.8	104.3	101.2	103.4	102.4
2021	107.0	100.8	109.6	111.7	100.1	105.2	106.2
2022	104.0	101.7	105.5	106.2	102.1	102.8	103.7

2－9　宝应县2012－2022年地区生产总值

（按当年价格计算）　　单位:亿元

年　份	地　区生产总值	第一产业	第二产业	工　业	建筑业	第三产业	人均地区生产总值（元）
2012	381.17	53.36	191.93	147.20	44.79	135.88	50718
2013	428.83	57.51	215.95	168.18	47.84	155.37	57116
2014	477.18	61.60	236.59	184.31	52.35	178.99	64702
2015	528.88	65.63	262.50	206.49	56.08	200.75	73461
2016	579.99	66.44	286.45	229.43	57.10	227.10	81163
2017	632.74	68.77	312.21	244.86	67.44	251.76	89093
2018	694.12	76.32	340.17	263.65	76.61	277.63	98877
2019	723.74	79.49	351.12	274.67	76.55	293.13	104225
2020	757.92	84.37	352.15	277.76	74.48	321.40	110355
2021	831.27	89.96	396.57	314.38	82.28	344.74	121834
2022	881.65	93.54	434.18	338.08	96.18	353.93	129569

2－10　宝应县2012－2022年地区生产总值发展速度

（按可比价计算,以上年为100）　　单位:%

年　份	地　区生产总值	第一产业	第二产业	工　业	建筑业	第三产业	人均地区生产总值
2012	110.5	104.8	111.6	110.7	114.5	111.1	110.6
2013	112.4	104.0	112.8	112.8	112.8	114.6	112.5
2014	111.2	103.5	111.2	112.2	107.6	113.6	113.2
2015	110.7	103.7	111.1	110.8	112.2	112.0	113.4
2016	108.2	100.3	108.2	109.3	103.9	111.0	109.1
2017	108.1	103.1	107.0	107.6	104.6	111.1	108.8
2018	106.6	111.2	105.2	105.7	103.4	107.1	107.8
2019	106.4	100.6	106.8	107.4	104.4	107.6	107.6
2020	103.6	101.9	102.5	102.9	100.9	105.3	104.7
2021	107.1	104.1	108.6	110.1	103.2	106.3	107.8
2022	104.6	102.3	106.1	104.7	111.6	103.5	104.9

2－11　仪征市2012－2022年地区生产总值

（按当年价格计算）　　　　单位:亿元

年　份	地　区 生产总值	第一产业	第二产业	工　业	建筑业	第三产业	人均地区 生产总值 （元）
2012	424.31	16.65	254.83	217.35	37.48	152.83	75513
2013	470.04	18.82	280.39	240.22	40.17	170.83	83682
2014	520.79	20.33	308.32	264.19	44.13	192.14	93955
2015	565.56	22.29	330.77	286.24	44.56	212.50	103611
2016	627.50	23.36	353.03	303.26	50.11	251.11	115307
2017	703.13	23.28	383.49	328.62	55.90	296.36	129669
2018	752.38	22.24	406.50	344.55	62.75	323.64	139407
2019	791.72	23.03	423.03	361.02	62.87	345.66	147461
2020	810.84	23.64	425.37	365.11	61.23	361.83	151871
2021	908.89	23.84	482.45	419.54	63.82	402.60	170396
2022	1002.93	24.51	525.85	456.16	70.49	452.57	186974

2－12　仪征市2012－2022年地区生产总值发展速度

（按可比价计算,以上年为100）　　　　单位:%

年　份	地　区 生产总值	第一产业	第二产业	工　业	建筑业	第三产业	人均地区 生产总值
2012	111.7	103.1	112.3	111.8	115.2	111.9	111.9
2013	112.1	103.6	112.6	113.0	110.4	112.2	112.1
2014	111.3	108.6	111.5	111.3	112.5	111.3	112.8
2015	108.9	84.3	108.9	109.0	108.3	111.6	110.6
2016	109.3	100.0	104.9	103.5	114.2	117.3	109.7
2017	108.0	100.2	105.4	106.6	99.1	112.4	108.4
2018	106.6	98.4	105.7	106.2	102.3	108.4	107.1
2019	106.9	102.5	105.4	105.5	104.7	109.1	107.4
2020	103.4	103.6	103.1	103.5	100.9	103.6	103.9
2021	107.2	104.1	107.8	109.5	97.4	106.7	107.3
2022	104.6	103.0	105.8	105.8	105.4	103.3	104.0

2－13　高邮市2012－2022年地区生产总值

（按当年价格计算）　　单位:亿元

年　份	地　区 生产总值	第一产业	第二产业	工　业	建筑业	第三产业	人均地区 生产总值 (元)
2012	412.80	52.35	200.72	160.04	40.77	159.73	55788
2013	468.53	58.77	228.22	182.74	45.57	181.54	63336
2014	527.54	62.72	255.84	204.85	51.08	208.98	71740
2015	562.37	66.34	273.80	220.22	53.67	222.23	76974
2016	631.25	69.59	310.43	244.31	66.21	251.23	86621
2017	689.33	74.09	336.49	265.18	71.40	278.75	94975
2018	758.26	80.95	372.90	290.66	82.33	304.41	105372
2019	810.60	86.15	397.73	314.98	82.85	326.72	113561
2020	832.38	90.17	404.93	320.54	84.47	337.28	117055
2021	927.96	93.35	467.28	377.19	90.17	367.33	130745
2022	1014.81	96.08	509.31	407.83	101.55	409.42	142630

2－14　高邮市2012－2022年地区生产总值发展速度

（按可比价计算,以上年为100）　　单位:%

年　份	地　区 生产总值	第一产业	第二产业	工　业	建筑业	第三产业	人均地区 生产总值
2012	110.4	104.8	111.5	110.9	113.7	110.7	110.8
2013	112.5	105.0	114.2	114.0	115.2	112.4	112.5
2014	111.0	103.4	110.4	111.7	105.3	113.8	111.7
2015	108.1	110.5	108.3	108.2	108.7	107.4	108.8
2016	108.9	100.3	110.6	109.8	113.7	109.4	109.2
2017	108.2	103.7	108.1	108.3	107.2	109.6	108.6
2018	108.0	115.9	107.1	108.0	103.5	107.0	108.9
2019	106.8	103.2	110.0	111.1	105.2	103.8	107.6
2020	103.4	103.5	104.4	104.2	105.7	101.9	103.7
2021	107.4	104.3	109.1	111.5	99.7	106.3	107.6
2022	104.8	103.0	105.8	105.4	107.5	103.9	104.5

三

人口与劳动力

编辑：项月　韩晓雪

3－1　主要年份分地区户籍总人口

单位:万人

年份	全市	市区		宝应	仪征	高邮
			江都			
1949	262.03	126.46	71.63	53.64	30.39	51.54
1950	265.24	127.68	72.82	54.40	30.84	52.32
1951	274.95	134.92	74.05	55.66	31.14	53.23
1952	278.49	135.07	75.37	57.76	31.47	54.19
1953	283.39	137.08	77.20	58.47	32.57	55.27
1954	288.09	137.74	78.40	59.85	33.73	56.77
1955	297.56	141.73	79.79	61.69	34.73	59.41
1956	305.47	144.39	81.45	64.38	35.51	61.19
1957	308.92	146.64	83.05	65.55	36.10	60.63
1958	307.63	143.48	79.51	65.22	36.24	62.69
1959	307.83	142.76	77.27	65.76	36.61	62.70
1960	291.27	138.69	72.37	59.97	34.71	57.90
1961	288.67	138.62	72.65	58.11	34.07	57.87
1962	292.70	141.15	74.56	59.15	34.66	57.74
1963	292.30	141.15	73.45	59.48	35.31	56.36
1964	294.83	142.76	74.08	60.08	35.87	56.12
1965	304.27	146.85	76.15	61.97	37.06	58.39
1966	313.68	150.89	78.58	64.06	38.42	60.31
1967	324.76	155.98	81.64	65.90	39.90	62.98
1968	335.66	160.11	84.38	68.95	41.32	65.28
1969	345.37	163.19	87.12	71.86	42.75	67.57
1970	356.37	167.57	90.02	74.54	43.83	70.43
1971	362.99	170.68	91.69	76.05	44.64	71.62
1972	369.10	173.10	93.05	77.28	45.45	73.27
1973	374.38	175.41	94.39	78.31	46.03	74.63
1974	379.07	177.69	95.57	79.24	46.56	75.58
1975	384.32	180.41	97.31	80.27	47.14	76.50
1976	388.85	182.73	98.69	81.20	47.65	77.27
1977	393.44	185.00	99.84	82.20	48.14	78.10
1978	398.43	187.50	100.90	83.24	48.84	78.85
1979	402.27	189.87	101.23	83.90	49.34	79.16
1980	406.00	191.38	101.93	84.32	50.80	79.50
1981	409.10	192.89	102.66	84.86	51.59	79.76
1982	413.18	194.91	103.57	85.57	52.51	80.19
1983	415.12	195.93	103.81	85.84	52.96	80.39
1984	416.56	196.67	103.91	85.99	53.35	80.55
1985	417.95	197.68	103.98	86.00	53.78	80.49

3-1 续表

单位:万人

年份	全市	市区	江都	宝应	仪征	高邮
1986	420.56	198.97	104.22	86.41	54.48	80.70
1987	424.46	200.89	105.04	87.12	55.24	81.21
1988	428.60	202.91	105.83	87.93	55.99	81.77
1989	433.16	204.92	106.49	89.04	56.71	82.49
1990	436.50	206.58	107.26	89.81	57.15	82.96
1991	438.60	207.43	107.52	90.12	57.77	83.28
1992	439.91	208.06	107.11	90.62	58.06	83.17
1993	441.58	208.94	107.00	91.00	58.39	83.25
1994	442.83	210.03	106.81	91.15	58.57	83.08
1995	443.87	210.95	106.93	91.03	58.74	83.15
1996	444.87	211.94	106.94	90.66	59.09	83.18
1997	446.14	212.84	106.91	90.86	59.10	83.34
1998	446.59	213.35	106.92	90.89	59.13	83.22
1999	447.39	213.62	106.76	91.07	59.46	83.24
2000	450.62	216.12	107.56	91.56	59.55	83.39
2001	451.59	217.14	107.48	91.88	59.55	83.02
2002	452.22	217.98	107.22	91.73	59.35	83.16
2003	453.61	219.20	106.69	91.99	59.36	83.06
2004	454.29	220.31	106.46	91.99	59.28	82.71
2005	456.31	222.18	106.53	92.10	59.32	82.71
2006	458.64	223.66	106.85	92.54	59.71	82.73
2007	459.25	224.96	106.90	91.86	59.71	82.72
2008	459.79	228.63	106.84	91.97	56.80	82.40
2009	458.79	225.35	106.59	91.61	59.82	82.01
2010	459.12	229.14	106.65	91.38	56.52	82.08
2011	460.05	229.94	106.86	91.42	56.62	82.06
2012	458.42	230.13	106.88	90.31	56.24	81.74
2013	459.84	230.88	106.93	90.72	56.42	81.82
2014	461.34	231.84	106.90	91.13	56.56	81.81
2015	461.12	231.92	106.26	91.16	56.45	81.58
2016	461.67	232.47	105.94	91.25	56.47	81.48
2017	459.98	233.01	105.21	89.49	56.30	81.18
2018	458.83	233.22	104.47	88.76	56.03	80.82
2019	457.14	233.18	103.74	87.97	55.72	80.27
2020	454.71	232.72	102.70	87.02	55.32	79.65
2021	451.56	231.98	101.61	85.90	54.82	78.86
2022	448.46	231.16	100.55	84.85	54.34	78.11

3－2 主要年份分地区户籍女性人口

单位:万人

年 份	全 市	市 区		宝 应	仪 征	高 邮
			江 都			
1949	133.57	65.43	37.21	27.23	15.17	25.74
1950	135.55	66.25	38.14	27.64	15.46	26.20
1951	141.77	70.96	39.16	28.34	15.62	26.85
1952	143.18	70.72	40.05	29.51	15.95	27.00
1953	149.10	73.83	42.41	30.53	16.67	28.07
1954	147.59	72.02	41.37	30.38	16.84	28.35
1955	152.06	73.56	41.79	31.34	17.41	29.75
1956	157.36	75.88	43.07	32.80	17.81	30.87
1957	158.85	76.90	44.13	33.49	18.25	30.21
1958	160.58	76.13	42.66	34.06	18.55	31.84
1959	158.74	74.38	41.17	33.87	18.53	31.96
1960	150.95	72.74	38.91	30.84	17.62	29.75
1961	149.98	73.08	39.05	29.99	17.25	29.66
1962	151.62	74.03	39.63	30.61	17.39	29.59
1963	151.37	74.46	39.60	30.60	17.70	28.61
1964	148.84	72.70	38.01	30.39	17.72	28.03
1965	153.85	74.86	39.21	31.39	18.41	29.19
1966	158.60	76.96	40.46	32.34	19.05	30.25
1967	163.69	79.25	41.81	33.19	19.83	31.42
1968	169.01	81.27	43.11	34.66	20.54	32.54
1969	174.04	82.95	44.41	36.17	21.26	33.66
1970	179.48	85.08	45.80	37.49	21.76	35.15
1971	182.76	86.67	46.73	38.23	22.13	35.73
1972	185.59	87.78	47.40	38.79	22.50	36.52
1973	188.13	88.88	48.00	39.21	22.87	37.17
1974	190.28	89.82	48.59	39.65	23.12	37.69
1975	192.38	90.78	49.18	40.08	23.38	38.14
1976	191.43	88.90	46.79	40.49	23.57	38.47
1977	196.34	92.73	50.16	40.91	23.81	38.89
1978	198.63	93.91	50.75	41.43	24.10	39.19
1979	200.11	94.80	50.67	41.69	24.28	39.34
1980	202.02	95.69	51.28	42.01	24.81	39.51
1981	202.63	96.02	51.22	42.17	25.04	39.40
1982	204.08	96.77	51.70	42.36	25.43	39.52
1983	204.91	97.26	51.82	42.40	25.64	39.61
1984	205.54	97.53	51.86	42.45	25.84	39.72
1985	206.06	97.90	51.83	42.48	26.00	39.68

3－2 续表

单位:万人

年份	全市	市区	江都	宝应	仪征	高邮
1986	207.10	98.41	51.96	42.64	26.33	39.72
1987	208.84	99.25	52.29	42.97	26.64	39.98
1988	210.78	100.15	52.69	43.39	27.12	40.12
1989	212.72	100.89	52.79	43.88	27.40	40.55
1990	214.56	101.83	53.24	44.24	27.61	40.88
1991	215.40	102.10	53.29	44.31	27.92	41.07
1992	216.01	102.32	52.94	44.52	28.05	41.12
1993	216.28	102.50	52.75	44.62	28.15	41.01
1994	197.27	83.22	52.68	44.77	28.27	41.01
1995	218.30	103.78	52.70	45.02	28.42	41.08
1996	219.21	104.44	52.82	44.89	28.63	41.25
1997	219.62	105.03	52.90	44.60	28.60	41.39
1998	220.09	105.43	52.93	44.68	28.61	41.37
1999	220.48	105.72	52.83	44.72	28.84	41.20
2000	222.45	106.83	53.14	45.11	28.94	41.57
2001	222.95	107.40	53.12	45.28	29.01	41.26
2002	223.77	108.25	53.14	45.20	28.89	41.42
2003	224.61	108.85	52.83	45.38	28.99	41.39
2004	224.97	109.43	52.73	45.45	28.96	41.13
2005	225.95	110.37	52.75	45.52	29.03	41.03
2006	227.52	111.24	53.02	45.69	29.28	41.31
2007	228.38	112.20	53.14	45.46	29.35	41.37
2008	228.79	114.11	53.11	45.51	27.92	41.26
2009	228.53	112.58	53.04	45.34	29.51	41.10
2010	228.91	114.68	53.15	45.20	27.89	41.15
2011	229.60	115.26	53.31	45.20	27.98	41.16
2012	228.40	115.47	53.36	44.44	27.78	40.71
2013	229.56	115.96	53.43	44.66	27.93	41.02
2014	230.53	116.58	53.45	44.88	28.04	41.04
2015	230.67	116.76	53.17	44.93	28.02	40.96
2016	231.12	117.15	53.05	44.99	28.07	40.92
2017	230.49	117.55	52.71	44.12	28.04	40.78
2018	230.13	117.82	52.39	43.76	27.93	40.62
2019	229.41	117.88	52.04	43.38	27.80	40.35
2020	228.42	117.77	51.55	42.94	27.63	40.08
2021	227.01	117.51	51.04	42.38	27.41	39.71
2022	225.59	117.21	50.53	41.87	27.19	39.33

3－3　主要年份户籍人口出生率

单位:‰

年份	全市	市区	江都	宝应	仪征	高邮
1954	41.45	41.08	50.43	40.00	40.81	34.79
1955	33.31	30.77	33.69	32.62	33.24	33.55
1956	36.81	33.46	36.13	38.75	41.19	37.00
1957	36.27	34.28	35.41	40.33	34.39	36.73
1958	23.86	23.87	23.48	27.01	23.74	20.92
1959	22.58	21.82	23.42	26.76	19.07	20.12
1960	13.86	18.35	16.43	10.01	12.55	12.80
1961	12.84	14.57	12.00	12.35	11.69	13.16
1962	28.55	25.49	24.15	36.63	30.88	25.18
1963	34.28	35.09	30.90	36.50	41.20	28.70
1964	39.36	34.48	39.00	38.60	39.20	43.80
1965	41.39	33.96	41.90	44.10	40.20	45.20
1966	38.45	31.51	39.98	42.23	40.64	39.30
1967	38.42	30.06	40.19	41.36	38.70	41.49
1968	38.89	32.14	39.20	46.48	37.91	39.63
1969	37.10	31.13	38.35	42.11	37.22	38.01
1970	31.65	28.02	32.20	37.50	29.60	32.60
1971	27.02	23.41	27.24	29.28	25.06	29.86
1972	24.25	17.73	23.86	26.26	24.46	28.85
1973	20.11	16.19	21.10	20.73	19.92	21.91
1974	18.52	15.84	19.83	20.00	18.63	18.17
1975	18.34	16.93	19.75	19.60	17.54	17.24
1976	17.33	16.28	18.81	18.84	15.30	15.95
1977	17.42	15.61	17.91	19.18	16.47	16.74
1978	17.42	14.94	17.01	20.11	18.13	15.65
1979	16.31	14.93	16.67	18.34	17.59	14.45
1980	14.04	13.66	15.41	13.08	16.26	12.33
1981	13.78	14.97	14.35	13.26	15.03	10.75
1982	13.18	14.51	13.20	12.44	16.25	10.38
1983	10.05	11.30	9.50	10.19	11.11	8.49
1984	9.07	9.39	8.32	8.13	10.43	8.54
1985	9.48	9.99	8.52	8.42	10.92	8.74
1986	11.87	11.90	10.77	11.26	12.54	11.32

3-3　续表

单位:‰

年份	全市	市区	江都	宝应	仪征	高邮
1987	13.85	13.48	13.65	13.99	14.29	13.36
1988	13.16	13.55	12.94	13.70	13.39	12.11
1989	15.23	14.54	14.55	16.06	16.17	14.44
1990	14.93	13.76	15.24	16.25	15.56	14.48
1991	12.75	11.23	11.99	14.63	14.27	13.01
1992	11.18	10.30	10.40	11.83	12.31	11.30
1993	10.47	9.84	9.66	11.04	12.81	9.87
1994	9.72	9.85	9.29	9.90	11.35	9.31
1995	9.84	9.96	10.10	9.54	10.01	10.40
1996	9.22	10.10	9.65	8.30	10.55	9.13
1997	9.23	9.90	9.14	9.77	8.52	8.84
1998	9.05	9.51	9.24	8.91	10.41	8.37
1999	8.47	8.81	8.53	8.52	9.19	8.20
2000	9.63	10.09	10.06	11.38	9.39	8.14
2001	7.86	8.03	8.42	8.15	7.93	7.03
2002	8.36	8.29	8.73	8.08	7.45	9.47
2003	7.53	8.85	9.09	3.88	6.49	8.84
2004	8.93	9.17	9.71	9.73	7.51	8.43
2005	10.19	9.77	9.66	11.02	10.94	9.77
2006	6.92	6.84	6.86	7.09	6.78	7.08
2007	8.07	7.69	7.29	8.77	7.90	8.45
2008	7.58	7.63	6.54	8.01	7.17	7.28
2009	7.18	7.49	7.02	8.25	7.26	5.08
2010	7.72	8.05	7.52	9.09	7.23	5.79
2011	7.87	8.28	7.14	8.78	8.10	6.31
2012	8.79	8.86	7.96	9.26	8.96	7.97
2013	8.74	8.76	7.59	9.64	9.43	7.22
2014	8.91	8.89	7.66	9.43	9.75	7.75
2015	8.95	8.85	7.60	9.31	9.11	8.71
2016	8.66	8.62	7.42	8.72	9.38	8.24
2017	9.87	12.16	7.73	10.02	10.19	9.96
2018	8.13	7.92	6.14	8.55	8.21	8.21
2019	6.45	6.51	5.15	6.44	6.67	6.12
2020	6.52	6.57	5.38	6.25	6.63	6.57
2021	4.40	4.45	3.12	4.03	4.83	4.38
2022	3.90	4.02	3.21	3.54	3.98	3.85

3－4　主要年份户籍人口死亡率

单位:‰

年份	全市	市区	江都	宝应	仪征	高邮
1954	16.94	16.55	21.70	17.56	13.26	14.06
1955	15.13	13.88	16.45	15.17	11.04	15.56
1956	13.59	12.56	14.96	13.77	13.67	12.84
1957	13.42	12.58	14.67	13.76	7.19	14.91
1958	12.84	11.92	13.91	14.39	8.39	13.48
1959	21.32	23.49	27.61	16.07	21.96	19.53
1960	40.06	28.84	36.95	53.38	35.27	40.99
1961	19.98	19.47	22.87	17.61	20.53	20.20
1962	13.06	12.37	12.89	15.52	9.19	13.57
1963	10.77	10.02	10.40	13.60	8.30	11.20
1964	10.52	9.58	10.40	12.30	8.30	10.10
1965	10.00	8.68	9.50	12.40	7.10	9.90
1966	7.67	7.22	7.29	9.62	6.05	7.09
1967	8.13	7.11	7.77	10.24	6.15	7.82
1968	8.99	7.72	8.90	9.27	7.08	8.91
1969	6.54	6.80	6.18	7.98	5.28	5.94
1970	6.54	6.97	6.60	7.60	5.90	5.60
1971	7.12	6.95	7.09	8.70	5.87	6.36
1972	6.88	6.71	6.58	8.47	6.04	6.58
1973	6.46	6.18	6.30	7.47	5.80	5.96
1974	6.51	6.49	6.37	7.49	5.96	6.04
1975	6.34	6.49	6.39	7.28	5.73	5.79
1976	6.33	6.64	6.46	7.04	5.59	5.80
1977	6.33	6.48	6.04	7.17	5.69	5.92
1978	6.07	6.26	5.93	6.91	5.40	5.74
1979	5.86	5.71	5.64	6.90	5.24	5.48
1980	6.75	6.41	6.68	7.09	6.95	6.27
1981	6.19	6.10	6.14	6.52	5.71	6.11
1982	5.67	5.72	5.69	6.05	5.32	5.42
1983	6.00	5.94	6.02	6.54	5.45	5.93
1984	6.13	5.93	6.09	6.34	5.51	6.00
1985	6.22	5.98	6.19	6.66	5.53	6.21
1986	6.24	6.02	6.33	6.31	5.85	6.27

3-4 续表

单位:‰

年份	全市	市区	江都	宝应	仪征	高邮
1987	6.20	5.86	6.31	6.36	6.13	6.03
1988	6.74	6.42	6.67	7.06	6.36	6.93
1989	6.13	5.64	6.15	6.44	5.81	6.21
1990	6.71	6.09	6.69	6.90	6.20	7.12
1991	6.45	6.06	6.51	6.72	5.72	6.71
1992	6.86	6.49	7.17	7.34	6.06	7.05
1993	6.51	6.02	6.61	6.81	6.12	6.57
1994	6.73	6.22	7.08	7.20	6.07	6.84
1995	6.82	6.18	7.17	7.08	5.89	7.43
1996	6.95	6.29	7.34	7.20	6.77	7.39
1997	6.66	6.00	6.96	6.87	5.93	6.90
1998	7.14	6.85	7.39	7.04	6.84	7.43
1999	6.44	6.06	7.12	6.58	4.99	6.68
2000	7.56	6.89	7.53	7.79	8.22	7.40
2001	6.43	6.79	7.39	6.40	5.08	6.47
2002	6.23	6.81	7.48	5.24	4.92	6.73
2003	6.40	7.54	8.08	4.10	4.55	7.26
2004	8.43	7.49	8.41	10.96	8.78	7.84
2005	6.39	7.10	7.69	4.46	3.67	8.50
2006	5.55	6.37	6.64	4.05	3.55	6.39
2007	8.92	6.76	7.30	13.82	9.82	8.70
2008	6.39	7.02	7.61	5.37	4.42	7.12
2009	8.86	7.97	9.00	10.34	10.49	8.53
2010	9.35	8.08	9.77	12.97	9.37	8.36
2011	7.62	6.83	7.55	8.72	7.44	8.22
2012	10.15	8.76	10.07	13.20	11.50	9.72
2013	7.07	7.47	8.29	5.48	7.36	7.50
2014	6.65	6.98	7.74	4.13	7.96	7.55
2015	7.15	7.66	8.52	4.64	7.69	8.15
2016	6.74	7.36	8.41	4.32	6.80	7.62
2017	11.48	10.81	10.12	22.33	8.76	9.38
2018	8.27	7.91	8.79	9.53	7.67	8.37
2019	7.35	7.10	8.00	7.75	7.03	7.84
2020	8.91	8.55	9.71	9.43	8.70	9.53
2021	8.36	7.50	7.44	9.83	8.51	9.20
2022	9.47	8.79	10.22	11.32	8.76	9.93

3－5 主要年份户籍人口自然增长率

单位:‰

年份	全市	市区	江都	宝应	仪征	高邮
1954	24.28	24.54	28.73	22.44	27.55	19.73
1955	18.38	16.89	17.24	17.45	22.2	18.99
1956	23.22	20.90	21.17	24.98	27.52	24.16
1957	22.84	21.70	20.74	26.57	27.2	21.82
1958	11.02	11.95	9.57	12.62	15.35	7.44
1959	1.26	-1.67	-4.19	10.69	-2.89	0.59
1960	-26.21	-10.48	-20.52	-43.37	-22.72	-28.19
1961	-7.14	-4.90	-10.87	-5.26	-8.84	-7.04
1962	15.49	13.11	11.26	21.11	21.69	11.61
1963	23.51	25.07	20.5	22.9	32.9	17.5
1964	28.84	24.90	28.6	26.3	30.9	33.7
1965	31.39	25.28	32.4	31.7	33.1	35.3
1966	30.78	24.28	32.69	32.61	34.59	32.21
1967	30.29	22.95	32.42	31.12	32.55	33.67
1968	29.9	24.43	30.3	37.21	30.83	30.72
1969	30.56	24.34	32.17	34.13	31.94	32.07
1970	25.1	21.05	25.6	29.9	23.7	27
1971	19.9	16.46	20.15	20.58	19.19	23.5
1972	17.37	11.03	17.28	17.79	18.42	22.27
1973	13.65	10.02	14.8	13.26	14.12	15.95
1974	12.01	9.36	13.46	12.51	12.67	12.13
1975	12	10.44	13.36	12.32	11.81	11.45
1976	11	9.63	12.35	11.8	9.71	10.15
1977	11.09	9.14	11.87	12.01	10.78	10.82
1978	11.36	8.67	11.08	13.2	12.73	9.91
1979	10.45	9.22	11.03	11.44	12.35	8.97
1980	7.29	7.25	8.73	5.99	9.31	6.06
1981	7.59	8.87	8.21	6.74	9.32	4.64
1982	7.51	8.79	7.51	6.39	10.93	4.96
1983	4.05	5.36	3.48	3.65	5.66	2.56
1984	2.94	3.46	2.23	1.79	4.92	2.54
1985	3.27	4.00	2.33	1.76	5.39	2.53
1986	5.62	5.88	4.44	4.95	6.69	5.05

3-5 续表

单位:‰

年份	全市	市区	江都	宝应	仪征	高邮
1987	7.66	7.63	7.34	7.63	8.16	7.33
1988	6.42	7.13	6.27	6.64	7.03	5.18
1989	9.1	8.90	8.4	9.62	10.36	8.23
1990	8.22	7.67	8.55	9.35	9.36	7.36
1991	6.3	5.18	5.48	7.91	8.55	6.3
1992	4.32	3.81	3.23	4.49	6.25	4.25
1993	3.95	3.82	3.05	4.23	6.69	3.3
1994	2.99	3.63	2.21	2.7	5.28	2.47
1995	3.02	3.78	2.93	2.46	4.12	2.97
1996	2.27	3.81	2.31	1.1	3.78	1.74
1997	2.57	3.91	2.18	2.9	2.59	1.94
1998	1.91	2.66	1.85	1.87	3.57	0.94
1999	2.03	2.75	1.41	1.94	4.2	1.52
2000	2.07	3.20	2.53	3.59	1.18	0.73
2001	1.43	1.25	1.04	1.75	2.84	0.55
2002	2.13	1.48	1.25	2.84	2.53	2.74
2003	1.13	1.31	1.01	-0.23	1.94	1.59
2004	0.5	1.68	1.3	-1.23	-1.27	0.59
2005	3.81	2.66	1.97	6.56	7.27	1.27
2006	1.37	0.47	0.21	3.03	3.23	0.69
2007	-0.85	0.93	-0.01	-5.05	-1.92	-0.25
2008	1.19	0.61	-1.08	2.64	2.74	0.16
2009	-1.68	-0.49	-1.98	-2.09	-3.23	-3.45
2010	-1.63	-0.04	-2.25	-3.89	-2.14	-2.56
2011	0.25	1.45	-0.41	0.07	0.66	-1.91
2012	-1.36	0.1	-2.11	-3.93	-2.54	-1.75
2013	1.67	1.29	-0.69	4.16	2.06	-0.28
2014	2.26	1.91	-0.08	5.3	1.8	0.2
2015	1.8	1.19	-0.92	4.67	1.42	0.56
2016	1.92	1.26	-0.99	4.4	2.58	0.62
2017	-1.61	1.35	-2.39	-12.31	1.43	0.58
2018	-0.14	0.01	-2.65	-0.98	0.54	-0.16
2019	-0.9	-0.59	-2.85	-1.31	-0.36	-1.72
2020	-2.39	-1.97	-4.33	-3.18	-2.07	-2.96
2021	-3.96	-3.05	-4.32	-5.80	-3.68	-4.82
2022	-5.57	-4.77	-7.01	-7.79	-4.77	-6.08

3－6　分地区户籍人口数及构成

（2022 年）

单位：人

地　区	总人口			性别比
	合计	男	女	
全　市	**4484637**	**2228702**	**2255935**	**98.79**
市　区	2311577	1139522	1172055	97.22
广陵	485375	238084	247291	96.28
邗江	649030	317515	331515	95.78
江都	1005489	500142	505347	98.97
宝　应	848509	429847	418662	102.67
仪　征	543444	271538	271906	99.86
高　邮	781107	387795	393312	98.60

3－7　分地区户籍人口自然变动

（2022）

单位：人

地　区	出　生		死　亡		自然增长	
	人　数	‰	人　数	‰	人　数	‰
全　市	**17528**	**3.90**	**42601**	**9.47**	**－25073**	**－5.57**
市　区	9314	4.02	20363	8.79	－11049	－4.77
广陵	1940	3.99	4306	8.85	－2366	－4.86
邗江	3318	5.13	4428	6.85	－1110	－1.72
江都	3245	3.21	10333	10.22	－7088	－7.01
宝　应	3019	3.54	9666	11.32	－6647	－7.79
仪　征	2174	3.98	4779	8.76	－2605	－4.77
高　邮	3021	3.85	7793	9.93	－4772	－6.08

3－8　分地区户籍户数、平均人口及人口密度

（2022 年）

地　区	户　　数 （户）	平均每户 人　数 （人）	年 平 均 人　口 （人）	人 口 密 度 （人/平方公里）
全　市	**1476217**	**3.04**	**4500097**	**683**
市　区	785062	2.94	2315659	1005
广陵	172104	2.82	486723	1454
邗江	214069	3.03	646186	1169
江都	337384	2.98	1010813	761
宝　应	262260	3.24	853748	584
仪　征	180597	3.01	545823	605
高　邮	248298	3.15	784867	408

3-9 主要年份从业人员

单位:万人

年 份	乡 村 就业人员	在岗职工 人 数	国 有	集 体	其他所有制
1978	142.37	37.72	19.09	18.63	
1979	138.17	36.92	20.83	16.09	
1980	139.43	40.04	23.02	17.02	
1981	141.08	42.49	24.89	17.60	
1982	147.82	44.96	27.25	17.71	
1983	151.51	46.12	28.26	17.86	
1984	158.78	48.55	27.47	21.02	0.06
1985	166.74	51.39	29.31	22.02	0.06
1986	169.18	54.16	30.95	23.14	0.07
1987	171.22	55.93	31.84	23.67	0.42
1988	174.25	58.20	33.52	24.19	0.49
1989	176.86	57.63	32.94	24.15	0.54
1990	182.66	58.28	33.11	24.52	0.65
1991	182.05	59.65	34.03	24.75	0.87
1992	179.06	60.14	35.27	23.82	1.05
1993	179.67	60.95	37.35	21.50	2.10
1994	185.17	61.14	35.68	21.08	4.38
1995	184.14	63.00	37.00	22.00	4.00
1996	182.22	61.67	36.17	20.06	5.43
1997	182.49	60.36	36.23	18.65	5.48
1998	178.68	51.91	31.26	13.74	6.91
1999	172.27	48.28	29.27	11.99	7.03
2000	166.67	45.25	27.24	9.61	8.40
2001	162.77	41.04	24.02	7.41	9.61
2002	160.26	38.31	20.96	5.21	12.15
2003	163.16	35.65	19.76	3.99	11.90
2004	164.62	33.48	18.43	3.20	11.85
2005	165.31	34.73	18.10	2.87	13.75
2006	166.05	34.73	17.72	2.71	14.30
2007	167.27	35.73	17.79	2.58	15.36
2008	166.90	35.88	16.78	2.86	16.24
2009	169.20	37.14	16.94	2.74	17.46
2010	177.14	38.16	16.94	2.75	17.47
2011	181.05	40.68	18.95	2.89	18.84
2012	180.62	41.33	18.35	2.96	20.02
2013	180.78	84.39	16.94	2.02	65.43
2014	182.48	89.42	17.19	2.49	69.74
2015	180.65	85.18	17.05	2.40	65.73
2016	181.45	96.89	16.80	2.28	77.81
2017	181.66	92.98	15.93	2.21	74.84
2018	180.59	89.99	17.66	1.44	70.89
2019	179.51	81.00	12.89	1.96	66.15
2020	180.89	81.20	16.20	2.67	62.32
2021	172.19	82.99	17.38	1.97	63.64
2022	168.28	80.85	19.30	2.15	59.40

3－10　分行业城镇非私营单位在岗职工平均人数

（2022年）　　单位：人

项　　目	合　计	国有经济	集体经济	其他经济
总　计	**785574**	**187646**	**21258**	**576670**
农、林、牧、渔业	438	207	77	154
采矿业	4468	21		4447
制造业	153431	4235	2410	146786
电力、热力、燃气及水生产和供应业	5632	390	74	5168
建筑业	380433	35769	4146	340518
批发和零售业	15006	1511	1275	12220
交通运输、仓储和邮政业	16525	3890	753	11882
住宿和餐饮业	7435	404	187	6844
信息传输、软件和信息技术服务业	5889	1832		4057
金融业	9209	3183	106	5920
房地产业	13691	1882	479	11330
租赁和商务服务业	18561	6277	697	11587
科学研究、技术服务业	7755	2901	395	4459
水利、环境和公共设施管理业	6192	2907	487	2798
居民服务、修理和其他服务业	1903	771	605	527
教育	56302	46659	5466	4177
卫生和社会工作	29495	24244	2936	2315
文化、体育和娱乐业	3760	1969	438	1353
公共管理、社会保障和社会组织	49449	48594	727	128

3－11　分行业城镇非私营单位在岗职工工资总额

（2022 年）　　　　单位：千元

项　　　目	合　计	国有经济	集体经济	其他经济
总　计	**83108782**	**26884499**	**1990136**	**54234147**
农、林、牧、渔业	25908	12670	4534	8704
采矿业	720657	4620		716037
制造业	14551258	437272	147751	13966235
电力、热力、燃气及水生产和供应业	766362	37660	4560	724142
建筑业	35067712	3335081	306883	31425748
批发和零售业	1229555	225570	139214	864771
交通运输、仓储和邮政业	1624448	498353	48428	1077667
住宿和餐饮业	443750	24998	6201	412551
信息传输、软件和信息技术服务业	835197	206634		628563
金融业	1255245	493926	10813	750506
房地产业	1297106	203128	35619	1058359
租赁和商务服务业	1590818	422301	59788	1108729
科学研究、技术服务业	900351	342959	34334	523058
水利、环境和公共设施管理业	671567	411953	44840	214774
居民服务、修理和其他服务业	132839	70703	34121	28015
教育	8679226	7577908	670903	430415
卫生和社会工作	4890326	4379060	317722	193544
文化、体育和娱乐业	384691	238771	53815	92105
公共管理、社会保障和社会组织	8041766	7960932	70610	10224

3－12　分行业城镇非私营单位在岗职工平均工资

（2022 年）　　单位:元

项　　目	合　计	国有经济	集体经济	其他经济
总　计	**105794**	**143272**	**93618**	**94047**
农、林、牧、渔业	59151	61208	58883	56519
采矿业	161293	220000		161016
制造业	94839	103252	61307	95147
电力、热力、燃气及水生产和供应业	136073	96564	61622	140120
建筑业	92178	93239	74019	92288
批发和零售业	81938	149285	109187	70767
交通运输、仓储和邮政业	98302	128111	64313	90697
住宿和餐饮业	59684	61876	33160	60279
信息传输、软件和信息技术服务业	141823	112791		154933
金融业	136306	155176	102009	126775
房地产业	94742	107932	74361	93412
租赁和商务服务业	85708	67278	85779	95687
科学研究、技术服务业	116099	118221	86922	117304
水利、环境和公共设施管理业	108457	141711	92074	76760
居民服务、修理和其他服务业	69805	91703	56398	53159
教育	154155	162410	122741	103044
卫生和社会工作	165802	180624	108216	83604
文化、体育和娱乐业	102311	121266	122865	68075
公共管理、社会保障和社会组织	162627	163825	97125	79875

3－13　城镇非私营单位从业人员平均工资

（2022 年）　　单位:元

项　　目	合　计	国有经济	集体经济	其他经济
总　计	**105207**	**140665**	**92382**	**94404**
农、林、牧、渔业	55582	54020	58883	56519
采矿业	161293	220000		161016
制造业	94558	103170	61266	94851
电力、热力、燃气及水生产和供应业	133464	96317	58765	137317
建筑业	92996	91468	73057	93394
批发和零售业	81599	149213	109187	70580
交通运输、仓储和邮政业	96766	126237	62822	89175
住宿和餐饮业	58913	59165	33160	59588
信息传输、软件和信息技术服务业	141650	112853		154604
金融业	136165	155128	102009	126605
房地产业	92291	107323	74361	90649
租赁和商务服务业	85983	67241	83541	95687
科学研究、技术服务业	115855	118173	86922	116898
水利、环境和公共设施管理业	108800	139309	92033	77051
居民服务、修理和其他服务业	67813	91436	56492	52642
教育	152085	160196	121228	101739
卫生和社会工作	161730	176013	105494	82078
文化、体育和娱乐业	101107	118992	121793	67041
公共管理、社会保障和社会组织	158944	160063	97125	77109

四

固定资产投资和建筑业

编辑：顾鸿浩　钱小军　毛媛慧　王欣歌　张玉

4－1　主要年份固定资产投资主要指标比上年增长情况

单位:%

年　份	投资完成额	新增固定资产	房屋竣工面积	#住宅竣工面积
1979	38.8	29.6	24.5	34.0
1980	124.1	87.9	37.6	34.3
1981	-6.7	3.4	4.3	14.4
1982	79.1	39.9	19.0	23.3
1983	54.7	23.0	12.0	8.7
1984	24.8	95.5	219.6	289.9
1985	17.1	122.5	16.1	35.5
1986	22.9	-22.0	-8.7	-17.7
1987	23.8	17.2	-27.1	-25.8
1988	1.4	43.2	-7.8	-13.7
1989	9.1	-14.2	23.5	30.2
1990	2.5	34.4	-5.7	-10.2
1991	18.6	-8.8	-0.3	12.0
1992	25.8	18.1	-26.0	-29.8
1993	76.1	48.4	141.1	88.7
1994	70.2	57.6	-36.6	-22.4
1995	10.3	64.5	7.9	11.0
1996	11.9	2.7	-12.9	-16.6
1997	4.1	-17.5	4.0	3.5
1998	10.3	26.0	5.6	4.2
1999	-10.1	25.1	-4.2	-0.8
2000	11.7	10.5	-1.4	-4.1
2001	12.4	-16.0	-0.8	-4.5
2002	25.1	13.6	0.0	-5.3
2003	37.1	27.7	1.1	4.7
2004	33.6	49.9	22.1	7.7
2005	24.2	26.4	16.2	-2.0
2006	30.1	4.7	-21.7	-28.3
2007	34.6	36.7	6.4	1.4
2008	32.3	26.5	-16.0	7.8
2009	12.0	25.4	49.4	30.1
2010	25.2	37.1	15.2	-9.8
2011	10.8	13.0	-18.6	-4.0
2012	20.9	38.1	118.8	56.6
2013	20.3	-22.0	19.8	1.6
2014	19.3	36.1	1.9	-19.9
2015	18.2	32.3	-39.3	-11.6
2016	15.3	-12.6	-19.5	16.7
2017	12.2	42.9	-17.5	-10.8
2018	11.0	2.3	-18.6	-19.2
2019	6.1	-38.6	-25.5	-33.9
2020	-1.5	89.1	128.1	124.8
2021	1.2	5.2	-51.9	-52.7
2022	10.0	-3.3	-14.8	-13.7

注:2018 年起新增固定资产统计范围由计划总投资 500 万元及以上调整为 5000 万元及以上项目;2020 年起竣工面积统计范围调整为房地产开发项目。

4-2 1979-2022年各地区固定资产投资比上年增长情况

单位:%

年份	全市	市区					宝应	仪征	高邮
			开发区	广陵	邗江	江都			
1979	38.8	45.3			68.3	117.2	177.2	-27.3	119.0
1980	124.1	72.8			62.1	129.7	-11.6	1487.4	86.8
1981	-6.7	-6.7			-68.7	-34.7	-28.0	-24.2	-23.1
1982	79.1	36.5			115.9	84.1	123.3	195.5	101.0
1983	54.7	12.0			25.2	-5.8	45.0	116.8	-22.2
1984	24.8	-14.9			-27.2	36.5	-6.4	-30.3	40.4
1985	17.1	43.8			99.1	46.2	171.5	-26.5	120.7
1986	22.9	184.4			769.0	822.4	14.3	67.8	38.3
1987	23.8	28.4			54.9	-6.8	56.7	43.2	30.4
1988	1.4	17.8			14.1	25.1	30.7	-12.1	13.9
1989	9.1	10.9			7.1	39.3	-32.1	11.6	-53.3
1990	2.5	-5.2			-15.6	-4.5	100.4	13.1	68.9
1991	18.6	35.8			40.7	32.6	36.4	-15.9	8.4
1992	25.8	27.8			40.4	-9.9	26.9	10.7	101.5
1993	76.1	64.4			106.4	23.5	48.7	90.2	195.5
1994	70.2	49.0			15.8	87.0	41.0	209.1	21.0
1995	10.3	23.0			33.1	5.2	29.7	-4.5	-16.3
1996	11.9	32.7			-14.2	-8.3	15.9	-42.5	119.2
1997	4.1	24.6			41.3	-9.4	-2.1	-27.7	8.9
1998	10.3	5.2			-1.2	25.3	12.0	37.9	19.9
1999	-10.1	-7.8			17.7	19.8	14.4	-45.1	7.0
2000	11.7	8.8			13.8	13.4	9.9	37.6	13.4
2001	12.4	6.7		19.7	14.4	10.7	10.3	53.1	12.5
2002	25.1	22.7		71.7	21.2	20.4	15.7	45.6	20.1
2003	37.1	43.0		52.5	42.9	41.1	27.9	18.6	33.8
2004	33.6	31.2		45.4	51.0	50.5	46.5	34.9	40.1
2005	24.2	14.1		42.5	30.9	39.5	63.3	40.1	41.3
2006	30.1	31.6		30.2	23.7	24.7	38.6	20.3	27.7
2007	34.6	30.8		41.8	40.2	46.1	37.3	42.3	43.7
2008	32.3	30.3	62.7	49.0	29.8	35.5	30.3	34.7	41.6
2009	12.0	12.5	13.3	15.1	11.4	12.5	10.2	10.0	12.9
2010	25.2	26.8	27.0	26.1	26.8	26.9	26.5	16.8	26.9
2011	10.8	11.0	13.3	91.2	27.8	11.7	13.0	6.3	13.7
2012	20.9	21.1	21.2	21.1	21.0	21.0	20.8	21.0	21.2
2013	20.3	20.9	20.5	28.1	14.7	20.8	20.5	20.1	20.7
2014	19.3	19.6	19.8	19.7	19.6	19.6	19.5	19.3	19.6
2015	18.2	18.5	17.9	17.9	18.7	19.0	20.3	19.6	20.0
2016	15.3	15.4	15.6	15.3	15.4	15.5	15.1	15.2	15.4
2017	12.2	7.3	-14.0	-24.9	27.9	17.4	18.9	16.8	23.6
2018	11.0	8.4	12.1	13.1	16.7	-2.3	11.6	15.5	16.0
2019	6.1	5.4	9.5	10.3	11.6	0.2	9.5	9.1	10.0
2020	-1.5	-1.3	2.1	23.9	3.3	-22.5	4.8	-16.2	7.6
2021	1.2	0.9	8.8	5.1	-3.1	0.3	4.6	0.1	0.3
2022	10.0	7.3	17.1	15.5	-2.9	11.3	16.9	11.9	11.9

4－3　各地区固定资产投资比上年增长情况(2022年)

单位:%

地　区	总　计	项目投资	工业投资	房地产开发
全　市	**10.0**	**20.6**	**25.2**	**-14.8**
开发区	17.1	34.7	35.8	-17.7
广　陵	15.5	25.6	12.1	2.0
邗　江	-2.9	11.8	30.2	-21.7
江　都	11.3	17.7	23.6	-4.6
宝　应	16.9	20.7	22.0	-14.8
仪　征	11.9	25.5	46.9	-20.4
高　邮	11.9	20.2	17.1	-26.9

4-4 房地产开发投资完成额

（2022年） 单位：万元

项目	全市	市区	开发区	广陵	邗江	江都
本年完成投资	**7173158**	**5332462**	**518302**	**1589800**	**2162843**	**1061517**
一、按登记注册类型分						
内资企业	6366968	4583527	500084	1356879	1773142	953422
国有企业	79851	77551		17451	59510	590
有限责任公司	1970821	1553293	314238	142179	833098	263778
股份有限公司	48253	48253		48253		
私营企业	4268043	2904430	185846	1148996	880534	689054
港、澳、台商投资企业	568990	536097	3418	163109	261475	108095
与港澳台商合资经营企业	320834	296896	3418	107907	185571	
港澳台商独资经营企业	227253	218298		55202	55001	108095
港澳台商投资股份有限公司	20903	20903			20903	
外商投资企业	237200	212838	14800	69812	128226	
中外合资经营企业	237200	212838	14800	69812	128226	
二、按构成分						
建筑工程	5644128	4044280	336454	1087549	1744473	875804
安装工程	375621	278004	11239	64495	140643	61627
设备工器具购置	88867	64615	2506	22571	24772	14766
其他费用	1064542	945563	168103	415185	252955	109320
旧建筑物购置费	125	125		105		20
土地购置费	885316	795209	119601	400512	193085	82011
三、按工程用途分						
住宅	5501381	4120200	386427	1411051	1533246	789476
办公楼	269810	155988	1279	23145	104259	27305
商业营业用房	594081	410122	34268	90563	202635	82656
其他	807886	646152	96328	65041	322703	162080

4－4　续表　(2022年)　单位:万元

项　　目	宝　应	仪　征	高　邮
本年完成投资	**342883**	**862906**	**634907**
一、按登记注册类型分			
内资企业	342883	862906	577652
国有企业	2300		
集体企业			
有限责任公司	148841	222842	45845
股份有限公司			
私营企业	191742	640064	531807
港、澳、台商投资企业			32893
与港澳台商合资经营企业			23938
港澳台商独资经营企业			8955
港澳台商投资股份有限公司			
外商投资企业			24362
中外合资经营企业			24362
二、按构成分			
建筑工程	303738	742763	553347
安装工程	11313	64711	21593
设备工器具购置	2292	17337	4623
其他费用	25540	38095	55344
旧建筑物购置费			
土地购置费	20812	31514	37781
三、按工程用途分			
住宅	260137	587969	533075
办公楼	2677	83133	28012
商业营业用房	37645	97632	48682
其他	42424	94172	25138

4－5　房地产开发企业资金和土地情况

（2022年）　　单位：万元、平方米

项　　目	全市	市区	开发区	广陵	邗江	江都
上年末结余资金	3045928	2576156	177779	400929	1532554	464894
本年资金来源小计	7074139	5128443	557565	1813915	2012639	744324
国内贷款	948072	713519	174962	161410	329849	47298
利用外资	4230	4230		4230		
自筹资金	2194733	1445905	158306	681442	341054	265103
定金及预收款	2093901	1614573	129887	572090	719259	193337
个人按揭贷款	1089187	812820	68485	262088	339113	143134
其他到位资金	744016	537396	25925	132655	283364	95452
各项应付款合计	3202321	2329023	238015	369917	1384559	336532
工程款	1744844	1202644	121493	288351	547886	244914

4－5　续表　　　　　　　　　　　　（2022 年）　　　　　　　　　　单位：万元、平方米

项　　　　目	宝　应	仪　征	高　邮
上年末结余资金	86598	241225	141949
本年资金来源小计	361419	949900	634377
国内贷款	21400	185703	27450
利用外资			
自筹资金	72411	380188	296229
定金及预收款	109076	175466	194786
个人按揭贷款	76710	89264	110393
其他到位资金	81822	119279	5519
各项应付款合计	229293	314768	329237
工程款	167392	190515	184293

4－6　房地产开发销售情况

（2022 年）　　单位：万元、平方米

项　　目	全　市	市　区	开发区	广　陵	邗　江	江　都
商品房销售面积	**6719020**	**4467570**	**551826**	**1012389**	**2069895**	**833460**
住宅	5216609	3313694	319327	910426	1470153	613788
#90 平方米及以下	285652	199438	1315	26185	104717	67221
144 平方米以上	386537	229491	33321	43638	131239	21293
办公楼	182407	164694	22851	28771	98022	15050
商业营业用房	526781	312499	50990	48630	147222	65657
其他	793223	676683	158658	24562	354498	138965
现房销售面积	**1880679**	**1247430**	**113177**	**98862**	**850506**	**184885**
住宅	1133219	689200	8886	89375	459483	131456
办公楼	125810	125810	16214		98022	11574
商业营业用房	322173	167164	36994	2994	118439	8737
其他	299477	265256	51083	6493	174562	33118
期房销售面积	**4838341**	**3220140**	**438649**	**913527**	**1219389**	**648575**
住宅	4083390	2624494	310441	821051	1010670	482332
办公楼	56597	38884	6637	28771		3476
商业营业用房	204608	145335	13996	45636	28783	56920
其他	493746	411427	107575	18069	179936	105847
待售面积	**3208182**	**2062340**	**101581**	**17323**	**1044711**	**898725**
住宅	1346842	637308	36015		319167	282126

4－6　续表1　　　　　　　　　　（2022年）　　　　　　　　　　单位:万元、平方米

项　　目	全　市	市　区	开发区	广　陵	邗　江	江　都
办公楼	380139	364683	18212		345991	480
商业营业用房	722347	429698	13847		184451	231400
其他	758854	630651	33507	17323	195102	384719
商品房销售额	**7291729**	**5684120**	**592846**	**1463632**	**2882941**	**744701**
住宅	5872528	4485656	405552	1312126	2136987	630991
#90平方米及以下	301626	235695	1181	35249	118060	81205
144平方米以上	524256	397011	69974	81807	213629	31601
办公楼	204175	189119	20332	44514	112706	11567
商业营业用房	672953	499132	74695	98395	267547	58495
其他	542073	510213	92267	8597	365701	43648
现房销售额	**1881603**	**1478974**	**98410**	**136875**	**1097707**	**145982**
住宅	1134823	858171	11798	132945	591851	121577
办公楼	135844	135844	15927		112706	7211
商业营业用房	393968	278344	58665	1657	213017	5005
其他	216968	206615	12020	2273	180133	12189
期房销售额	**5410126**	**4205146**	**494436**	**1326757**	**1785234**	**598719**
住宅	4737705	3627485	393754	1179181	1545136	509414
办公楼	68331	53275	4405	44514		4356
商业营业用房	278985	220788	16030	96738	54530	53490
其他	325105	303598	80247	6324	185568	31459

4－6　续表2　　（2022年）　　单位:万元、平方米

项　　目	宝　应	仪　征	高　邮
商品房销售面积	**485666**	**1052814**	**712970**
住宅	361680	901050	640185
#90平方米及以下	7342	65788	13084
144平方米以上	15210	49772	92064
办公楼			17713
商业营业用房	58535	103665	52082
其他	65451	48099	2990
现房销售面积	**156977**	**220358**	**255914**
住宅	115289	110467	218263
办公楼			
商业营业用房	33068	87280	34661
其他	8620	22611	2990
期房销售面积	**328689**	**832456**	**457056**
住宅	246391	790583	421922
办公楼			17713
商业营业用房	25467	16385	17421
其他	56831	25488	
待售面积	**201236**	**519586**	**425020**
住宅	162518	249620	297396

4－6　续表 3　　　　（2022 年）　　　　单位：万元、平方米

项　　目	宝　应	仪　征	高　邮
办公楼	3372	12084	
商业营业用房	26596	167985	98068
其他	8750	89897	29556
商品房销售额	**328315**	**843723**	**435571**
住宅	250813	759211	376848
#90 平方米及以下	4717	52452	8762
144 平方米以上	13614	44572	69059
办公楼			15056
商业营业用房	61978	69090	42753
其他	15524	15422	914
现房销售额	**120979**	**150214**	**131436**
住宅	80831	90892	104929
办公楼			
商业营业用房	38955	51076	25593
其他	1193	8246	914
期房销售额	**207336**	**693509**	**304135**
住宅	169982	668319	271919
办公楼			15056
商业营业用房	23023	18014	17160
其他	14331	7176	

4－7　房地产开发施工、竣工情况

（2022 年）　　　　　　　　　　　　单位：平方米

项　　　　目	全　市	市　区	开发区	广　陵	邗　江	江　都
房屋施工面积	**30457955**	**19663601**	**1214711**	**4932925**	**8567508**	**4948457**
住宅	21042920	13343460	784996	3719981	5471727	3366756
办公楼	1383272	1061539	96599	304179	556964	103797
商业营业用房	2867853	1617565	76066	284020	819292	438187
其他	5163910	3641037	257050	624745	1719525	1039717
房屋新开工面积	**4394828**	**2869122**	**288226**	**821078**	**865515**	**894303**
住宅	3126274	1872737	222319	597547	496814	556057
办公楼	110497	75114		3752	71362	
商业营业用房	272953	146853	2310	32807	64300	47436
其他	885104	774418	63597	186972	233039	290810
房屋竣工面积	**3506157**	**2285835**		**735495**	**748253**	**802087**
住宅	2424439	1599420		553347	458790	587283
办公楼	48022	47522			47522	
商业营业用房	284324	84843		23415	45469	15959
其他	749372	554050		158733	196472	198845

4－7　续表　　（2022 年）　　单位:平方米

项　　目	宝　应	仪　征	高　邮
房屋施工面积	**1931406**	**5134023**	**3728925**
住宅	1326419	3505297	2867744
办公楼	813	232671	88249
商业营业用房	242922	598495	408871
其他	361252	797560	364061
房屋新开工面积	**336921**	**731922**	**456863**
住宅	256882	659634	337021
办公楼		20682	14701
商业营业用房	43737	18870	63493
其他	36302	32736	41648
房屋竣工面积	**421314**	**407730**	**391278**
住宅	235987	258088	330944
办公楼			500
商业营业用房	30569	128452	40460
其他	154758	21190	19374

4－8　房地产开发企业财务情况

（2022 年）　　单位：万元

项　　目	全　市	市　区	开发区	广　陵	邗　江	江　都
企业个数	567	404	63	100	192	49
一、期末资产负债						
流动资产合计	40266491	32234129	3974586	9400216	14558277	4301051
#应收账款	1680282	1325431	20165	466649	758799	79817
存货	19076621	15048244	1289094	4056156	7429384	2273610
固定资产原价	896527	722838	43910	61412	472314	145202
累计折旧	176623	112728	17619	10941	63846	20321
#本年折旧	45615	33902	2024	2049	22307	7522
在建工程	1028491	564909	6235	151476	407196	2
资产总计	52289958	42033670	5001918	10718865	18886741	7426145
流动负债合计	28622550	22388308	2836528	5366130	9667506	4518144
负债合计	39816929	31217015	3271354	8642257	13641355	5662050
所有者权益合计	12473029	10816655	1730565	2076609	5245386	1764095
二、损益及分配						
营业收入	9123951	7245051	785995	2200850	3242597	1015610
主营业务收入	9041971	7170651	784347	2150304	3239377	996623
商品房销售收入	8646026	6800873	782498	2106411	2993177	918787
自持物业收入	92977	90138	1728	4067	64461	19881
房屋出租收入	66670	64563	1713	3378	51886	7586
其他主营业务收入	252761	229572	53	39826	181738	7955
营业成本	7076749	5716761	543288	1748720	2656613	768140
主营业务成本	6978915	5647955	540364	1703207	2643778	760606
营业税金及附加	206354	174363	11160	62499	75217	25488
其他业务利润	6773	3538	1598		1926	14
销售费用	205882	154578	16957	47013	69679	20929
管理费用	152993	104693	11353	24325	53562	15453
研发费用	46	32	6		－19	45
财务费用	50157	30425	1686	－31	28501	268
投资收益	46099	45222	37550	－3041	10638	75
营业利润	1536893	1162618	233434	306633	384223	238328
营业外收入	12924	4808	210	529	1961	2108
营业外支出	15086	6940	616	258	2938	3128
利润总额	1531937	1157771	232065	306896	381502	237309
应交所得税	210520	190862	50872	60128	71332	8529
三、人工成本及增值税						
应付职工薪酬	133512	94867	9770	23072	49524	12501
应交增值税	416681	336743	77140	91873	68896	98835

4－8　续表　　　　（2022 年）　　　　单位:万元

项　　目	宝 应	仪 征	高 邮
企业个数	53	59	51
一、期末资产负债			
流动资产合计	2005445	3377728	2649189
#应收账款	93787	213334	47731
存货	702921	2345767	979688
固定资产原价	32779	107156	33755
累计折旧	10620	41089	12186
#本年折旧	1122	8121	2471
在建工程	3036	4188	456358
资产总计	2466910	3953624	3835754
流动负债合计	1725657	2355931	2152653
负债合计	2283564	3246241	3070109
所有者权益合计	183346	707383	765645
二、损益及分配			
营业收入	511147	907442	460311
主营业务收入	511110	906455	453755
商品房销售收入	506267	887449	451437
自持物业收入	577	1586	677
房屋出租收入	576	1532	
其他主营业务收入	4253	17295	1641
营业成本	398305	578206	383477
主营业务成本	397562	554354	379044
营业税金及附加	10018	9699	12273
其他业务利润	2489	346	401
销售费用	11282	25706	14316
管理费用	12733	16260	19307
研发费用	4		10
财务费用	6738	7540	5454
投资收益	442	－387	822
营业利润	72579	274775	26921
营业外收入	1371	709	6037
营业外支出	681	2158	5308
利润总额	73269	273256	27642
应交所得税	8351	5504	5803
三、人工成本及增值税			
应付职工薪酬	8590	19822	10234
应交增值税	22026	37897	20015

4－9　分地区建筑业生产经营情况

（2022 年）

项　　目	全　市	市　区	开发区	广　陵	邗　江	江　都
企业个数（个）	1278	765	69	200	302	194
一、建筑业合同情况（万元）						
签订合同额	72007217	37751014	1188635	11189803	7867348	17505229
上年结转合同额	28537852	17093711	218203	5202889	2061846	9610772
本年新签合同额	43469365	20657304	970432	5986914	5805502	7894456
二、承包工程完成情况（万元）						
直接从建设单位承揽工程完成的产值	47230030	25775071	983204	7403604	5317650	12070614
自行完成施工产值	47147526	25750481	980295	7397302	5311011	12061873
分包出去工程的产值	82504	24590	2909	6302	6639	8741
从建设单位以外承揽工程完成的产值	5435080	3040956	336800	157729	255499	2290927
三、建筑业总产值（万元）	**52582607**	**28791438**	**1317096**	**7555031**	**5566510**	**14352800**
其中：装配式建筑工程产值	540712	263828		8161	139041	116627
装饰装修产值	2568792	1332969	38991	400071	683990	209918
在外省完成的产值	27976129	15860302	355368	4503480	2136801	8864653
建筑工程产值	48458096	25446435	1277914	7302073	5024565	11841884
安装工程产值	3735915	3211147	36869	215804	523430	2435045
其他建筑业产值	388596	133855	2313	37155	18515	75872
四、竣工产值（万元）	**40108129**	**19536656**	**1144910**	**5690577**	**4699802**	**8001367**
五、房屋施工面积（万平方米）	**32961**	**13562**	**169**	**4712**	**2365**	**6316**
其中：房屋新开工面积	12093	3712	128	1301	999	1284

4-9 续表 (2022年)

项目	宝应	仪征	高邮
企业个数(个)	177	154	182
一、建筑业合同情况(万元)			
签订合同额	11520714	6188338	16547151
上年结转合同额	3762872	1776244	5905025
本年新签合同额	7757842	4412094	10642127
二、承包工程完成情况(万元)			
直接从建设单位承揽工程完成的产值	5845525	4058677	11550758
自行完成施工产值	5835212	4058487	11503346
分包出去工程的产值	10313	190	47411
从建设单位以外承揽工程完成的产值	1072961	228507	1092656
三、建筑业总产值(万元)	**6908172**	**4286994**	**12596003**
其中:装配式建筑工程产值	11226	7492	258166
装饰装修产值	533622	117486	584716
在外省完成的产值	4495020	2278197	5342610
建筑工程产值	6853505	4125585	12032571
安装工程产值	49062	157778	317928
其他建筑业产值	5606	3631	245504
四、竣工产值(万元)	**6817300**	**3674261**	**10079913**
五、房屋施工面积(万平方米)	**9454**	**2467**	**7478**
其中:房屋新开工面积	4458	952	2971

4－10　分地区建筑业财务情况

（2022年）　　　　　　　　　　　　　　　　单位:万元

项目	全市	市区	开发区	广陵	邗江	江都
一、期末资产负债						
流动资产合计	23263503	12399047	1551841	3681007	3695671	3470527
其中:应收工程款	5506403	3138348	321601	828072	1118819	869856
存货	6175732	2366407	249783	415057	723451	978116
固定资产原价	2883515	1600185	122901	681908	341541	453834
其中:累计折旧	1410566	834497	74715	381545	154122	224114
本年折旧	244636	129150	41347	53553	18801	15448
在建工程	283005	200761	992	57889	81946	59934
资产合计	27166480	14360776	1667358	4448415	4273326	3971678
流动负债合计	12159514	7365699	782629	2746855	2464432	1371784
其中:应付账款	4132119	2937770	176794	1338702	1147123	275151
非流动负债合计	1697302	327556	53998	152738	98517	22303
负债合计	14176486	7943106	906123	2934367	2676148	1426468
所有者权益	12990912	6418587	761235	1514047	1598095	2545210
二、损益及分配						
营业收入	40462120	23400322	1387890	6732862	5188348	10091222
主营业务收入	39928737	22986553	1387269	6569891	5177557	9851837
营业成本	36508433	21681992	1169382	6223892	4762304	9526414
主营业务成本	35993042	21269140	1167639	6095924	4753395	9252181
营业税金及附加	271782	135744	7760	35797	40507	51679
主营业务税金及附加	248078	124203	7373	34560	39130	43140
其他业务利润	40935	39418	20	38636	318	444
销售费用	249910	67192	720	37089	11609	17774
管理费用	1100204	661945	63621	235946	151700	210679
研发费用	61382	29275	632	3628	8256	16760
财务费用	276055	153318	19723	59129	32635	41831
投资收益	21957	21365	12	19262	2054	37
营业利润	2169415	809956	130212	178469	201558	299718
营业外收入	14256	9296	87	5426	876	2907
营业外支出	17078	15426	247	6384	7019	1777
利润总额	2165244	803284	130052	177513	195433	300286
应交所得税	437185	185143	28895	38500	44438	73310
二、人工成本及增值税						
本年应付职工薪酬	8216999	4665571	200015	1247357	1180410	2037789
应交增值税	989888	509029	41144	153074	84134	230677

项　　目	宝　应	仪　征	高　邮
一、期末资产负债			
流动资产合计	2568440	4397363	3898653
其中:应收工程款	811428	598669	957958
存货	1015706	1312164	1481454
固定资产原价	466149	330187	486994
其中:累计折旧	241226	146177	188667
本年折旧	40079	25592	49815
在建工程	12365	57119	12760
资产合计	2892103	5364823	4548779
流动负债合计	1169703	2159802	1464311
其中:应付账款	233640	425829	534880
非流动负债合计	46649	1133539	189559
负债合计	1217538	3307273	1708568
所有者权益	1674564	2057551	2840210
二、损益及分配			
营业收入	5055726	3170358	8835713
主营业务收入	4941800	3168080	8832303
营业成本	4402861	2722308	7701272
主营业务成本	4314829	2710176	7698898
营业税金及附加	60869	22015	53154
主营业务税金及附加	58489	12973	52413
其他业务利润	61	150	1306
销售费用	73711	2768	106239
管理费用	160143	71254	206863
研发费用		6778	25328
财务费用	58373	25915	38449
投资收益		－689	1281
营业利润	302540	337820	719101
营业外收入	320	867	3773
营业外支出	118	620	913
利润总额	302741	338066	721154
应交所得税	66178	37402	148461
三、人工成本及增值税			
本年应付职工薪酬	1394726	760571	1396130
应交增值税	139617	84780	256461

4－11　分行业建筑业企业生产经营情况

（2022年）

项　　目	建筑业	房屋建筑业	土木工程建筑业	建筑安装业	建筑装饰和其他建筑业
企业个数	1278	502	324	178	274
一、建筑业合同情况（万元）					
签订的建筑合同额	72007217	61112706	5426264	3839426	1628822
上年结转建筑合同额	28537852	26049250	1076108	1049554	362939
本年新签建筑合同额	43469365	35063455	4350156	2789872	1265882
二、承包工程完成情况（万元）					
直接从建设单位承揽工程完成的产值	47230030	39804341	4164801	1980484	1280405
自行完成施工产值	47147526	39788454	4109614	1976360	1273099
分包出去工程的产值	82504	15887	55187	4123	7306
从建设单位以外承揽工程完成的产值	5435080	2845526	799389	1464476	325689
三、建筑业总产值（万元）	**52582607**	**42633980**	**4909003**	**3440836**	**1598788**
其中：装配式建筑工程产值	540712	501085	19690	3507	16429
装饰装修产值	2568792	1392414	58240	35496	1082643
在外省完成的产值	27976129	23704102	2044736	1757804	469487
建筑工程产值	48458096	40878265	4617651	1589753	1372427
安装工程产值	3735915	1423827	265545	1844339	202205
其他建筑业产值	388596	331888	25807	6744	24156
四、竣工产值（万元）	**40108129**	**32495104**	**3965022**	**2145741**	**1502263**
五、房屋施工面积（万平方米）	**32961**	**32082**	**457**	**150**	**272**
其中：房屋新开工面积	12093	11786	267	22	18

4－12　全市建筑企业总产值前50名

（2022年）

单位名称	地区	位次
江苏省华建建设股份有限公司	广陵区	1
江苏江都建设集团有限公司	江都区	2
江苏邗建集团有限公司	邗江区	3
江苏弘盛建设工程集团有限公司	高邮市	4
江苏扬建集团有限公司	广陵区	5
江苏兴厦建设工程集团有限公司	高邮市	6
江苏省江建集团有限公司	江都区	7
安宜建设集团有限公司	宝应县	8
江苏天宇建设集团有限公司	宝应县	9
江苏瑞沃建设集团有限公司	高邮市	10
江苏华江建设集团有限公司	江都区	11
江苏润扬建设工程集团有限公司	高邮市	12
东晟兴诚集团有限公司	仪征市	13
江苏扬州建工建设集团有限公司	江都区	14
江苏仪征苏中建设有限公司	仪征市	15
江苏建宇建设集团有限公司	高邮市	16
江苏省龙源润泽建工集团有限公司	高邮市	17
扬州一建集团有限公司	仪征市	18
江苏龙腾坤鑫建设发展有限公司	江都区	19
江苏华泰路桥建设集团有限公司	高邮市	20
江苏沪武建设集团有限公司	江都区	21
江苏兴业环境集团有限公司	邗江区	22
江苏鑫圣建设工程有限公司	江都区	23
江苏新纪元公用事业建设有限公司	开发区	24
江苏清源建设发展集团有限公司	开发区	25

4－12 续表 （2022年）

单位名称	地区	位次
江苏威达建设集团有限公司	江都区	26
扬州市建设安装工程有限公司	江都区	27
扬州市宝祥建设工程有限公司	江都区	28
江苏江安集团有限公司	江都区	29
扬州市江都第六建设工程有限公司	江都区	30
江苏亘顺建设工程有限公司	仪征市	31
江苏丰祥建设工程有限公司	宝应县	32
江苏邮城建设工程有限公司	高邮市	33
江苏省水利建设工程有限公司	广陵区	34
江苏中都建设工程有限公司	江都区	35
扬州市第五建筑安装工程有限公司	江都区	36
江苏宝凯建设工程有限公司	宝应县	37
江苏空间新盛建设工程有限公司	江都区	38
江苏省建筑工程集团第一工程有限公司	邗江区	39
江苏弘发建设工程有限公司	高邮市	40
江苏上方建工集团有限公司	高邮市	41
扬州市方圆建筑工程有限公司	江都区	42
江苏弘扬建设工程有限公司	高邮市	43
扬州市宏厦建筑安装工程有限公司	高邮市	44
扬州裕元建设有限公司	邗江区	45
江苏华发装饰有限公司	广陵区	46
江苏协和装饰工程有限公司	邗江区	47
江苏宏蔚建设工程有限公司	宝应县	48
扬州天达建设集团有限公司	仪征市	49
江苏金璐奇建设工程有限公司	高邮市	50

五

人民生活

编辑:叶进　周晶晶

5-1　历年居民家庭人均收入和支出

单位:元

年　份	城镇居民		农村居民	
	可支配收入	消费支出	可支配收入	消费支出
1985	813	725	500	432
1986	1021	893	556	504
1987	1127	958	619	568
1988	1423	1474	717	665
1989	1604	1414	805	745
1990	1750	1555	941	798
1991	2012	1790	903	841
1992	2562	2268	1012	885
1993	3294	2937	1276	993
1994	4423	3687	1660	1432
1995	5378	4636	2390	2020
1996	5535	4352	2937	2307
1997	5892	4686	3126	2590
1998	6101	4432	3257	2307
1999	6389	4663	3364	2245
2000	6734	4990	3464	2312
2001	7205	5416	3690	2396
2002	7833	5575	3926	2391
2003	8705	5910	4172	2648
2004	9851	6509	4677	3034
2005	11379	7388	5215	3710
2006	12945	8273	5813	4314
2007	15057	9696	6586	4945
2008	17398	11562	7450	5447
2009	19416	12888	8295	5930
2010	19228	12224	9173	7072
2011	22474	14301	10870	8123
2012	25306	15684	12294	9085
2013	27700	17116	13775	10140
2014	30322	18417	15284	11266
2015	32946	19780	16619	12316
2016	35659	21064	18057	13722
2017	38828	22093	19694	14766
2018	41999	23718	21457	15848
2019	45550	25696	23333	17215
2020	47202	25342	24813	16550
2021	50947	29586	27354	20042
2022	53673	30888	29332	21786

5-2 居民家庭基本情况

（2022 年）

项　　目	单位	全体居民	城镇居民	农村居民
一、调查户数	户	1150	660	490
二、平均每户家庭人口	人	3.09	3.07	3.12
三、平均每户就业人口	人	1.82	1.71	2.02
四、平均每一就业人口负担人数	人	1.70	1.80	1.54
五、平均每户就业面	%	58.99	55.70	64.74
六、平均每人现住房建筑面积	平方米	54.1	49.1	62.9
七、人均可支配收入	元	44828	53673	29332
工资性收入	元	27003	32419	17514
经营净收入	元	7084	7267	6763
财产净收入	元	3503	5115	679
转移净收入	元	7238	8872	4376
八、人均生活消费支出	元	27581	30888	21786
食品烟酒	元	8023	8954	6392
衣着	元	2084	2474	1401
居住	元	6520	7444	4900
生活用品及服务	元	1612	1792	1296
交通通信	元	3225	3461	2812
教育文化娱乐	元	3904	4466	2919
医疗保健	元	1461	1476	1436
其他用品和服务	元	752	821	630

5－3　居民家庭全年人均主要食品消费量

（2022年）　　单位：公斤

项　　目	全体居民	城镇居民	农村居民
粮食	133.3	129.7	139.6
#谷物	120.9	117.3	127.2
豆类	13.6	14.1	12.8
油脂类	13.2	10.9	17.1
蔬菜及菜制品	129.3	131.1	126.3
肉类	34.8	36.3	32.2
#猪肉	27.3	27.8	26.3
禽类	22.3	25.5	16.8
水产品	23.6	25.6	20.2
蛋类及蛋制品	14.3	14.7	13.6
奶和奶制品	18.8	20.6	15.7
干鲜瓜果类	46.9	52.6	36.8
糖果糕点类	6.8	7.4	5.7
酒	10.1	8.9	12.2

5-4 居民家庭年末平均每百户耐用消费品拥有量

（2022年）

项　　目	单位	全体居民	城镇居民	农村居民
家用汽车	辆	52.9	54.7	49.8
摩托车	辆	11.8	8.3	17.9
助力车	台	171.0	167.6	176.9
洗衣机	台	107.1	107.0	107.4
电冰箱(柜)	台	126.9	115.5	146.8
微波炉	台	96.0	96.8	94.5
彩色电视机	台	191.1	192.5	188.6
空调	台	232.1	245.1	209.4
热水器	台	118.2	122.9	110.1
排油烟机	台	79.0	90.8	58.2
固定电话	线	28.3	27.4	29.9
移动电话	部	269.2	267.1	273.0
#接入互联网	部	231.7	231.2	232.6
计算机	台	73.0	82.5	56.3
#接入互联网	台	69.0	78.4	52.5
照相机	台	17.5	24.2	5.8
中高档乐器	架	7.3	9.9	2.9
健身器材	台	7.5	9.2	4.3

5－5　分地区全体居民人均收入和支出

（2022 年）　　　　单位:元

项　　目	全市	广陵	邗江	江都	宝应	仪征	高邮
可支配收入	**44828**	**54069**	**55977**	**44819**	**34342**	**42859**	**37775**
一、工资性收入	27003	33587	39698	26814	20443	28885	22621
二、经营净收入	7084	6869	8998	7228	5692	7267	6677
三、财产净收入	3503	4445	1285	3698	2618	1296	2617
四、转移净收入	7238	9168	5996	7079	5589	5411	5860
消费支出	**27581**	**41030**	**39159**	**29740**	**21652**	**25959**	**25737**
一、食品烟酒	8023	11559	11257	8529	6464	7625	7456
二、衣着	2084	2629	2347	2457	1636	2588	1890
三、居住	6520	7641	5168	6922	4659	5141	5819
四、生活用品及服务	1612	2465	2104	1619	1283	2038	1546
五、交通通信	3225	4613	4354	3638	2622	2814	3053
六、教育文化娱乐	3904	6424	7743	4275	3065	4158	3724
七、医疗保健	1461	3093	3452	1356	1267	1017	1521
八、其他用品和服务	752	2606	2734	944	656	578	728

5－6 分地区城镇居民人均收入和支出

（2022 年）　　单位:元

项　目	全市	广陵	邗江	江都	宝应	仪征	高邮
可支配收入	**53673**	**57241**	**60026**	**55225**	**40695**	**55024**	**47517**
一、工资性收入	32419	35048	42810	33353	23651	38246	28985
二、经营净收入	7267	6883	9435	7420	5341	8875	6563
三、财产净收入	5115	5202	1360	5920	4498	1960	4425
四、转移净收入	8872	10108	6421	8532	7205	5943	7544
消费支出	**30888**	**43413**	**41417**	**33507**	**23895**	**30261**	**30443**
一、食品烟酒	8954	12340	11899	9417	7143	8873	8784
二、衣着	2474	2869	2456	2978	1864	3512	2452
三、居住	7444	7709	5459	7874	5149	5487	7194
四、生活用品及服务	1792	2821	2254	1798	1366	2659	1762
五、交通通信	3461	4524	4647	3959	2831	3063	3436
六、教育文化娱乐	4466	6968	8160	4898	3585	4721	4529
七、医疗保健	1476	3227	3602	1626	1202	1268	1457
八、其他用品和服务	821	2955	2940	957	755	678	829

5-7　分地区农村居民人均收入和支出

（2022 年）　　　　单位:元

项　目	全市	广陵	邗江	江都	宝应	仪征	高邮
可支配收入	**29332**	**39257**	**32453**	**31546**	**27722**	**28302**	**27559**
一、工资性收入	17514	26762	21637	18474	16537	17683	15949
二、经营净收入	6763	6805	6452	6984	6318	5342	6797
三、财产净收入	679	911	852	863	709	501	720
四、转移净收入	4376	4779	3512	5225	4158	4776	4093
消费支出	**21786**	**29905**	**26044**	**24938**	**19315**	**20812**	**20802**
一、食品烟酒	6392	7912	7527	7396	5767	6131	6063
二、衣着	1401	1510	1712	1794	1412	1483	1300
三、居住	4900	7325	3478	5708	4085	4727	4378
四、生活用品及服务	1296	803	1232	1392	1189	1295	1318
五、交通通信	2812	5029	2654	3229	2443	2516	2652
六、教育文化娱乐	2919	3884	5325	3480	2588	3484	2880
七、医疗保健	1436	2466	2579	1011	1312	717	1589
八、其他用品和服务	630	976	1537	928	519	459	622

六

居民消费价格指数

编辑:季杰

6-1　历年居民消费价格指数

（以上年价格为100）

项　　目	2020年	2021年	2022年
居民消费价格总指数	**102.5**	**101.5**	**102.2**
非食品烟酒价格指数	100.3	101.8	102.2
服务价格指数	100.7	101.0	101.3
消费品价格指数	103.7	101.9	102.9
扣除鲜菜鲜果价格指数	102.6	101.2	102.1
按类别分			
一、食品烟酒	108.0	100.8	102.3
#1.粮食	100.1	102.2	104.8
2.鲜菜	107.9	106.0	101.7
3.畜肉	135.5	82.9	96.2
4.水产品	105.4	117.6	98.3
5.蛋	89.0	116.3	105.5
6.鲜果	89.0	110.9	108.2
二、衣着	99.4	102.2	100.7
三、居住	100.5	101.4	100.9
四、生活用品及服务	101.8	100.5	100.9
五、交通和通信	97.6	104.1	106.0
六、教育文化和娱乐	101.4	101.3	101.8
七、医疗保健	100.5	100.7	102.7
八、其他用品和服务	104.3	99.6	103.3
商品零售价格总指数	**102.0**	**102.5**	**103.3**

6－2　居民消费价格分类指数

（2022 年）

项　　目	以 2021 年价格为 100
居民消费价格总指数	**102.2**
非食品烟酒价格指数	**102.2**
服务项目价格指数	**101.3**
消费品价格指数	**102.9**
扣除鲜菜鲜果价格指数	**102.1**
一、食品烟酒	**102.3**
1. 食品	102.5
（1）粮食	104.8
#大米	98.8
（2）薯类	102.1
（3）豆类	109.2
（4）食用油	107.8
（5）菜	102.3
#鲜菜	101.7
（6）畜肉类	96.2
#猪肉	93.1
（7）禽肉类	105.8
#鸡	103.9
（8）水产品	98.3
#淡水鱼	91.0
（9）蛋类	105.5
#鸡蛋	106.3
（10）奶类	106.8
（11）干鲜瓜果类	107.8
（12）糖果糕点类	101.1
（13）调味品	105.8
（14）其他食品类	105.6
2. 茶及饮料	101.1

6-2 续表1 (2022年)

项　　目	以2020年价格为100
3. 烟酒	102.4
(1)烟草	101.4
(2)酒类	104.1
4. 在外餐饮	101.7
二、衣着	**100.7**
1. 服　装	101.3
(1)男式服装	101.6
(2)女式服装	100.2
(3)儿童服装	104.4
2. 鞋类	98.0
三、居住	**100.9**
1. 租赁房房租	100.2
2. 住房保养维修及管理	103.9
3. 水电燃料	103.3
4. 自有住房	99.9
四、生活用品及服务	**100.9**
1. 家具及室内装饰品	102.5
2. 家用器具	99.5
3. 家用纺织品	99.8
4. 家庭日杂用品	98.0
5. 个人护理用品	102.2
6. 家庭服务	107.3
五、交通和通信	**106.0**
1. 交通	107.8
(1)交通工具	102.1
(2)交通工具用燃料	120.6
(3)交通工具使用和维护	102.0
(4)交通费	102.6

6－2　续表2　　　　　　　　　　　　(2022年)

项　　目	以2020年价格为100
2. 通信	100.5
(1)通信工具	101.7
(2)通信服务	100.0
(3)邮递服务	100.0
六、教育文化和娱乐	**101.8**
1. 教育	100.6
(1)教育用品	101.1
(2)教育服务	100.5
2. 文化娱乐	103.4
(1)文娱耐用消费品	100.8
(2)其他文娱用品	106.3
(3)文化娱乐服务	102.7
(4)旅游	103.5
七、医疗保健	**102.7**
1. 药品及医疗器具	97.9
(1)中药	100.1
(2)西药	96.3
(3)滋补保健品	101.5
(4)医疗卫生器具	92.3
(5)保健器具	101.4
2. 医疗服务	104.1
(1)综合医疗类	108.4
(2)诊断类	99.3
(3)治疗类	108.8
(4)康复类	100.0
(5)中医医疗服务类	116.8
(6)其他医疗服务	100.0
八、其他用品和服务	**103.3**
1. 其他用品类	102.5
2. 其他服务类	104.5

6-3 分月份居民消费价格指数

（以2021年同月价格为100）

项　目	1月	2月	3月	4月	5月	6月
居民消费价格总指数	**101.2**	**101.1**	**101.8**	**102.7**	**102.3**	**102.3**
非食品烟酒价格指数	**102.3**	**102.1**	**102.4**	**102.7**	**102.4**	**102.6**
服务价格指数	**101.8**	**101.2**	**101.4**	**101.3**	**101.2**	**101.2**
消费品价格指数	**100.8**	**101.0**	**102.1**	**103.7**	**103.0**	**103.0**
扣除鲜菜鲜果价格指数	**101.3**	**101.1**	**101.2**	**101.9**	**101.8**	**102.1**
一、食品烟酒	98.4	98.6	100.2	102.6	101.8	101.4
1.食品	97.0	97.0	99.5	103.3	102.1	101.5
(1)粮食	100.7	106.0	102.6	103.2	107.3	105.1
(2)薯类	98.7	94.4	95.6	107.7	110.1	105.8
(3)豆类	110.8	110.8	110.3	110.1	110.1	110.1
(4)食用油	108.4	106.6	106.5	106.5	104.4	103.5
(5)菜	93.9	94.1	116.3	125.5	109.9	103.5
(6)畜肉类	74.1	74.4	73.8	80.8	86.4	94.8
(7)禽肉类	102.6	100.5	100.9	102.9	105.4	106.0
(8)水产品	110.6	108.6	102.8	103.7	93.3	88.7
(9)蛋类	101.9	100.7	105.5	110.0	107.9	105.6
(10)奶类	105.1	102.2	103.5	107.7	108.7	108.9
(11)干鲜瓜果类	111.3	112.8	112.1	113.0	116.6	111.4
(12)糖果糕点类	101.0	98.4	99.5	100.3	101.1	101.4
(13)调味品	106.9	105.2	106.2	105.8	106.7	107.4
(14)其他食品类	103.4	103.7	106.9	105.1	107.4	108.2
2.茶及饮料	101.9	101.0	101.3	100.1	99.5	98.5
3.烟酒	101.5	101.5	100.9	100.5	100.6	101.3
4.在外餐饮	101.2	102.2	101.9	101.8	101.9	101.6

6－3　续表1　（以2021年同月价格为100）

项　　目	1月	2月	3月	4月	5月	6月
二、衣着	99.3	99.5	99.4	100.2	98.9	100.8
三、居住	101.5	100.7	100.8	101.1	101.1	100.8
四、生活用品及服务	99.9	99.8	99.8	100.7	101.1	100.7
五、交通和通信	106.8	107.1	107.4	108.5	107.5	108.1
六、教育文化和娱乐	102.5	102.4	101.9	101.5	101.3	101.4
七、医疗保健	101.7	101.7	103.7	103.5	103.7	103.6
八、其他用品和服务	102.9	103.5	106.2	103.5	104.3	104.7
商品零售价格总指数	102.5	102.5	103.3	104.2	103.8	104.1
一、食品	97.9	98.1	100.0	102.9	102.0	101.5
二、饮料、烟酒	101.6	101.4	100.9	100.4	100.4	100.9
三、服装、鞋帽	99.2	99.4	99.3	100.0	98.9	100.9
四、纺织品	97.9	93.6	94.2	98.5	99.0	100.5
五、家用电器及音像器材	100.3	101.7	100.6	100.9	100.3	100.3
六、文化办公用品	102.0	101.9	102.2	101.9	101.3	101.2
七、日用品	98.1	97.4	98.0	100.1	101.9	102.6
八、体育娱乐用品	103.3	102.7	102.8	103.7	103.6	103.3
九、交通、通信用品	103.2	102.1	102.1	102.8	101.9	99.9
十、家具	103.1	102.3	102.1	102.7	103.0	102.2
十一、化妆品	96.7	99.1	100.0	100.6	102.7	103.2
十二、金银珠宝	99.2	100.7	110.9	103.4	103.6	102.9
十三、中西药品及医疗保健用品	97.0	97.0	97.2	96.3	97.4	97.9
十四、书报杂志及电子出版物	105.5	105.5	104.5	104.6	106.0	105.5
十五、燃料	121.6	123.0	124.5	128.6	127.0	130.9
十六、建筑材料及五金电料	107.4	105.2	104.5	102.1	101.8	102.8

6-3 续表2 （以2021年同月价格为100）

项目	7月	8月	9月	10月	11月	12月
居民消费价格总指数	**102.8**	**101.9**	**102.9**	**103.0**	**102.2**	**102.4**
非食品烟酒价格指数	**102.0**	**102.0**	**101.9**	**102.1**	**102.0**	**101.9**
服务价格指数	**100.7**	**101.1**	**100.8**	**101.7**	**101.4**	**101.2**
消费品价格指数	**104.4**	**102.4**	**104.5**	**103.9**	**102.8**	**103.3**
扣除鲜菜鲜果价格指数	**102.4**	**102.2**	**102.7**	**103.3**	**102.8**	**102.7**
一、食品烟酒	105.1	101.6	105.8	105.3	102.8	104.0
1.食品	106.4	101.2	107.4	106.7	103.1	104.8
(1)粮食	106.0	105.8	104.2	105.1	104.4	106.8
(2)薯类	106.9	100.8	106.4	104.0	98.4	97.8
(3)豆类	110.4	110.5	110.6	110.6	107.0	100.7
(4)食用油	105.7	109.7	110.0	111.3	109.6	111.1
(5)菜	116.7	94.1	116.3	93.4	82.2	94.6
(6)畜肉类	111.5	107.5	119.2	124.0	117.7	115.2
(7)禽肉类	108.3	108.4	107.6	109.7	108.3	108.7
(8)水产品	90.3	88.9	95.9	101.5	100.6	100.3
(9)蛋类	104.6	93.1	106.6	114.1	108.5	108.7
(10)奶类	106.8	108.6	107.7	108.3	106.2	108.1
(11)干鲜瓜果类	109.3	101.7	100.1	102.3	102.8	102.7
(12)糖果糕点类	102.6	103.9	100.0	102.8	100.7	102.0
(13)调味品	105.5	105.3	107.3	105.9	106.9	100.2
(14)其他食品类	107.3	110.4	103.9	106.9	104.0	101.1
2.茶及饮料	100.0	101.9	101.2	103.3	101.9	102.2
3.烟酒	104.0	103.8	103.6	104.1	103.3	104.2
4.在外餐饮	102.1	101.7	101.8	101.5	101.5	101.4

6-3　续表3　　（以2021年同月价格为100）

项　　目	7月	8月	9月	10月	11月	12月
二、衣着	101.1	99.9	102.0	102.3	102.5	102.9
三、居住	100.4	101.1	99.9	101.4	101.3	100.6
四、生活用品及服务	100.8	100.9	101.4	101.6	101.8	101.8
五、交通和通信	106.0	105.0	105.0	104.1	103.5	103.5
六、教育文化和娱乐	101.4	101.8	102.3	102.1	101.3	102.1
七、医疗保健	103.2	103.1	103.2	101.2	101.7	101.8
八、其他用品和服务	102.1	101.8	102.4	102.7	102.8	102.9
商品零售价格总指数	104.2	103.1	103.9	102.9	102.5	103.0
一、食品	105.3	101.3	106.1	105.5	102.8	104.0
二、饮料、烟酒	103.3	103.5	103.2	104.0	103.1	103.9
三、服装、鞋帽	101.3	100.1	102.1	102.4	102.6	103.1
四、纺织品	100.9	101.5	101.5	101.2	103.8	101.8
五、家用电器及音像器材	99.6	99.5	101.0	100.2	98.5	99.3
六、文化办公用品	101.6	101.8	103.3	101.2	101.6	101.2
七、日用品	100.7	101.9	101.0	101.8	102.5	102.7
八、体育娱乐用品	103.6	103.6	103.3	104.9	103.4	107.4
九、交通、通信用品	100.1	100.7	100.9	101.1	100.7	100.9
十、家具	102.4	102.9	103.5	103.8	102.8	102.8
十一、化妆品	104.1	102.5	105.2	104.4	106.1	104.5
十二、金银珠宝	98.3	96.9	98.1	98.5	101.2	102.6
十三、中西药品及医疗保健用品	98.8	98.7	98.7	96.9	98.8	99.3
十四、书报杂志及电子出版物	105.4	105.4	104.5	100.3	100.2	104.5
十五、燃料	124.1	120.2	116.7	109.7	109.4	108.8
十六、建筑材料及五金电料	102.7	103.2	103.7	103.0	103.0	102.6

七

农　业

编辑:丁超　熊庆全　陈甜甜　陈霞

7－1　农村基层组织情况

项　　目	单位	1990 年	1995 年	2000 年	2005 年	2010 年	2015 年
一、农村组织情况							
乡个数	个	125	87	16	7	7	5
镇个数	个	32	71	87	70	70	61
村委会个数	个	2419	2354	1511	1200	1130	1020
村民小组个数	个	25133	24897	18836	18062	18061	18088
二、乡村户数、人口							
乡村户数	万户	103.46	100.43	97.79	100.32	102.07	101.18
乡村人口	万人	359.33	344.4	325.34	315.17	329.28	327.95
三、乡村从业人员							
乡村实有从业人员数	万人	182.66	184.14	166.67	165.31	177.14	180.65
#农林牧渔业从业人员数	万人	104.38	95.02	79.35	49.79	38.32	33.69

7－1　续表

项　　目	单位	2016 年	2017 年	2018	2019	2020	2021	2022
一、农村组织情况								
乡个数	个	5	5	5	3	3	2	2
镇个数	个	62	62	62	62	62	61	61
村委会个数	个	1012	1014	1015	1012	1011	1011	1007
村民小组个数	个	18099	18083	18063	17857	17821	17874	17701
二、乡村户数、人口								
乡村户数	万户	100.85	100.53	100.22	101.14	101.32	95.74	93.83
乡村人口	万人	325.62	325.2	324.78	326.65	327.53	306.71	297.31
三、乡村从业人员								
乡村实有从业人员数	万人	181.49	181.66	180.59	179.51	180.89	172.19	168.28
#农林牧渔业从业人员数	万人	33.22	32.81	32.15	31.7	31.08	29.17	28.50

7－2 分地区农村基层组织情况

（2022 年）

项目	单位	全市	开发区	广陵	邗江
一、农村组织情况					
乡个数	个	2			1
镇个数	个	61	3	6	6
村委会个数	个	1007	28	83	105
村民小组个数	个	17701	703	1712	2027
二、乡村户数、人口					
乡村户数	万户	93.83	2.45	7.20	12.18
乡村人口	万人	297.31	7.22	22.52	37.22
三、乡村从业人员					
乡村实有从业人员数	万人	168.28	4.86	13.51	19.56
#农林牧渔业劳动力	万人	28.50	0.38	1.23	1.69

7－2 续表 （2022 年）

项目	单位	江都	宝应	仪征	高邮
一、农村组织情况					
乡个数	个				1
镇个数	个	13	14	9	10
村委会个数	个	263	222	136	170
村民小组个数	个	4299	2783	3620	2557
二、乡村户数、人口					
乡村户数	万户	24.93	18.47	11.93	16.67
乡村人口	万人	72.92	64.24	38.37	54.82
三、乡村从业人员					
乡村实有从业人员数	万人	40.15	34.76	22.58	32.86
#农林牧渔业劳动力	万人	5.37	8.66	3.30	7.87

7－3　农林牧渔业分项产值

（2022 年）　　单位：万元

项　　目	当年价格
农林牧渔业总产值	**5798467**
一、农业产值	**2721009**
1. 谷物及其他作物	900921
#谷物	820214
棉花	
油料	39032
2. 蔬菜园艺作物	1669718
#蔬菜（含菜用瓜）	1288668
花卉	35444
3. 水果、坚果、饮料和香料作物	148942
#水果坚果（含果用瓜）	126454
茶及其他饮料	22488
4. 中药材	1428
二、林业产值	**128696**
1. 林木的培养种植	77121
2. 竹木采运	47078
3. 林产品	4497
三、牧业产值	**598902**
1. 牲畜饲养	22742
#牛的饲养	4084
羊的饲养	10112
奶产品	8546
#牛奶	8546
2. 猪的饲养	247110
3. 家禽	296013
4. 其他畜牧业	33037
四、渔业产值	**1977649**
1. 海水产品	
2. 淡水产品	1977649
（1）鱼类	655962
（2）甲壳类	1190735
（3）贝类	12675
（4）其他	118277
五、农林牧渔服务业	**372211**

7－4　农林牧渔业总产值、中间消耗及增加值构成

（2022年）

项　　　目	绝对数（万元）	构成（%）
一、农林牧渔业总产值	**5798467**	**100**
农业产值	2721009	46.93
林业产值	128696	2.22
牧业产值	598902	10.33
渔业产值	1977649	34.11
农林牧渔服务业产值	372211	6.42
二、农林牧渔业中间消耗	**2313369**	**100**
农业中间消耗	894170	38.65
林业中间消耗	62528	2.70
牧业中间消耗	336936	14.56
渔业中间消耗	866483	37.46
农林牧渔服务业中间消耗	153252	6.62
三、农林牧渔业增加值	**3485098**	**100**
农业增加值	1826839	52.42
林业增加值	66168	1.90
牧业增加值	261966	7.52
渔业增加值	1111166	31.88
农林牧渔服务业增加值	218959	6.28

7－5　分地区农林牧渔业总产值

（2022 年）

单位:万元

地　区	农林牧渔业总产值	农业产值	林业产值	牧业产值	渔业产值	农林牧渔服务业产值
全　市	5798467	2721009	128696	598902	1977649	372211
开发区	24938	15401	164	769	4490	4114
广　陵	225363	127927	4147	15584	61114	16591
邗　江	413963	183272	8578	23388	158760	39965
江　都	1299846	787708	38924	128272	293931	51011
宝　应	1624109	637564	36025	156262	705048	89210
仪　征	497003	312847	22070	80261	21587	60238
高　邮	1713245	656290	18788	194366	732719	111082

7－6　分地区农林牧渔业增加值

（2022 年）

单位:万元

地　区	农林牧渔业增加值	农业增加值	林业增加值	牧业增加值	渔业增加值	农林牧渔服务业增加值
全　市	3485098	1826839	66168	261966	1111166	218959
开发区	15169	9723	142	2224	1761	1319
广　陵	111286	64602	2478	10235	27641	6330
邗　江	261453	112334	4677	11704	106533	26205
江　都	802273	555835	18921	54902	141155	31460
宝　应	991486	412419	24156	55396	443404	56111
仪　征	273745	186962	9672	38006	10461	28644
高　邮	1029686	484964	6122	89499	380211	68890

7-7　主要年份主要农产品产量

单位:吨

年　份	粮　食（万吨）	棉　花	油　料	麻　类	蚕　茧	瓜　果
1949	64.49	161	7624	70	19	4
1950	79.19	201	8310	90	26	4
1951	81.12	301	7078	85	76	4
1952	83.73	286	8507	60	166	13
1953	92.12	644	8274	170	189	19
1954	84.23	179	6897	5	217	13
1955	107.64	468	9251	155	251	33
1956	88.55	72	9537	140	293	99
1957	92.98	62	8967	200	294	122
1958	97.82	73	12097	90	306	136
1959	69.14	187	8209	110	334	198
1960	65.35	139	4549	170	244	225
1961	65.2	54	2400	15	143	311
1962	57.06	17	2033	20	167	622
1963	87.78	40	2980	55	299	399
1964	96.57	195	6105	200	346	181
1965	113.97	664	5218	975	451	609
1966	110.75	3464	7052	3225	522	591
1967	114.61	4643	8890	2530	767	735
1968	125.66	3616	6371	1660	1326	1174
1969	114.81	3735	8033	900	1467	1398
1970	128.97	5834	7045	1025	1717	1319
1971	150.39	6336	11333	1115	1745	1455
1972	148.75	7095	14873	1345	2058	1683
1973	162.55	12118	18316	3040	2033	2202
1974	163.57	12180	13163	2615	2003	2651
1975	163.06	10457	16994	2450	1861	2475
1976	171.53	13479	11811	3430	1706	2796
1977	151.44	11049	8760	4085	1685	2538
1978	202.49	13275	21848	3880	1525	3076
1979	211.86	15537	35304	2680	1855	3276
1980	197.13	13450	22957	1455	2208	4254
1981	206.69	21709	42129	2203	2318	4395
1982	226.53	18523	51809	2405	2765	6368
1983	240.61	20735	43722	1545	2650	5543
1984	261.82	20180	36514	2075	3341	6494
1985	248.51	16658	52797	5873	3607	7577

7-7 续表 单位:吨

年 份	粮 食（万吨）	棉 花	油 料	麻 类	蚕 茧	瓜 果
1986	258.94	11467	53482	4109	4168	8096
1987	255.57	17414	57667	2038	4040	8410
1988	250.78	18433	29214	1816	4661	9876
1989	255.12	17199	43238	1160	6312	8362
1990	238.65	18141	48296	1068	6165	7923
1991	188.07	14440	49551	698	6313	6685
1992	228.44	19626	60848	709	7418	8541
1993	220.05	18332	57216	726	9373	10528
1994	208.25	21745	55337	568	11217	12650
1995	222.07	26676	73444	401	10784	16370
1996	244.93	26188	85088	436	2218	16873
1997	243.01	23253	76786	223	3948	20575
1998	231.51	24681	51808	209	4922	21999
1999	252.57	8645	88924	105	4888	23869
2000	225.16	10376	124631	55	4431	26861
2001	205.88	16065	140020	65	5537	38532
2002	212.87	10958	117104	37	5100	33862
2003	180.13	10495	125656	31	4511	35831
2004	204.97	10444	137062	19	3956	37646
2005	226.43	6897	122751		3132	39114
2006	245.08	8372	114675		3510	41812
2007	240.63	6225	76137		2628	39376
2008	269.42	6024	79533		2344	45816
2009	282.36	4488	82899		1038	40508
2010	287.09	5378	80124		687	38445
2011	305.68	4523	70279		638	46856
2012	308.35	4695	74122		527	51866
2013	312.19	4637	75724		364	71419.89
2014	314.10	2482	73855		358	67130
2015	314.41	1066	71660		260	106469
2016	300.30	1144	68669		102	92825
2017	285.42	369	65315		48	94336
2018	287.36	62	38809		48	95223
2019	285.60	11	44843		41	115057
2020	286.65	3	49818		44	108195
2021	286.97	1	52146		—	109507
2022	287.62		52238			113479

7－8 主要农作物播种面积和产量

（2022 年）

项　　目	播种面积（亩）	单　产（公斤/亩）	总产量（吨）
农作物总播种面积	**7235907**		
一、粮食作物总计	**5849466**	**491.70**	**2876203.14**
1. 夏粮	2678250	382.41	1024191
小麦	2641350	384.95	1016784
大麦	4650	293.33	1364
蚕豌豆	32250	187.38	6043
2. 秋粮	3171216	584.01	1852012.14
稻谷	2910317	614.77	1789189.11
中稻	2910317	614.77	1789189.11
单季晚稻			
双季后作稻			
玉米	28181	363.10	10232.32
其他谷物	300	300.00	90.00
豆类	210859	203.02	42808.01
薯类	21559	449.59	9692.69
二、经济作物	**1386441**		
1. 棉花			
2. 油料	268444	195	52238
#花生	13652	210	2863
油菜籽	246401	195	48139
芝麻	8247	149	1225
3. 麻类			
#黄麻			
红麻			
苎麻			
4. 糖类	264	2614	690
#甘蔗	264	2614	690
甜菜			
5. 药材	5130	—	—
6. 蔬菜瓜类	1007919	2544	2563959
(1)蔬菜	958138	2558	2450480
(2)瓜类	49781	2280	113479
7. 其他农作物	104684	—	—
#青饲料	10814	—	—

7－9　分地区油料播种面积和产量

单位:亩、吨

地　区	面　积		产　量	
	油　料	#油菜籽	油　料	#油菜籽
全　市	268444	246401	52238	48139
开发区	1204	928	230	198
广　陵	11244	10510	2032	1919
邗　江	10265	7294	1988	1363
江　都	60868	50250	11998	9875
宝　应	68445	68082	13732	13685
仪　征	39445	33031	6727	5685
高　邮	76973	76306	15530	15414

7－10　分地区粮食播种面积和产量

单位:亩、吨

地　区	粮食播种面积	夏　粮	秋　粮	粮食产量	夏　粮	秋　粮
全　市	5849466	2678250	3171216	2876203	1024191	1852012
开发区	50639	27000	23639	21464	8079	13385
江　都	1359960	640200	719760	657287	240502	416785
宝　应	1697655	814200	883455	873020	332082	540938
仪　征	557000	177450	379550	266083	57576	208507
高　邮	1709828	818850	890978	844549	324300	520249

7－11　分地区经济作物播种面积

（2022 年）　　单位：亩

地　区	糖　类	药　材	蔬　菜	瓜果类
全　市	264	5130	958137.67	49781.12
开发区			8890	391
广　陵			70344.12	4045.22
邗　江		37	91250.66	6359.46
江　都	264		231130	12164.9
宝　应		4943	232402	11913
仪　征		150	121912	2697
高　邮			202209	12211

7－12　分地区经济作物产量

（2022 年）　　单位：吨

地　区	糖　类	蔬　菜	瓜果类
全　市	690	2450480	113479
开发区		16850	590
广　陵		154551	9366
邗　江		268688	11294
江　都	690	511841	24736
宝　应		477946	26146
仪　征		324929	5414
高　邮		695675	35934

7－13　水产品生产情况

（2022年）　　单位：公顷、吨

项　　目	全　市	开发区	广陵区	邗江区	江都区	宝应县	仪征市	高邮市
淡水养殖面积合计	67118	224	858	2345	7333	24600	1440	30318
池塘	50979	177	829	1756	6242	17117	878	23980
湖泊	7347					1983		5364
水库	713			131			562	20
河沟	5724	47	29	452	1091	3182		924
其他	2355			6		2318		31
稻田（不纳入总面积）	4713		148	136		3470	101	858
淡水养殖产量合计	387666	692	4245	12821	47005	132031	6970	183902
池塘	351866	527	4021	9955	44530	114083	5281	173469
湖泊	10723					3798		6925
水库	1992			275			1637	80
河沟	9696	165	136	1275	2435	3448		2237
其他	3651			1159		2192		300
稻田	9738		88	157	40	8510	52	891
水产品产量按生产性质分	408973	701	4351	13504	49556	147000	7850	186011
1. 养殖产量	387666	692	4245	12821	47005	132031	6970	183902
2. 捕捞产量	21307	9	106	683	2551	14969	880	2109
水产品产量按类别分	408973	701	4351	13504	49556	147000	7850	186011
1. 鱼类	286552	597	3291	9924	30736	96385	7150	138469
2. 甲壳类	103489	79	962	1499	15904	37657	417	46971
3. 贝类	12545	25	42	29	1338	10393	270	448
4. 藻类								
5. 其他	6387		56	2052	1578	2565	13	123

7－14　分县(市)茶叶、水果生产情况

(2022 年)　　单位:公顷、吨

地　区	面　积		产　量	
	茶　园	果　园	茶　叶	水　果
全　市	**2226**	**3358**	**595**	**59012**
广　陵	8	155	3	3548
邗　江	47	271	7	5600
江　都		641		15133
宝　应		400		10212
仪　征	2132	933	558	8691
高　邮	39	958	27	15830

7－15　畜牧业生产情况

(2022 年)

指标名称	计量单位	数　值
当年出栏量		
一、猪	万头	110.69
二、牛	万头	0.20
三、羊	万只	5.29
四、活家禽	万只	4110.45
期末存栏量		
一、猪	万头	60.76
其中:能繁母猪	万头	6.53
二、牛	万头	0.44
三、羊	万只	3.56
四、活家禽	万只	1332.20
肉类及其其他产量		
一、猪肉	吨	8.72
二、禽肉	吨	6.86
三、牛肉	吨	0.04
四、羊肉	吨	0.06
五、牛奶产量	吨	2.22
六、禽蛋产量	吨	7.71
#鸡蛋	吨	5.45

7－16　生猪、家禽、羊数

（2022 年）　　　　单位：万只、万头

地区	生猪			家禽		羊	
	出栏	存栏	能繁母猪	出栏	存栏	出栏	存栏
全市	**110.69**	**60.76**	**6.53**	**4110.45**	**1332.20**	**5.29**	**3.56**
开发区	0.07	0.03	0.00	3.55	0.40	0.00	0.01
江都	30.31	19.63	1.20	733.37	280.63	0.99	0.76
宝应	34.80	22.58	2.20	803.55	156.72	1.99	0.81
仪征	15.22	8.54	0.90	152.41	101.68	0.47	0.41
高邮	26.80	7.62	1.70	2330.92	718.05	1.75	1.27

八

工　业

编辑:张汉翔　魏爽

8－1　规模以上工业企业单位数

单位:个

项　　目	合计	市区	开发区	广陵	邗江	江都
总　计	**3550**	**1753**	**161**	**356**	**483**	**753**
一、按企业登记注册类型分组						
内资企业	3276	1595	111	325	436	723
国有企业	14	4	1	1	1	1
中央企业	1					
地方企业	13	4	1	1	1	1
集体企业	17	9		2	1	6
股份合作企业	1	1	1			
联营企业	3					
集体联营企业						
其他联营企业	2					
有限责任公司	165	76	15	21	15	25
国有独资公司	17	11	1	6	2	2
其他有限责任公司	148	65	14	15	13	23
股份有限公司	50	28	4	3	9	12
私营企业	3022	1473	90	295	410	678
私营独资企业	94	56	1	13	7	35
私营合作企业	7	2		1		1
私营有限责任公司	2835	1372	87	278	385	622
私营股份有限公司	86	43	2	3	18	20
其他企业	4	4		3		1
港、澳、台商投资企业	128	68	17	15	24	12
合资经营企业(港或澳、台资)	55	28	7	7	9	5
合作经营企业(港或澳、台资)	2					
港澳台商独资经营企业	67	38	8	8	15	7
港澳台商投资股份有限公司	3	2	2			

8－1　续表1　　单位：个

项　　目	全市	市区	开发区	广陵	邗江	江都
其他港澳台商投资企业	1					
外商投资企业	146	90	33	16	23	18
中外合资经营企业	78	46	6	9	16	15
中外合作经营企业	1					
外资企业	66	43	27	6	7	3
外商投资股份有限公司						
二、在总计中：亏损企业	555	301	33	48	89	131
三、在总计中：国有控股企业	110	58	17	17	12	12
四、在总计中：轻工业	1193	511	33	157	137	184
重工业	2357	1242	128	199	346	569
五、在总计中：大型企业	42	28	10	6	8	4
中型企业	237	151	27	34	44	46
小型企业	2943	1438	117	296	390	635
微型企业	328	136	7	20	41	68
六、按行业分组						
采矿业	1	1	1			
煤炭开采和洗选业						
石油和天然气开采业	1	1	1			
黑色金属矿采选业						
制造业	3475	1729	154	352	480	743
农副食品加工业	78	17	1	2	2	12
食品制造业	23	18	3	11	4	
酒、饮料和精制茶制造业	7	3		1	1	1
纺织业	115	42	1	8	14	19
纺织服装、服饰业	90	43	4	9	22	8
皮革、毛皮、羽毛及其制品和制鞋业	91	47	3	13	19	12
木材加工和木、竹、藤、棕、草制品业	18	10	1	2		7

8－1　续表2　　单位:个

项　　目	全市	市区	开发区	广陵	邗江	江都
家具制造业	18	13	3	1	3	6
造纸和纸制品业	17	7	3	2	2	0
印刷和记录媒介复制业	30	22	1	6	5	10
文教、工美、体育和娱乐用品制造业	209	100	1	9	28	62
石油、煤炭及其他燃料加工业	5	1				1
化学原料和化学制品制造业	141	71	4	20	11	36
医药制造业	43	24	0	7	10	7
化学纤维制造业	46	3			2	1
橡胶和塑料制品业	150	74	2	28	14	30
非金属矿物制品业	198	86	7	10	32	37
黑色金属冶炼和压延加工业	60	23		2	7	14
有色金属冶炼和压延加工业	102	39		3	4	32
金属制品业	281	149	15	20	34	80
通用设备制造业	320	181	17	29	57	78
专用设备制造业	293	198	14	34	47	103
汽车制造业	232	130	10	21	40	59
铁路、船舶、航空航天和其他运输设备制造业	44	19		3	2	14
电气机械和器材制造业	575	253	31	64	69	89
计算机、通信和其他电子设备制造业	181	78	24	20	21	13
仪器仪表制造业	60	48	8	8	28	4
其他制造业	28	24		19	1	4
废弃资源综合利用业	19	5	1		1	3
金属制品、机械和设备修理业	1	1				1
电力、热力、燃气及水生产和供应业	74	23	6	4	3	10
电力、热力生产和供应业	49	10	4	1	2	3
燃气生产和供应业	12	6		1	1	4
水的生产和供应业	13	7	2	2		3

8－1　续表3　　　　单位:个

项　　目	宝应	仪征	高邮
总　　计	**572**	**539**	**686**
一、按企业登记注册类型分组			
内资企业	535	498	648
国有企业	4	4	2
中央企业			1
地方企业	4	4	1
集体企业	4	1	3
股份合作企业			
联营企业	2		1
集体联营企业			
其他联营企业	2		
有限责任公司	21	47	21
国有独资公司	4	2	
其他有限责任公司	17	45	21
股份有限公司	6	12	4
私营企业	498	434	617
私营独资企业	16	8	14
私营合作企业	3	1	1
私营有限责任公司	469	412	582
私营股份有限公司	10	13	20
其他企业			
港、澳、台商投资企业	16	21	23
合资经营企业(港或澳、台资)	8	7	12
合作经营企业(港或澳、台资)		1	1
港澳台商独资经营企业	8	13	8
港澳台商投资股份有限公司			1

8－1　续表4　　　　单位:个

项　　目	宝应	仪征	高邮
其他港澳台商投资企业			1
外商投资企业	21	20	15
中外合资经营企业	13	9	10
中外合作经营企业			1
外资企业	8	11	4
外商投资股份有限公司			
二、在总计中:亏损企业	63	117	74
三、在总计中:国有控股企业	18	27	7
四、在总计中:轻工业	209	193	280
重工业	363	346	406
五、在总计中:大型企业	3	7	4
中型企业	24	28	34
小型企业	465	436	604
微型企业	80	68	44
六、按行业分组			
采矿业			
煤炭开采和洗选业			
石油和天然气开采业			
黑色金属矿采选业			
制造业	554	526	666
农副食品加工业	29	4	28
食品制造业	2	1	2
酒、饮料和精制茶制造业	3	1	
纺织业	35	28	10
纺织服装、服饰业	8	2	37
皮革、毛皮、羽毛及其制品和制鞋业	16	5	23
木材加工和木、竹、藤、棕、草制品业	6		2

8－1　续表5　　单位:个

项　　目	宝应	仪征	高邮
家具制造业	3	2	
造纸和纸制品业	6	3	1
印刷和记录媒介复制业	1	2	5
文教、工美、体育和娱乐用品制造业	41	56	12
石油、煤炭及其他燃料加工业		3	1
化学原料和化学制品制造业	15	28	27
医药制造业	2	3	14
化学纤维制造业	2	38	3
橡胶和塑料制品业	18	35	23
非金属矿物制品业	47	41	24
黑色金属冶炼和压延加工业	11	8	18
有色金属冶炼和压延加工业	36	5	22
金属制品业	38	44	50
通用设备制造业	32	51	56
专用设备制造业	31	29	35
汽车制造业	37	51	14
铁路、船舶、航空航天和其他运输设备制造业	4	14	7
电气机械和器材制造业	104	37	181
计算机、通信和其他电子设备制造业	19	23	61
仪器仪表制造业	6	3	3
其他制造业	2	2	
废弃资源综合利用业		7	7
金属制品、机械和设备修理业			
电力、热力、燃气及水生产和供应业	18	13	20
电力、热力生产和供应业	15	8	16
燃气生产和供应业	1	3	2
水的生产和供应业	2	2	2

8-2　规模以上工业企业主要产品产量

产　品　名　称	计量单位	2022 年
配合饲料	万吨	15.08
饮料酒	千升	89481
塑料制品	万吨	20.10
化学纤维	万吨	160.11
纱	万吨	14.92
布	万米	11484.66
呢绒	万米	239.47
蚕丝被	万条	6.00
服装	万件	10127.39
皮革鞋靴	万双	980.14
机制纸及纸板	吨	96684
人造板	万立方米	26.90
烧碱(折 100%)	万吨	20.80
农用氮、磷、钾化学肥料(折纯)	吨	1538
化学农药原药	吨	10754
单晶硅	万千克	1393.78
合成纤维聚合物	万吨	223.13
光电子器件	万只(片、套)	446508
电子元件	万只	822577
水泥	万吨	1025.72
钢材	万吨	578
金属紧固件	吨	5118
商品混凝土	万立方米	1234
铜材	万吨	6.35
变压器	万千伏安	92.49
灯具及照明装置	万台(套、个)	1072.98
金属集装箱	万立方米	184.0
金属切削机床	台	12039
金属成形机床	台	21266
汽车	辆	187952
民用钢质船舶	万载重吨	414
交流电动机	万千瓦	1320
电力电缆	万千米	540
通信及电子网络用电缆	万对千米	58
铅酸蓄电池	万千伏安时	641
太阳能电池(光伏电池)	千瓦	29538649
家用电冰箱	万台	496

8－3 规模以上工业企业主要财务指标

单位:万元

项目	营业收入	营业成本	利润总额	亏损企业亏损额	销售费用	管理费用	财务费用
总计	**67522658**	**58533343**	**2624837**	**567937**	**1457197**	**2213185**	**375543**
一、按企业登记注册类型分组							
内资企业	56940677	49477143	2028359	393757	1185784	1828749	348216
国有企业	1884563	1738727	71627	183	13663	14303	－1669
中央企业	2834	1089	1058				542
地方企业	1881729	1737637	70569	183	13663	14303	－2211
集体企业	70855	60741	2612	74	1750	2986	243
股份合作企业	6892	5915	283		13	574	97
联营企业	42334	36235	3072		822	541	137
集体联营企业							
其他联营企业	33187	29291	1420		293	541	134
有限责任公司	11441742	10337645	278198	204761	83493	294903	33907
国有独资公司	2671186	2468819	32197	3410	14364	53550	10807
其他有限责任公司	8770556	7868826	246001	201351	69129	241354	23100
股份有限公司	4063967	3304856	233270	19584	127247	151918	57089
私营企业	39382789	33953497	1437918	169156	958772	1360773	254959
私营独资企业	621450	547057	17425	745	11243	16025	2581
私营合作企业	41127	34448	1409		1079	1666	445
私营有限责任公司	35537515	30862550	1164726	157665	822451	1199296	245362
私营股份有限公司	3182697	2509442	254358	10746	123999	143787	6571
其他企业	47536	39528	1379		25	2751	3453
港、澳、台商投资企业	3843449	3332242	172678	49090	106157	144665	1521
合资经营企业(港或澳、台资)	2222549	1995477	54203	32499	64125	54933	－28
合作经营企业(港或澳、台资)	12747	9858	731		813	1351	939
港澳台商独资经营企业	1504101	1247104	103601	15703	39442	81847	2100
港澳台商投资股份有限公司	101111	77251	14084	888	1709	6365	－1492

8－3　续表1　　单位:万元

项　　目	营业收入	营业成本	利润总额	亏损企业亏损额	销售费用	管理费用	财务费用
其他港澳台商投资企业	2941	2552	59		67	169	2
外商投资企业	6738531	5723957	423800	125090	165256	239771	25806
中外合资经营企业	3328791	2702788	346224	8971	73716	102366	3106
中外合作经营企业	36423	32922	2730		101	157	22
外资企业	3258116	2878229	75157	115808	90399	136669	19278
外商投资股份有限公司							
二、在总计中:亏损企业	648466	516415	42183	15459	17269	35231	8111
三、在总计中:国有控股企业	15696604	14011041	465550	198867	179570	382864	65070
四、在总计中:轻工业	14720900	12644277	477165	181758	453639	552416	81281
重工业	52801758	45889066	2147672	386178	1003558	1660769	294261
五、在总计中:大型企业	19548996	17021469	958544	86328	323951	453461	45131
中型企业	16179733	13765825	866006	169478	417134	586833	31221
小型企业	29599370	25800957	728641	298065	699396	1128449	250786
微型企业	2194559	1945092	71646	14065	16715	44442	48405
六、按行业分组							
采矿业	575760	325016	100121		2131	44443	12126
煤炭开采和洗选业							
石油和天然气开采业	575760	325016	100121		2131	44443	12126
黑色金属矿采选业							
制造业	64756655	56170997	2556625	436048	1439051	2116957	265170
农副食品加工业	1095280	1009967	20234	2282	18210	21282	6041
食品制造业	259841	205995	7510	1797	16633	23029	1960
酒、饮料和精制茶制造业	251540	198041	6269		28649	9241	251
纺织业	1094945	928428	54506	3680	25656	40378	4001
纺织服装、服饰业	764698	632402	58147	2992	11632	40809	10189
皮革、毛皮、羽毛及其制品和制鞋业	823194	708595	31059	1360	18847	34273	4260
木材加工和木、竹、藤、棕、草制品业	242512	228464	4172	1491	1789	3664	975

8－3　续表2　　　　单位:万元

项　　目	营业收入	营业成本	利润总额	亏损企业亏损额	销售费用	管理费用	财务费用
家具制造业	180193	141869	－1748	3653	21751	9865	972
造纸和纸制品业	452883	450441	－28708	33039	10238	9237	8261
印刷和记录媒介复制业	210440	165173	16065	379	6698	13905	885
文教、工美、体育和娱乐用品制造业	1442558	1228474	52331	8345	39670	62242	8520
石油、煤炭及其他燃料加工业	428855	344775	3388		2077	6867	－247
化学原料和化学制品制造业	4592604	3836702	390005	51195	109139	143281	－14474
医药制造业	968880	680144	91204	9554	98441	48754	7
化学纤维制造业	2489664	2361664	－59606	85696	12045	74387	9604
橡胶和塑料制品业	1031799	877204	24407	12955	28797	47010	7774
非金属矿物制品业	2013033	1714385	67699	19467	63285	87147	17250
黑色金属冶炼和压延加工业	4193301	3942659	49018	4110	25700	41854	5714
有色金属冶炼和压延加工业	4924648	4699147	55018	14857	18233	32822	14935
金属制品业	3174407	2733152	111789	18082	77976	120010	19502
通用设备制造业	2770633	2294333	97469	18789	100978	141716	16543
专用设备制造业	2026483	1639659	79160	9842	73454	125453	16693
汽车制造业	6308895	5243618	481460	50094	99493	274299	22870
铁路、船舶、航空航天和其他运输设备制造业	1641773	1430631	18168	4877	9929	55347	2446
电气机械和器材制造业	13963878	12292375	441443	56115	341625	333984	86451
计算机、通信和其他电子设备制造业	4937232	4152335	368412	15341	66957	178485	2756
仪器仪表制造业	1902985	1548756	88878	4284	89076	112878	6292
其他制造业	391044	329781	24475	544	18307	17246	1815
废弃资源综合利用业	177434	150965	4345	1227	3766	7402	2915
金属制品、机械和设备修理业	1027	864	56			93	13
电力、热力、燃气及水生产和供应业	2190243	2037330	－31909	131889	16015	51786	98246
电力、热力生产和供应业	1658621	1585247	－52234	126007	858	26732	84180
燃气生产和供应业	398255	350473	20736	330	9548	10336	1143
水的生产和供应业	133367	101609	－411	5552	5608	14718	12924

8－3　续表3　　单位:万元

项　　目	资产总计	流动资产合　计	应收账款	产成品	负债总计	从业人员年平均人数（人）
总　计	**63214517**	**37978712**	**13517808**	**2798168**	**34564141**	**429324**
一、按企业登记注册类型分组						
内资企业	53545579	32367900	11759742	2390181	29684049	363288
国有企业	667647	425317	61278	29435	406971	2780
中央企业	19140	4478	4045		14177	6
地方企业	648506	420839	57233	29435	392794	2774
集体企业	59663	44452	19779	3597	25005	1194
股份合作企业	9443	8135	1937	118	3156	156
联营企业	34497	22686	4515	932	20827	154
集体联营企业						
其他联营企业	25102	20166	3867	848	18844	121
有限责任公司	12204226	6156336	1554683	350831	6809405	39432
国有独资公司	2052139	1021855	206596	59232	1411128	3462
其他有限责任公司	10152087	5134482	1348087	291599	5398277	35970
股份有限公司	5456019	2898180	1161310	130000	3484642	22207
私营企业	34913915	22774935	8928114	1874660	18760988	297060
私营独资企业	282856	208132	79088	25864	158561	5605
私营合作企业	24880	14745	7881	1581	12549	711
私营有限责任公司	29937592	19782387	8102799	1592958	16655710	267964
私营股份有限公司	4668587	2769670	738346	254256	1934167	22780
其他企业	200170	37859	28126	608	173056	305
港、澳、台商投资企业	3803448	2194952	832482	165021	1714014	30133
合资经营企业(港或澳、台资)	1711225	996417	392940	92883	848845	14324
合作经营企业(港或澳、台资)	61939	5709	979		36352	201
港澳台商独资经营企业	1813522	1068156	408307	65691	787859	14724
港澳台商投资股份有限公司	212527	121831	29279	6117	39670	869

8－3 续表4 单位:万元

项 目	资产总计	流动资产合计	应收账款	产成品	负债总计	从业人员年平均人数（人）
其他港澳台商投资企业	4235	2839	977	330	1290	15
外商投资企业	5865489	3415860	925585	242966	3166078	35903
中外合资经营企业	2715362	1671620	324472	114297	1446612	14159
中外合作经营企业	41014	28686	22858	1383	18626	238
外资企业	3000064	1606886	577520	125956	1589311	21368
外商投资股份有限公司						
二、在总计中:亏损企业	966723	587770	188955	45785	461307	5653
三、在总计中:国有控股企业	15744378	7695751	2133521	365277	9001904	45154
四、在总计中:轻工业	12559558	7191650	2417385	726686	6548838	148507
重工业	50654958	30787062	11100424	2071482	28015304	280817
五、在总计中:大型企业	16485944	9720920	2961974	513650	9713935	78348
中型企业	17293936	10338161	3234555	832102	8226091	109369
小型企业	27168215	16908248	6882279	1390119	15076987	236394
微型企业	2266422	1011383	439001	62297	1547129	5213
六、按行业分组						
采矿业	748846	26871	13527	2441	567002	4441
煤炭开采和洗选业						
石油和天然气开采业	748846	26871	13527	2441	567002	4441
黑色金属矿采选业						
制造业	57489428	36644724	13058015	2794845	30794341	418309
农副食品加工业	609780	385671	56797	53003	379655	6121
食品制造业	283225	141560	31541	18635	136875	4408
酒、饮料和精制茶制造业	211147	118525	47236	14587	109115	1506
纺织业	978856	578988	182600	69103	451527	13234
纺织服装、服饰业	1094942	640178	135194	35351	632902	18112
皮革、毛皮、羽毛及其制品和制鞋业	525329	411104	165743	52429	343905	14902
木材加工和木、竹、藤、棕、草制品业	122209	80760	18041	21686	83589	1093

8－3　续表5　　单位:万元

项　　　　目	资产总计	流动资产合　计	应收账款	产成品	负债总计	从业人员年平均人数（人）
家具制造业	213723	106617	52825	16795	81632	2185
造纸和纸制品业	451639	211265	57274	16415	342768	2694
印刷和记录媒介复制业	190589	130101	45832	5339	93332	2305
文教、工美、体育和娱乐用品制造业	805649	485610	154860	51866	458848	21084
石油、煤炭及其他燃料加工业	92020	60980	11354	4948	37105	680
化学原料和化学制品制造业	5868360	3352684	740153	197281	1813224	15650
医药制造业	1250000	677543	187598	68935	432075	7576
化学纤维制造业	1850457	591066	56224	96103	1006728	9778
橡胶和塑料制品业	871783	563110	246567	57024	409829	9485
非金属矿物制品业	2077942	1373684	739283	87416	1066689	13773
黑色金属冶炼和压延加工业	3151793	2179070	563025	157544	1772911	13462
有色金属冶炼和压延加工业	1272641	914385	241801	101276	988673	5996
金属制品业	3062472	2057132	847613	150333	1642503	30122
通用设备制造业	3030724	2088436	775041	205430	1683785	30892
专用设备制造业	2292202	1742846	727608	128759	1312204	23107
汽车制造业	5922783	3745906	1256168	275678	3500696	38880
铁路、船舶、航空航天和其他运输设备制造业	2154405	1294197	195643	13449	1746966	6510
电气机械和器材制造业	11350124	7770571	3870185	399453	6495459	67973
计算机、通信和其他电子设备制造业	5131810	3233112	1221194	270555	2247491	37216
仪器仪表制造业	1971373	1411410	328021	197347	1255030	11409
其他制造业	451485	216733	80670	23051	171429	6823
废弃资源综合利用业	199143	81022	21892	5042	97131	1299
金属制品、机械和设备修理业	825	463	31	13	269	34
电力、热力、燃气及水生产和供应业	4976242	1307117	446267	882	3202798	6574
电力、热力生产和供应业	3619760	815384	393751	83	2381592	3077
燃气生产和供应业	386686	131604	23766	676	128392	1590
水的生产和供应业	969796	360130	28750	123	692814	1907

8－4　大中型工业企业主要财务指标

单位:万元

项　　目	营业收入	营业成本	利润总额	亏损企业亏损额	销售费用	管理费用	财务费用
总　计	**35728729**	**30787294**	**1824550**	**255806**	**741085**	**1040295**	**76352**
一、按企业登记注册类型分组							
内资企业	28838733	25009428	1289773	185768	573436	790264	80009
国有企业	1770621	1635276	68523		11087	9983	－2980
中央企业							
地方企业	1770621	1635276	68523		11087	9983	－2980
有限责任公司	7239389	6364623	259311	135369	54495	224592	－12761
国有独资公司	949911	799478	19836		9859	38662	1679
其他有限责任公司	6289478	5565146	239476	135369	44636	185930	－14440
股份有限公司	3760113	3041458	235038	8555	114403	138835	50324
私营企业	16068610	13968071	726900	41843	393451	416854	45426
私营独资企业							
私营合作企业	21823	18858	781	0	522	685	4
私营有限责任公司	13648559	12071065	511505	37008	298773	317703	46683
私营股份有限公司	2398228	1878148	214615	4836	94156	98466	－1261
其他企业							
港、澳、台商投资企业	2193202	1829436	158592	9751	76437	83052	－10222
合资经营企业(港或澳、台资)	1057764	892987	63790	377	47635	20821	－5020
合作经营企业(港或澳、台资)							
港澳台商独资经营企业	1091366	907204	83560	9374	28106	59516	－3696
港澳台商投资股份有限公司	44073	29245	11243		696	2715	－1507
其他港澳台商投资企业							
外商投资企业	4696793	3948429	376185	60288	91212	166979	6565
中外合资经营企业	2377791	1949472	275954	3995	16664	71644	－2851
中外合作经营企业							
外资企业	2319003	1998957	100232	56293	74548	95335	9416

8－4　续表1　　　　单位:万元

项　　目	营业收入	营业成本	利润总额	亏损企业亏损额	销售费用	管理费用	财务费用
外商投资股份有限公司							
二、在总计中:亏损企业	4733505	4535566	－255806	255806	67525	195967	44874
三、在总计中:国有控股企业	11567661	10037248	461797	128391	156724	328718	28925
四、在总计中:轻工业	7248873	6310474	228720	134317	221202	234610	27195
重工业	28479856	24476820	1595830	121489	519883	805685	49156
五、按行业分组							
采矿业	575760	325016	100121		2131	44443	12126
煤炭开采和洗选业							
石油和天然气开采业	575760	325016	100121		2131	44443	12126
黑色金属矿采选业							
制造业	34802446	30101204	1761707	213148	730906	984002	55630
农副食品加工业	39412	31944	721		4531	1962	－62
食品制造业	129136	106439	3040		6188	11506	1650
酒、饮料和精制茶制造业	184456	141546	4255		27915	3812	－244
纺织业	534865	446630	35182	1289	13480	19668	－1720
纺织服装、服饰业	458018	367128	49225	2183	5389	22964	8744
皮革、毛皮、羽毛及其制品和制鞋业	372568	321431	13630	638	9348	18490	2190
木材加工和木、竹、藤、棕、草制品业							
家具制造业	113848	86815	－406	1333	19311	3408	652
造纸和纸制品业	374067	379784	－29646	32509	8892	6561	7150
印刷和记录媒介复制业	67849	44000	11938		2588	6836	－59
文教、工美、体育和娱乐用品制造业	282174	246018	3905	5408	6380	12720	1759
石油、煤炭及其他燃料加工业	400145	319448	1593		1990	5806	－393

8－4　续表2　　　　单位:万元

项　　　目	营业收入	营业成本	利润总额	亏损企业亏损额	销售费用	管理费用	财务费用
化学原料和化学制品制造业	2525566	2007653	339381	2495	59128	83307	－24539
医药制造业	527612	389495	61780		38378	17952	－1415
化学纤维制造业	2252740	2146686	－59516	83375	7880	66521	7066
橡胶和塑料制品业	109079	94938	－2616	3995	4350	5681	48
非金属矿物制品业	176509	131129	12300		7491	15157	365
黑色金属冶炼和压延加工业	3570070	3381488	27904	3333	16161	27778	2147
有色金属冶炼和压延加工业	1679271	1576489	49575		5896	5113	－1312
金属制品业	1157266	974506	71463	1501	37084	36838	2000
通用设备制造业	1112703	942606	39861	8852	43972	40487	822
专用设备制造业	173775	139623	11597	1360	6057	11591	155
汽车制造业	4577905	3774193	416696	33902	63450	182947	8587
铁路、船舶、航空航天和其他运输设备制造业	1293959	1119895	17486		6305	37874	1056
电气机械和器材制造业	8568630	7635721	300224	24511	205715	136180	41962
计算机、通信和其他电子设备制造业	2579525	2062996	292176	3824	37385	108290	－6050
仪器仪表制造业	1281547	1012654	68717	2640	72320	84429	4365
其他制造业	259751	219949	21242		13323	10126	711
废弃资源综合利用业							
金属制品、机械和设备修理业							
电力、热力、燃气及水生产和供应业	350523	361074	－37278	42658	8049	11850	8595
电力、热力生产和供应业	204399	240210	－42658	42658			6007
燃气生产和供应业	89123	77926	4896		5118	4963	－731
水的生产和供应业	57001	42938	485		2931	6887	3319

8－4　续表3　　单位:万元

项　　目	资产总计	流动资产合　　计	应收账款	产成品	负债总计	从业人员年平均人数（人）
总　　计	**33779880**	**20059081**	**6196529**	**1345752**	**17940026**	**187717**
一、按企业登记注册类型分组						
内资企业	28576633	16712018	5065835	1125248	15279312	144600
有限责任公司	8647403	4510725	970242	234069	4524436	28866
国有独资公司	1262959	751884	175585	58650	999597	2080
其他有限责任公司	7384444	3758841	794657	175419	3524840	26786
股份有限公司	5101431	2684938	1064204	115385	3246796	19680
私营企业	14378011	9174649	2987597	756421	7220272	94035
私营独资企业						
私营合作企业	2143	1806	651	426	1382	280
私营有限责任公司	10922510	7149645	2497755	561267	5831965	77262
私营股份有限公司	3453358	2023198	489192	194729	1386926	16493
其他企业						
港、澳、台商投资企业	1923925	1331951	605804	80956	751177	19048
合资经营企业（港或澳、台资）	710956	540392	283701	41983	303605	8592
合作经营企业（港或澳、台资）						
港澳台商独资经营企业	1108989	724107	317655	35608	437450	10066
港澳台商投资股份有限公司	103980	67451	4448	3365	10122	390
其他港澳台商投资企业						
外商投资企业	3279322	2015112	524890	139548	1909536	24069
中外合资经营企业	1564790	944444	74109	55542	902172	7246
中外合作经营企业						
外资企业	1714532	1070668	450781	84006	1007365	16823

项　目	资产总计	流动资产合　计	应收账款	产成品	负债总计	从业人员年平均人数（人）
外商投资股份有限公司						
二、在总计中:亏损企业	4398860	1933289	780660	173574	3063310	29768
三、在总计中:国有控股企业	12460949	6477313	1671188	284285	7036251	38721
四、在总计中:轻工业	6445780	3375112	1100503	339296	3440255	63717
重工业	27334100	16683969	5096026	1006456	14499771	124000
五、按行业分组						
采矿业	748846	26871	13527	2441	567002	4441
煤炭开采和洗选业						
石油和天然气开采业	748846	26871	13527	2441	567002	4441
黑色金属矿采选业						
制造业	32261194	19849899	6144957	1343334	16907056	180496
农副食品加工业	38632	11196	2119	112	18057	815
食品制造业	105841	61066	14521	11191	65256	2513
酒、饮料和精制茶制造业	80124	42333	31488	4789	35890	1035
纺织业	455910	297285	78247	39923	206184	6375
纺织服装、服饰业	801338	509749	96923	23804	472450	10185
皮革、毛皮、羽毛及其制品和制鞋业	264504	207288	87598	25674	183864	6976
木材加工和木、竹、藤、棕、草制品业						
家具制造业	114727	62600	33370	11858	33713	1151
造纸和纸制品业	396374	171000	44587	13344	308098	1646
印刷和记录媒介复制业	74348	50575	14285	1263	22549	706
文教、工美、体育和娱乐用品制造业	189832	105753	20570	5975	104945	4598
石油、煤炭及其他燃料加工业	56959	34973	8985	4426	16473	563

8－4　续表5　　　　　　　　　　　　　　　　　　　　　　　　　　　　　　　　　　单位:万元

项　　　　目	资产总计	流动资产合　计	应收账款	产成品	负债总计	从业人员年平均人数（人）
化学原料和化学制品制造业	4122436	2285263	410341	88927	983453	7516
医药制造业	543957	342466	95361	21747	238232	3308
化学纤维制造业	1667675	463431	26095	78000	891667	7895
橡胶和塑料制品业	141580	57059	18141	8123	29749	636
非金属矿物制品业	236216	162401	90177	22981	84884	1957
黑色金属冶炼和压延加工业	2641964	1856883	413227	122077	1479601	10710
有色金属冶炼和压延加工业	264346	230714	24498	3786	231536	382
金属制品业	1206693	798809	326059	54779	604610	10364
通用设备制造业	1246764	841010	221723	88071	718369	8494
专用设备制造业	240121	172711	60380	21899	124721	3068
汽车制造业	4051732	2546441	746499	138984	2393106	22327
铁路、船舶、航空航天和其他运输设备制造业	1770844	1075456	124767		1435149	3160
电气机械和器材制造业	6669967	4334557	2188460	200527	3978713	28832
计算机、通信和其他电子设备制造业	3272919	1999529	699940	191119	1276950	22922
仪器仪表制造业	1245852	969413	203949	144023	845418	7645
其他制造业	359541	159935	62647	15933	123417	4717
废弃资源综合利用业						
金属制品、机械和设备修理业						
电力、热力、燃气及水生产和供应业	769839	182311	38045	－23	465967	2780
电力、热力生产和供应业	277585	29438	24555		232379	919
燃气生产和供应业	159996	64959	10308	－23	30768	972
水的生产和供应业	332258	87914	3182		202820	889

8-5 规模以上私营工业企业主要财务指标

单位:万元

项目	营业收入	营业成本	利润总额	亏损企业亏损额	销售费用	管理费用	财务费用
总计	**39382789**	**33953497**	**1437918**	**169156**	**958772**	**1360773**	**254959**
一、按企业登记注册类型分组							
私营企业	39382789	33953497	1437918	169156	958772	1360773	254959
私营独资企业	621450	547057	17425	745	11243	16025	2581
私营合作企业	41127	34448	1409		1079	1666	445
私营有限责任公司	35537515	30862550	1164726	157665	822451	1199296	245362
私营股份有限公司	3182697	2509442	254358	10746	123999	143787	6571
二、在总计中:亏损企业	422952	334617	31261	2232	12915	19388	3985
三、在总计中:轻工业	8444167	7110479	380753	47100	242223	343302	59121
重工业	30938622	26843017	1057165	122056	716549	1017471	195838
四、在总计中:大型企业	8453222	7584730	325661		162414	125674	1123
中型企业	7615388	6383341	401240	41843	231036	291179	44303
小型企业	21546576	18413350	655178	120989	549221	906478	186945
微型企业	1767602	1572076	55839	6324	16101	37442	22588
五、按行业分组							
制造业	39017100	33666131	1410848	165945	958144	1354954	225563
农副食品加工业	698855	629508	15726	2018	15145	16511	4303
食品制造业	165914	132162	4093	202	9792	14625	2225
酒、饮料和精制茶制造业	9461	6014	470		227	1499	440
纺织业	831905	700587	38767	3652	19679	33784	5031
纺织服装、服饰业	590054	488761	54353	1816	8132	24264	8415
皮革、毛皮、羽毛及其制品和制鞋业	547833	474244	23192	1024	10307	16747	3096
木材加工和木、竹、藤、棕、草制品业	138053	125324	3776	1491	1682	3251	932
家具制造业	165102	130550	-1083	2766	21241	7472	1135
造纸和纸制品业	110741	98134	1165	530	3354	3372	1019

8-5 续表1 单位:万元

项目	营业收入	营业成本	利润总额	亏损企业亏损额	销售费用	管理费用	财务费用
印刷和记录媒介复制业	132540	111942	3643	197	4344	7185	909
文教、工美、体育和娱乐用品制造业	1300661	1114526	44194	8160	34455	53629	7213
石油、煤炭及其他燃料加工业	28710	25327	1795		87	1061	145
化学原料和化学制品制造业	2167777	1852781	105221	4512	51124	62393	13769
医药制造业	611413	487829	48810	1767	25674	24631	1499
化学纤维制造业	528545	463403	22198	3792	8311	15262	5324
橡胶和塑料制品业	757836	641629	22303	7827	20702	33364	6495
非金属矿物制品业	1656578	1390762	63857	12708	50714	78166	16564
黑色金属冶炼和压延加工业	3837525	3619346	44253	703	22273	38503	5110
有色金属冶炼和压延加工业	1531479	1430157	5141	13976	10902	24162	14572
金属制品业	2511927	2169305	71239	17081	61780	91216	18496
通用设备制造业	1766402	1448006	55735	16898	67302	96096	15092
专用设备制造业	1780723	1431220	75509	6602	65238	112826	15016
汽车制造业	1796423	1462290	88076	13932	57519	110149	20943
铁路、船舶、航空航天和其他运输设备制造业	224616	196698	1553	2853	3369	11871	1431
电气机械和器材制造业	10174542	8947272	330277	25593	255792	250547	38586
计算机、通信和其他电子设备制造业	3409773	2892256	206847	11767	44343	108017	7035
仪器仪表制造业	1164684	883284	65331	2735	71405	94332	6100
其他制造业	204065	164291	11118	118	9485	12623	2393
废弃资源综合利用业	171936	147660	3235	1227	3766	7305	2263
金属制品、机械和设备修理业	1027	864	56			93	13
电力、热力、燃气及水生产和供应业	365689	287366	27069	3211	629	5819	29396
电力、热力生产和供应业	226067	160637	26940	2881	629	4343	27234
燃气生产和供应业	139622	126729	129	330		1475	2163
水的生产和供应业							

8－5　续表2　　　　　　　　　　　　　　　　　　　　　　　　　　单位:万元

项　　目	资产总计	流动资产合　计	应收账款	产成品	负债总计	从业人员年平均人数（人）
总　计	**34913915**	**22774935**	**8928114**	**1874660**	**18760988**	**297060**
一、按企业登记注册类型分组						
私营企业	34913915	22774935	8928114	1874660	18760988	297060
私营独资企业	282856	208132	79088	25864	158561	5605
私营合作企业	24880	14745	7881	1581	12549	711
私营有限责任公司	29937592	19782387	8102799	1592958	16655710	267964
私营股份有限公司	4668587	2769670	738346	254256	1934167	22780
二、在总计中:亏损企业	476574	356242	138684	33163	258600	2791
三、在总计中:轻工业	6833311	4315132	1498532	438950	3581984	100614
重工业	28080605	18459802	7429581	1435710	15179005	196446
四、在总计中:大型企业	6824915	4553313	1368898	278060	3451409	27415
中型企业	7553096	4621336	1618700	478361	3768863	66620
小型企业	19150876	12833104	5586525	1068733	10573059	198326
微型企业	1385028	767182	353992	49506	967657	4699
五、按行业分组						
制造业	33818008	22502564	8796084	1874577	18007370	296413
农副食品加工业	390382	224344	47608	37257	217377	4915
食品制造业	129010	73477	14066	14652	72770	2728
酒、饮料和精制茶制造业	8502	4803	623	2130	6166	121
纺织业	682296	438089	119964	57776	360814	11263
纺织服装、服饰业	644981	383403	87186	23498	402189	12836
皮革、毛皮、羽毛及其制品和制鞋业	323802	251615	103019	31352	207954	8343
木材加工和木、竹、藤、棕、草制品业	100886	59767	17967	10133	66343	1078
家具制造业	163477	93677	46509	15556	70113	1978
造纸和纸制品业	68437	45915	17214	3321	38819	1222

8－5　续表3　　单位:万元

项　　目	资产总计	流动资产合　计	应收账款	产成品	负债总计	从业人员年平均人数（人）
印刷和记录媒介复制业	100431	66236	24091	3751	62409	1654
文教、工美、体育和娱乐用品制造业	702343	415247	143151	42151	400500	18186
石油、煤炭及其他燃料加工业	35062	26007	2369	522	20632	117
化学原料和化学制品制造业	2068993	1184335	374772	95601	859754	10324
医药制造业	584497	350003	125262	34861	240362	4894
化学纤维制造业	569098	282653	46919	43736	273520	3627
橡胶和塑料制品业	606809	412422	192194	37000	307792	7253
非金属矿物制品业	1616671	1128260	613971	73270	924016	12161
黑色金属冶炼和压延加工业	2942317	2057566	524603	149479	1658130	12618
有色金属冶炼和压延加工业	863139	595019	203699	94436	655713	4873
金属制品业	2263220	1524841	650078	129504	1230210	24210
通用设备制造业	2062944	1436973	565142	126192	1154984	23240
专用设备制造业	1981896	1494277	624401	104844	1111624	20843
汽车制造业	2044438	1243730	506515	104443	1136701	21860
铁路、船舶、航空航天和其他运输设备制造业	214493	146900	61856	4702	117271	2428
电气机械和器材制造业	7602920	5386953	2718013	307379	3829444	48425
计算机、通信和其他电子设备制造业	3261212	1985446	718104	177423	1474722	21598
仪器仪表制造业	1380830	976599	173179	126451	895104	8989
其他制造业	220160	133378	51865	18206	126818	3335
废弃资源综合利用业	183937	80170	21712	4938	84853	1260
金属制品、机械和设备修理业	825	463	31	13	269	34
电力、热力、燃气及水生产和供应业	1095908	272370	132030	83	753618	647
电力、热力生产和供应业	1060658	269805	132030	83	735436	604
燃气生产和供应业	35250	2566			18182	43
水的生产和供应业						

8－6　分地区规模以上工业企业主要财务指标

单位:万元

地　区	营业收入	利润总额	亏损企业亏损额	资产总计	负债总计	销售费用	管理费用	财务费用	从业人员年平均人数（人）
总　计	**67522658**	**2624837**	**567937**	**63214517**	**34564141**	**1457197**	**2213185**	**375543**	**429324**
市　区	35337631	1357845	316448	37034984	19773032	964711	1313660	139289	239775
开发区	10188487	364224	137970	9100674	4873795	178803	268102	25849	45366
广陵	6328637	290240	23880	7807259	3420356	142927	248578	2889	49898
邗江	7790714	405353	94396	9493653	5242309	369630	433635	44761	69876
江都	11029793	298028	60204	10633398	6236573	273351	363345	65789	74635
宝　应	9036979	242269	43102	7156247	4534160	164249	248145	113985	51777
仪　征	12024780	647801	173523	10281499	5714049	126259	376875	48340	61258
高　邮	11123268	376922	34863	8741786	4542901	201978	274505	73929	76514

8－7　大中型工业企业名录

单位名称	地区	序号
大型企业:		
中国石化仪征化纤有限责任公司	仪征	1
上海大众汽车有限公司仪征公司	仪征	2
扬州恒润海洋重工有限公司	广陵	3
晶澳(扬州)新能源有限公司	市开发区	4
宝胜科技创新股份有限公司	宝应	5
扬州市秦邮特种金属材料有限公司	高邮	6
晶澳(扬州)太阳能科技有限公司	市开发区	7
海信容声(扬州)冰箱有限公司	市开发区	8
中环艾能(高邮)能源科技有限公司	高邮	9
中国石油化工股份有限公司江苏油田分公司	市开发区	10
扬州扬杰电子科技股份有限公司	邗江	11
扬州中远海运重工有限公司	江都	12
亚普汽车部件股份有限公司	市开发区	13

8－7　续表1

单 位 名 称	地 区	序 号
川奇光电科技(扬州)有限公司	市开发区	14
江苏瑞祥化工有限公司	仪征	15
江苏中兴派能电池有限公司	仪征	16
江苏丰尚智能科技有限公司	邗江	17
潍柴动力扬州柴油机有限责任公司	市开发区	18
西门子电机(中国)有限公司	仪征	19
扬州中集通华专用车有限公司	市开发区	20
扬力集团股份有限公司	邗江	21
李尔汽车系统(扬州)有限公司	邗江	22
江苏省长丰医疗实业有限公司	广陵	23
江苏金飞达电动工具有限公司	高邮	24
新大洋造船有限公司	广陵	25
扬州顶津食品有限公司	邗江	26
森萨塔科技(宝应)有限公司	宝应	27
江苏亚威机床股份有限公司	江都	28
江苏传艺科技股份有限公司	高邮	29
扬州依利安达电子有限公司	仪征	30
扬州日新通运物流装备有限公司	江都	31
扬州亚星客车股份有限公司	邗江	32
高露洁三笑有限公司	生态新城	33
李尔汽车内饰材料(扬州)有限公司	市开发区	34
扬州保来得科技实业有限公司	市开发区	35
骏升科技(扬州)有限公司	宝应	36
扬州中燃城市燃气发展有限公司	广陵	37
江苏虎豹集团有限公司	邗江	38
仪征亚新科双环活塞环有限公司	仪征	39
江苏奔宇车身制造有限公司	江都	40
倍加洁集团股份有限公司	生态新城	41
扬州五亭桥缸套有限公司	邗江	42

8－7　续表2

单位名称	地区	序号
中型企业：		
扬州泰富特种材料有限公司	江都	1
江苏江扬电缆有限公司	邗江	2
扬州石化有限责任公司	江都	3
扬州江淮轻型汽车有限公司	江都	4
扬州中环半导体科技有限公司	高邮	5
江苏优士化学有限公司	仪征	6
江苏长青农化股份有限公司	江都	7
实友化工（扬州）有限公司	仪征	8
江苏扬农化工集团有限公司	广陵	9
永丰余造纸（扬州）有限公司	市开发区	10
大连化工（江苏）有限公司	仪征	11
扬州通利冷藏集装箱有限公司	市开发区	12
招商局金陵船舶（江苏）有限公司	仪征	13
江苏奥克化学有限公司	仪征	14
中船澄西扬州船舶有限公司	江都	15
扬州曙光电缆股份有限公司	高邮	16
江苏华电扬州发电有限公司	邗江	17
中铁宝桥（扬州）有限公司	广陵	18
扬州晶樱光电科技有限公司	高邮	19
江苏德润光电科技有限公司	高邮	20
高邮波司登服饰有限公司	高邮	21
迈安德集团有限公司	邗江	22
江苏诚德钢管股份有限公司	江都	23
扬州龙川钢管有限公司	江都	24
扬州华航特钢有限公司	江都	25
扬州富威尔复合材料有限公司	仪征	26
迪皮埃风电叶片（扬州）有限公司	市开发区	27
招商局金陵鼎衡船舶（扬州）有限公司	江都	28
扬州联博药业有限公司	邗江	29

8－7　续表3

单位名称	地区	序号
江苏润华电缆股份有限公司	高邮	30
扬州润扬物流装备有限公司	市开发区	31
扬州续笙新能源科技有限公司	宝应	32
延锋(仪征)座椅有限公司	仪征	33
扬州锻压机床有限公司	邗江	34
宝胜系统集成科技股份有限公司	宝应	35
扬州瑞斯乐复合金属材料有限公司	高邮	36
扬州诚德钢管有限公司	江都	37
宝胜高压电缆有限公司	宝应	38
扬州神舟汽车内饰件有限公司	江都	39
扬州晶华新能源科技有限公司	江都	40
海沃机械(中国)有限公司	广陵	41
扬州福克斯减震器有限公司	江都	42
扬州完美日用品有限公司	邗江	43
龙腾照明集团股份有限公司	高邮	44
江苏嵘泰工业股份有限公司	江都	45
扬州阿波罗蓄电池有限公司	市开发区	46
江苏金世缘乳胶制品股份有限公司	江都	47
江苏金智达工具有限公司	高邮	48
扬州北辰电气集团有限公司	市开发区	49
扬州金泉旅游用品股份有限公司	邗江	50
江苏太极实业新材料有限公司	广陵	51
江苏联环药业股份有限公司	邗江	52
江苏扬力锻压机床有限公司	广陵	53
扬州日兴生物科技股份有限公司	高邮	54
英联金属科技(扬州)有限公司	江都	55
江苏双汇电力发展股份有限公司	江都	56
扬州万方科技股份有限公司	广陵	57
江苏菲达宝开电气股份有限公司	宝应	58
江苏奥力威传感高科股份有限公司	邗江	59

8－7　续表4

单 位 名 称	地 区	序 号
江苏嘉和热系统股份有限公司	广陵	60
扬州晨化新材料股份有限公司	宝应	61
两面针（江苏）实业有限公司	生态新城	62
江苏和天下节能科技股份有限公司	邗江	63
江苏亚洛科技有限公司	宝应	64
永丰余生活用纸（扬州）有限公司	市开发区	65
扬州佳明航电科技有限公司	市开发区	66
扬州凯翔精铸科技有限公司	宝应	67
江苏迈安德智能装备有限公司	邗江	68
江苏金方圆数控机床有限公司	邗江	69
江苏卫星新材料股份有限公司	高邮	70
江苏三笑集团有限公司	生态新城	71
江苏新扬新材料股份有限公司	邗江	72
扬州天富龙科技纤维有限公司	仪征	73
扬州乾照光电有限公司	市开发区	74
江苏金材科技有限公司	生态新城	75
中化高性能纤维材料有限公司	仪征	76
江苏庆峰工程集团有限公司	景区	77
江苏省阿珂姆野营用品有限公司	邗江	78
扬州杰利半导体有限公司	邗江	79
汤和建华建材（扬州）有限公司	江都	80
扬州东园食品有限公司	广陵	81
仪化东丽聚酯薄膜有限公司	仪征	82
扬州阿尔达工贸有限公司	宝应	83
江苏宝杰隆电磁线有限公司	宝应	84
扬州市扬子钣金制造有限公司	邗江	85
扬州电力设备修造厂有限公司	广陵	86
扬州沃盛车业制造有限公司	江都	87
扬州恒诚织布有限公司	邗江	88
扬州晶新微电子有限公司	市开发区	89

8－7　续表5

单 位 名 称	地 区	序 号
扬州华光新材料股份有限公司	广陵	90
扬州市德运塑业科技股份有限公司	高邮	91
扬州东升汽车零部件股份有限公司	仪征	92
昕诺飞工业（中国）有限公司	仪征	93
扬州宝亿制鞋有限公司	市开发区	94
永道射频技术股份有限公司	市开发区	95
江苏翔宇纺织品有限公司	宝应	96
中航宝胜海洋工程电缆有限公司	市开发区	97
胜赛思精密压铸（扬州）有限公司	江都	98
扬州嵘泰精密压铸有限公司	江都	99
中航宝胜电气股份有限公司	宝应	100
扬州倍加洁日化有限公司	生态新城	101
江苏怡人纺织科技股份有限公司	仪征	102
江苏长江水务股份有限公司	市开发区	103
高邮市经纬纺织有限公司	高邮	104
扬州祥恒包装有限公司	生态新城	105
创利皮革（扬州）有限公司	市开发区	106
扬州宏运车业有限公司	江都	107
江苏捷凯电力器材有限公司	江都	108
江苏扬力坚城锻压机床有限公司	市开发区	109
江苏大成羽绒科技有限公司	宝应	110
江苏兴洋管业股份有限公司	宝应	111
江苏赛德电气有限公司	高邮	112
江苏康源纺织有限公司	宝应	113
扬州市涵洋工程机械有限公司	江都	114
扬州戴卡轮毂制造有限公司	高邮	115
江苏金鑫电器有限公司	江都	116
江苏璨扬光电有限公司	市开发区	117
扬州翰昇汽车配件有限公司	广陵	118
扬州通宇散热器有限公司	邗江	119

8－7　续表6

单 位 名 称	地 区	序 号
扬州市中环高科技塑业有限公司	江都	120
扬州天富龙集团股份有限公司	仪征	121
扬州强凌有限公司	邗江	122
扬州市昌盛车业有限公司	江都	123
江苏迅维电子科技有限公司	江都	124
扬州国联制衣厂有限公司	邗江	125
扬州市宜楠科技有限公司	宝应	126
江苏爱德福乳胶制品有限公司	江都	127
江苏天和制药有限公司	江都	128
扬州市三药制药有限公司	江都	129
江苏富安娜家居用品有限公司	宝应	130
扬州华彩光电有限公司	江都	131
扬州亿泰纺织有限公司	高邮	132
江苏虎豹服饰发展有限公司	邗江	133
扬州巨力体育用品有限公司	江都	134
扬州国汇箱包有限公司	江都	135
仪征威英化纤有限公司	仪征	136
扬州虹扬科技发展有限公司	邗江	137
江苏航天水力设备有限公司	高邮	138
江苏扬力数控机床有限公司	市开发区	139
扬州和益电动工具有限公司	高邮	140
扬州三和四美酱菜有限公司	广陵	141
扬州斯帕克实业有限公司	江都	142
扬州元辰汽车配件有限公司	广陵	143
扬州动易运动用品有限公司	广陵	144
扬州市育英钣金机械有限公司	邗江	145
扬州华瑞金属制品有限公司	宝应	146
江苏晶科天晟能源有限公司	宝应	147
扬州永锋工业设备安装有限公司	邗江	148
江苏省金鑫安防设备有限公司	江都	149

8－7　续表7

单位名称	地区	序号
扬州赛乐服饰有限公司	邗江	150
仪征市恒达钢结构有限公司	仪征	151
扬州维扬豆制食品有限公司	广陵	152
江苏汇成光电有限公司	邗江	153
同扬光电(江苏)有限公司	市开发区	154
扬州海昌新材股份有限公司	邗江	155
扬州三峰刷业有限公司	生态新城	156
江苏四季馨羽绒制品有限公司	宝应	157
江苏星浪光学仪器有限公司	高邮	158
江苏宏昌天马物流装备有限公司	广陵	159
江苏九龙汽车制造有限公司	江都	160
高邮市北方动力机械有限公司	高邮	161
扬州永湖电子有限公司	市开发区	162
扬州嘉华电气股份有限公司	邗江	163
可瑞尔科技(扬州)有限公司	市开发区	164
扬州维邦园林机械有限公司	邗江	165
仪征华纳斯化工有限责任公司	仪征	166
扬州冶春食品生产配送股份有限公司	邗江	167
扬州市天宇鞋业有限公司	高邮	168
扬州光大帽业有限公司	广陵	169
扬州美星口腔护理用品有限公司	生态新城	170
扬州日精电子有限公司	邗江	171
扬州艺林玩具有限公司	邗江	172
扬州市引江蓬帆制品有限公司	江都	173
中电科技扬州宝军电子有限公司	广陵	174
江苏天雨环保集团有限公司	江都	175
扬州雅伦玩具有限公司	邗江	176
江苏苏扬包装股份有限公司	仪征	177
扬州大宇体育用品有限公司	宝应	178
扬州市江源供水有限责任公司	广陵	179

8－7　续表8

单位名称	地区	序号
扬州宇理电子有限公司	市开发区	180
宝罗电子科技(扬州)有限公司	市开发区	181
江苏大康实业有限公司	仪征	182
高邮市佰蒂服饰有限公司	高邮	183
扬州美德莱医疗用品股份有限公司	市开发区	184
扬州祖名豆制食品有限公司	市开发区	185
扬州市富昱鞋业有限公司	仪征	186
亚新科凸轮轴(仪征)有限公司	仪征	187
扬州广菱电子有限公司	广陵	188
扬州久扬渔具有限公司	邗江	189
江苏美伦食品有限公司	广陵	190
江苏新光华机械有限公司	江都	191
扬州江新电子有限公司	广陵	192
扬州天扬粮油机械制造有限公司	邗江	193
扬州市邗江扬子汽车内饰件有限公司	邗江	194
江苏欧佩日化股份有限公司	邗江	195
扬州旭升鞋业有限公司	江都	196
仪征申荣焊接有限公司	仪征	197
百家丽(中国)照明电器有限公司	仪征	198
江苏江佳电子股份有限公司	江都	199
扬州市盈德钢结构有限公司	广陵	200
扬州市庆源电气成套设备有限公司	仪征	201
扬州金陵钢结构工程有限公司	仪征	202
扬州添茂鞋业有限公司	广陵	203
江苏波司登制衣有限公司	高邮	204
江苏银宝专用车有限公司	宝应	205
扬州嘉盛鞋业有限公司	江都	206
江苏德格莱斯科技股份有限公司	宝应	207
江苏江源木业有限公司	江都	208

8－7　续表9

单 位 名 称	地 区	序 号
扬州扬子消防器材有限公司	江都	209
扬州金洪车身零部件有限公司	邗江	210
江苏凤凰扬州鑫华印刷有限公司	邗江	211
江苏柏泰集团有限公司	邗江	212
扬州五丰富春食品有限公司	市开发区	213
高邮市越洋制衣有限公司	高邮	214
扬州华盟电子有限公司	高邮	215
扬州晶玖汽车配件有限公司	邗江	216
扬州美瑞华工艺礼品有限公司	宝应	217
扬州市百仕德礼品工艺有限公司	高邮	218
扬州江嘉科技有限公司	江都	219
江苏晨洁日化有限公司	生态新城	220
国泰消防科技股份有限公司	仪征	221
江苏琴曼集团有限公司	邗江	222
康而富精密电子(宝应)有限公司	宝应	223
江苏瑞盛新材料科技有限公司	仪征	224
江苏国力锻压机床有限公司	邗江	225
扬州欧迪龙服装包装有限公司	高邮	226
昆山沪光汽车电器仪征有限公司	仪征	227
扬州五亭食品集团有限公司	广陵	228
扬州凯润通服饰有限公司	高邮	229
扬州润恒服饰有限公司	高邮	230
扬州天宇服饰股份有限公司	高邮	231
扬州恒睿轻工制品有限公司	高邮	232
扬州市银河制衣有限公司	高邮	233
高邮市金景服饰有限公司	高邮	234
江苏欧弟娜工贸有限公司	高邮	235
扬州英谛车材实业有限公司	广陵	236
扬州宝进制衣有限公司	市开发区	237

九

国内贸易

编辑:孔安安　戴征宇　叶建军　王妍

9-1 主要年份全市社会消费品零售总额

单位:万元

年份	全市	市区			宝应	仪征	高邮
			邗江	江都			
1978	65629	36110	7125	16564	10036	7330	12153
1979	81506	44510	9907	19732	12483	9117	15396
1980	102669	56192	13080	24534	16066	11961	18450
1981	112404	62099	13746	26490	17568	12653	20084
1982	129602	70256	15807	31219	21194	15979	22173
1983	143034	76844	15977	34709	23149	17599	25442
1984	167000	90949	16806	41079	26979	19036	30036
1985	217443	128236	18796	57990	30028	24764	34415
1986	256891	151866	22933	60441	33202	31453	40370
1987	297686	167194	26914	66312	39220	43973	47299
1988	389049	218449	37116	83648	50839	56032	63730
1989	418993	235732	38997	89379	55484	57684	70093
1990	411172	230291	40804	83773	55672	55670	69539
1991	448889	254144	42005	95672	57608	73108	64029
1992	519588	298409	109829	104327	62429	82564	76186
1993	712218	413760	150782	117502	55020	174666	68773
1994	847159	525562	178242	150656	81006	145757	94834
1995	1004881	651954	222733	198151	92412	154852	105664
1996	1168454	744974	233572	233234	114182	186846	122452
1997	1259957	810072	241190	264074	125321	193754	130810
1998	1298047	833310	247713	274632	133039	197359	134339
1999	1364736	882347	278679	288456	139604	203707	139078
2000	1463788	950321	302059	310508	148737	218368	146362
2001	1710995	1113474	317381	363238	172694	255240	169588
2002	1943406	1266537	337035	411285	194328	287249	195291
2003	2255193	1452657	361863	478358	233355	337995	231186
2004	2509764	1625607	404468	535071	255054	377007	252097
2005	2837506	1852740	496782	552886	300800	388356	295610
2006	3268309	2152603	636591	605517	347430	427573	340703
2007	3829262	2532756	796637	707010	403399	498711	394396
2008	4733191	3181997	966918	856743	503083	569278	478833
2009	5504457	3656441	1184529	1029680	586853	689372	571792
2010	6506727	4326718	1448617	1271406	690179	818449	671381
2011	7629898	5075030	1649135	1489731	806251	964922	783694
2012	8607778	5716240	1875156	1685729	906741	1095827	888969
2013	9704593	6507243	2146433	1913159	1022651	1193523	981177
2014	9561774	6648921	2294046	1751054	1034325	842187	1036341
2015	10404198	7276449	2562012	1886287	1085863	913463	1128424
2016	11298959	7889935	2797358	2040210	1186291	990920	1231812
2017	12339342	8622349	3087216	2223660	1293037	1085072	1338884
2018	13368662	9339556	3374618	2406595	1408178	1166708	1454221
2019	14232002	9636724	3017847	2684105	1659393	1177174	1758711
2020	13792905	9338209	2528097	2580759	1593846	1145236	1715614
2021	14809248	10017501	2633198	2771359	1704611	1235136	1852000
2022	15189091	10274136	2685862	2856467	1750635	1277131	1887188

9－2 限额以上批发和零售业企业财务状况

（2022 年）　　　　单位：万元

指标名称	资产总计	主营业务收入	主营业务成本	营业利润	应付职工薪酬
总　计	**9892461**	**23833324**	**21342648**	**1107228**	**446735**
一、批发业	**6767442**	**17358795**	**15592050**	**859978**	**187877**
其中：国有控股	1355286	2067692	1744714	131378	43188
1. 按登记注册类型分组					
内资企业	5760775	14135194	13068611	373524	184174
国有企业	699987	1080703	835675	111211	27881
集体企业	2108	7389	7781	171	66
有限责任公司	1278065	1266086	1147828	46443	18507
国有独资公司	197700	144807	136329	6592	1594
其他有限责任公司	1080365	1121279	1011498	39851	16912
股份有限公司	72058	282548	272624	442	4704
私营企业	3672239	11235509	10551785	210981	130435
私营独资公司	62158	100547	96022	1382	1911
私营有限责任公司	3572298	11054895	10382622	208446	127941
私营股份有限公司	37711	76176	69365	1090	549
其他企业	36318	262958	252917	4276	2582
外商投资企业	671316	2949678	2268286	480205	2047
外资企业	661393	2932350	2257986	479763	1417
2. 按国民经济行业分组					
农、林、牧、渔产品批发	511474	661463	630114	5553	9806
谷物、豆及薯类批发	394692	387202	369064	3774	4871
种子批发	39492	63305	57532	2314	1591
其他农牧产品批发	10850	29327	29380	379	569
食品、饮料及烟草制品批发	689600	1557249	1287884	126562	38914
米、面制品及食用油批发	112086	382049	370395	5612	2989
肉、禽、蛋、奶及水产品批发	102725	237540	222448	11133	5275
酒、饮料及茶叶批发	30580	66294	60254	772	2489

指标名称	资产总计	主营业务收入	主营业务成本	营业利润	应付职工薪酬
烟草制品批发	384789	717900	493612	106929	23952
其他食品批发	33602	108788	103737	1746	955
纺织、服装及家庭用品批发	293013	865709	779081	17469	23057
纺织品、针织品及原料批发	84769	284942	268229	3197	5438
服装批发	48456	81331	71777	863	4572
鞋帽批发	36478	89949	79840	1330	2778
化妆品及卫生用品批发	15597	58535	51412	1671	1470
厨具卫具及日用杂品批发	9805	30387	23704	2340	630
家用视听设备批发	10048	29899	24950	882	1397
其他家庭用品批发	22192	45067	40570	665	1661
文化、体育用品及器材批发	80005	277172	249372	4304	5655
文具用品批发	35466	67382	63182	636	1177
体育用品及器材批发	1735	13390	12460	196	547
其他文化用品批发	36259	175257	155951	3024	3178
医药及医疗器材批发	475942	1065291	958186	22649	15995
西药批发	339671	776653	706058	13095	10035
矿产品、建材及化工产品批发	3311870	6950247	6604431	124814	57217
煤炭及制品批发	127310	256113	268072	4939	630
石油及制品批发	170248	666340	650367	3603	6448
非金属矿及制品批发	12404	56440	52275	1652	744
金属及金属矿批发	1224961	2786020	2626233	52099	18529
建材批发	945201	1162027	1102333	18497	11439
化肥批发	3062	4952	4701	119	101
农药批发	66147	153040	139084	5129	1636
其他化工产品批发	762537	1865316	1761365	38776	17692
机械设备、五金产品及电子产品批发	860530	4294631	3470697	565247	24248

(2022年) 单位:万元

指标名称	资产总计	主营业务收入	主营业务成本	营业利润	应付职工薪酬
农业机械批发	14581	40543	37354	1532	914
汽车及零配件批发	453390	2935214	2246145	515316	3105
五金产品批发	82112	236250	218651	7202	4447
电气设备批发	57726	148162	138208	3804	3152
广播影视设备批发	1531		4695	162	
其他机械设备及电子产品批发	220667	631661	562392	24179	9654
贸易经纪与代理	70217	262608	240697	5860	3703
贸易代理	68695	254348	233402	5724	3286
其他批发业	474791	1424425	1371589	-12481	9282
再生物资回收与批发	305702	527948	516697	-24954	2623
其他未列明批发业	168126	890111	849192	12239	6443
3.按经营方式分组					
独立门店	5417511	15024632	13402944	840407	155849
连锁总店(总部)	2313	2966	2934	18	335
其他	1347446	2330440	2185425	19549	31677
4.按单位规模分					
大型	587696	1180418	936191	121712	30823
中型	1566486	3840752	3516331	39869	60466
小型	2826947	6804661	6340608	147502	88945
微型	1786314	5532964	4798920	550896	7642
二、零售业	**3125019**	**6474529**	**5750598**	**247250**	**258858**
其中:国有控股	1355286	2067692	1744714	131378	43188
1.按经济注册类型分组					
内资企业	5760775	14135194	13068611	373524	184174
国有企业	699987	1080703	835675	111211	27881
集体企业	2108	7389	7781	171	66

9－2　续表3　　　　　　　　　　　　（2022 年）　　　　　　　　　　　　单位:万元

指标名称	资产总计	主营业务收入	主营业务成本	营业利润	应付职工薪酬
有限责任公司	1278065	1266086	1147828	46443	18507
其他有限责任公司	1080365	1121279	1011498	39851	16912
股份有限公司	72058	282548	272624	442	4704
私营企业	3672239	11235509	10551785	210981	130435
私营独资企业	62158	100547	96022	1382	1911
私营合伙企业	73	3891	3776	64	34
私营有限责任公司	3572298	11054895	10382622	208446	127941
私营股份有限公司	37711	76176	69365	1090	549
港、澳、台商投资企业					
港、澳、台商独资经营企业					
2. 按国民经济行业分组					
综合零售	388201	668558	535701	35313	28143
百货零售	261532	438167	365417	36234	11586
超级市场零售	118898	206929	149163	－1379	15113
其他综合零售	4924	15682	13841	257	326
食品、饮料及烟草制品专门零售	254805	446287	407006	9218	17412
粮油零售	20908	139737	137555	757	1513
果品、蔬菜零售	36599	39695	35973	1922	2714
酒、饮料及茶叶零售	50521	72306	64083	1145	3114
烟草制品零售	28556	55368	49244	1199	2230
其他食品零售	68827	78574	68183	2023	3904
纺织、服装及日用品专门零售	321980	569965	509327	11405	41961
服装零售	171744	273547	254070	2027	19009
化妆品及卫生用品零售	43741	67648	55017	2560	7648
自行车等代步设备零售	8253	38554	36426	229	882
文化、体育用品及器材专门零售	264979	325569	261120	16012	22821

指标名称	资产总计	主营业务收入	主营业务成本	营业利润	应付职工薪酬
文具用品零售	32470	70031	50049	1860	3877
图书、报刊零售	6225	1421	639	333	209
珠宝首饰零售	38377	38772	30350	2636	1682
工艺美术品及收藏品零售	121118	90620	69189	7029	8323
医药及医疗器材专门零售	134047	263208	200069	11976	25773
西药零售	95519	208259	159440	7844	22458
中药零售	5558	7582	6476	56	462
医疗用品及器材零售	27519	41705	29652	3764	2555
汽车、摩托车、燃料及零配件专门零售					
汽车新车零售	513727	1938318	1842225	11080	36744
汽车旧车零售	2509	4240	3405	－63	522
汽车零配件零售	50197	117295	105025	3163	5158
摩托车及零配件零售	4362	13520	11606	1306	670
机动车燃料零售	155253	649512	543506	94029	7873
家用电器及电子产品专门零售	443031	444037	435550	12764	20917
家用视听设备零售	10998	20060	18007	475	960
日用家电设备零售	300653	191244	205725	7958	8267
计算机、软件及辅助设备零售	26829	48600	44634	809	2565
通信设备零售	52089	108456	99721	1540	5235
五金、家具及室内装饰材料专门零售	376181	562515	494320	25598	24717
五金零售	182690	309502	271888	14490	13190
灯具零售	13790	22449	19869	1411	1184
家具零售	21638	26088	22050	926	1629
涂料零售	9480	20403	17981	474	934
木质装饰材料零售	20211	27371	25241	841	1284
其他室内装饰材料零售	96938	121290	107011	4863	4977

指标名称	资产总计	主营业务收入	主营业务成本	营业利润	应付职工薪酬
货摊、无店铺及其他零售业	203555	465756	396780	14678	25752
生活用燃料零售	21392	48178	42095	1022	2129
其他未列明零售业	85458	134451	116399	6394	8565
3. 按经营方式分组					
独立门店	5417511	15024632	13402944	840407	155849
连锁总店(总部)					
连锁直营店	173	757	747	3	15
连锁加盟店	12910	55217	51140	-178	2670
其他	1347446	2330440	2185425	19549	31677
4. 按零售业态分组					
有店铺零售	2828963	5790248	5157009	229309	222339
便利店	141298	251343	201768	-325	21599
超市	4721	13684	12973	-229	544
大型超市	245200	479866	417783	30567	18145
百货店	1446999	2481522	2184315	152469	96488
专业店	778813	2217865	2056393	32957	67612
专卖店	34974	69485	61603	1569	3094
家居建材店	4435	7304	6335	277	390
厂家直销中心					
无店铺零售	296056	684281	593590	17941	36519
网上商店	7756	23139	8324	322	576
5. 按单位规模分					
大型	587696	1180418	936191	121712	30823
中型	1566486	3840752	3516331	39869	60466
小型	2826947	6804661	6340608	147502	88945
微型	1786314	5532964	4798920	550896	7642

9－3　限额以上批发和零售业商品购进、销售、库存总额

（2022 年）　　　　单位：万元

指标名称	商品购进总额	商品销售总额	批发额	零售额	期末商品库存总额
总　计	**23295941**	**26682415**	**18966224**	**7649524**	**1105027**
一、批发业	**16999579**	**19464636**	**18325972**	**1073281**	**607030**
其中：国有控股	1815967	2292768	2131075	161693	221832
1. 按登记注册类型分组					
内资企业	14273594	15827653	14699475	1062795	586605
国有企业	789169	1195810	1194638	1172	163924
集体企业	10206	10199	8159		637
有限责任公司	1272496	1405443	1308938	92622	69620
国有独资公司	151326	162775	162775		3951
其他有限责任公司	1121170	1242669	1146163	92622	65669
股份有限公司	306758	314319	219478	94840	8100
私营企业	11633201	12625843	11701666	864718	339914
私营独资公司	99396	110788	89112	21677	7508
私营有限责任公司	11455030	12425681	11527577	838644	326010
私营股份有限公司	74509	84977	84977		6320
其他企业	261765	276039	266596	9443	4411
外商投资企业	2426515	3330414	3323499	6915	19155
外资企业	2413409	3312092	3312092		13461
2. 按国民经济行业分组					
农、林、牧、渔产品批发	526546	739861	691786	43414	85822
谷物、豆及薯类批发	247142	442265	426094	11911	74166
种子批发	57912	67302	60573	6729	3450
其他农牧产品批发	34133	33845	33155	289	1289
食品、饮料及烟草制品批发	1463618	1730746	1684613	43513	144880
米、面制品及食用油批发	411494	416253	405290	8343	24526
肉、禽、蛋、奶及水产品批发	223193	260770	240981	19789	15437
酒、饮料及茶叶批发	70056	73992	63882	10111	13235

(2022年) 单位:万元

指标名称	商品购进总额	商品销售总额	批发额	零售额	期末商品库存总额
烟草制品批发	603126	811225	810680	545	82845
其他食品批发	116105	120446	117959	2488	6844
纺织、服装及家庭用品批发	872259	943158	874973	65620	29813
纺织品、针织品及原料批发	301210	319210	303769	12875	2387
服装批发	77431	85976	81011	4965	5138
鞋帽批发	83245	91757	91757		841
化妆品及卫生用品批发	56176	60997	59088	1909	2158
厨房、卫生间用具及日用杂货批发	29507	32258	31029	1229	646
日用电器批发	134107	151777	142165	9612	11509
其他家庭用品批发	47020	48308	47208	1100	3285
文化、体育用品及器材批发	274980	302331	262262	40070	13861
文具用品批发	70890	74415	73119	1297	3556
体育用品及器材批发	13932	14179	14179		858
其他文化用品批发	171380	190889	165590	25299	8423
医药及医疗器材批发	1069317	1181071	1117070	64001	67657
西药批发	793224	869159	822471	46688	61745
中药批发	14248	15042	15042		1006
矿产品、建材及化工产品批发	7467659	7916589	7320981	543395	171620
煤炭及制品批发	372977	386062	276866	68117	5212
石油及制品批发	726253	753000	634048	116396	13364
非金属矿及制品批发	59641	62431	53366	9065	602
金属及金属矿批发	2956529	3146032	2949964	193979	76899
建材批发	1257813	1307426	1215514	87922	26867
化肥批发	5402	5519	5519		196
农药批发	152279	166861	158451	8410	3938
其他化工产品批发	1936766	2089258	2027253	59506	44544

（2022年）　　　　单位：万元

指标名称	商品购进总额	商品销售总额	批发额	零售额	期末商品库存总额
机械设备、五金产品及电子产品批发	3623099	4819990	4618243	198767	64792
农业机械批发	35173	37618	32832	4786	1012
汽车及零配件批发	2390648	3304191	3297696	6496	18178
五金产品批发	238394	260430	247643	12787	4551
电气设备批发	146244	163052	149400	13651	8703
广播影视设备批发	5243	5705		2725	
其他机械设备及电子产品批发	653883	706672	612287	94385	28144
贸易经纪与代理	233337	260805	255882	4922	4000
贸易代理	226025	252402	247480	4922	3785
其他批发业	1468762	1570085	1500162	69580	24586
再生物资回收与批发	518668	580308	573114	6851	13584
其他未列明批发业	944278	983055	920340	62715	10975
3. 按经营方式分组					
独立门店	14739666	16880181	15873994	943461	470556
连锁总店（总部）	2575	3295	3294	1	55
其他	2256556	2580403	2448684	129062	136383
4. 按单位规模分					
大型	1101052	1332121	1283019	49101	129607
中型	3587114	4284635	3983667	300968	201332
小型	6947197	7495228	6993841	501387	220385
微型	5364216	6352653	6065444	221826	55706
二、零售业	**6296363**	**7217780**	**640252**	**6576243**	**497997**
其中：国有控股	1815967	2292768	2131075	161693	221832
1. 按经济注册类型分组					
内资企业	14273594	15827653	14699475	1062795	586605
国有企业	789169	1195810	1194638	1172	163924
集体企业	10206	10199	8159		637

指标名称	商品购进总额	商品销售总额	批发额	零售额	期末商品库存总额
有限责任公司	1272496	1405443	1308938	92622	69620
其他有限责任公司	1121170	1242669	1146163	92622	65669
股份有限公司	306758	314319	219478	94840	8100
私营企业	11633201	12625843	11701666	864718	339914
私营独资企业	99396	110788	89112	21677	7508
私营合伙企业	4267	4397	0	4397	76
私营有限责任公司	11455030	12425681	11527577	838644	326010
私营股份有限公司	74509	84977	84977		6320
港、澳、台商投资企业					
港、澳、台商独资经营企业					
外商投资企业	2426515	3330414	3323499	6915	19155
中外合资经营企业	13106	18322	11407	6915	5694
外资企业	2413409	3312092	3312092		13461
2. 按国民经济行业分组					
综合零售	661605	764473	7405	757065	55505
百货零售	433975	516759	3596	513159	26369
超级市场零售	204305	221864	634	221230	27185
其他综合零售	15501	17255	3075	14180	1715
食品、饮料及烟草制品专门零售	406066	480258	153026	327232	39607
粮油零售	151034	152252	91517	60735	4595
果品、蔬菜零售	32867	40923	12651	28272	2569
酒、饮料及茶叶零售	72427	78121	14363	63758	10724
烟草制品零售	17776	57503	12347	45157	8958
其他食品零售	77947	85758	17233	68525	8301
纺织、服装及日用品专门零售	495842	633491	119768	513723	75190
服装零售	218260	308073	43343	264729	52932
化妆品及卫生用品零售	59440	74070	16706	57364	3177

9－3　续表4　　（2022年）　　单位：万元

指标名称	商品购进总　额	商品销售总　额	批发额	零售额	期末商品库存总额
自行车等代步设备零售	32850	43266	17050	26216	2474
文化、体育用品及器材专门零售	294300	367858	41060	326798	43095
文具用品零售	62436	77647	6646	71001	3569
图书、报刊零售	711	1616	133	1483	903
珠宝首饰零售	31161	40702		40702	9971
工艺美术品及收藏品零售	83137	102432	19699	82733	23614
医药及医疗器材专门零售	223899	283106	5474	277632	34041
西药零售	171966	223147		223147	31168
中药零售	7156	8116		8116	477
医疗用品及器材零售	39285	45445	4903	40542	1531
汽车、摩托车、燃料及零配件专门零售	2741896	3004831	84408	2920422	146234
汽车新车零售	2059425	2103067	21453	2081614	135481
汽车旧车零售	4087	4273	1563	2710	37
汽车零配件零售	110726	130638	9384	121254	4846
摩托车及零配件零售	12575	14981		14981	336
机动车燃料零售	550876	745665	49774	695892	5071
家用电器及电子产品专门零售	500892	545124	65325	478518	43092
家用视听设备零售	19564	21965	1267	20698	391
日用家电设备零售	241978	270291	23393	245750	24677
计算机、软件及辅助设备零售	41821	46990	10255	36735	3971
通信设备零售	104977	116679	19444	97235	10796
五金、家具及室内装饰材料专门零售	545794	625270	90342	534928	33085
五金零售	304000	345516	60119	285397	16400
灯具零售	23120	24260	3126	21134	1024
家具零售	23153	28982	905	28077	990
涂料零售	19696	22450	2704	19747	904
木质装饰材料零售	25699	30254	2076	28178	3751

(2022年) 单位:万元

指标名称	商品购进总额	商品销售总额	批发额	零售额	期末商品库存总额
其他室内装饰材料零售	115117	134732	14351	120381	7451
货摊、无店铺及其他零售业	426070	513370	73444	439926	28150
生活用燃料零售	43682	52769	3431	49338	646
其他未列明零售业	112904	144709	54167	90542	12913
3. 按经营方式分组					
独立门店	14739666	16880181	15873994	943461	470556
连锁总店(总部)	2575	3295	3294	1	55
连锁直营店	782	757		757	35
连锁加盟店	61251	62073		62073	7066
其他	2256556	2580403	2448684	129062	136383
4. 按零售业态分组					
有店铺零售	5641877	6454547	462242	5991102	459248
便利店	240543	273168	5347	267821	23523
超市	10187	14528	4358	10170	282
大型超市	486446	551388	59132	492253	28228
百货店	2240065	2795807	233658	2561002	186228
专业店	2317118	2432545	138627	2293864	177937
专卖店	65697	75936	8508	67429	5516
家居建材店	6923	7783	3131	4653	399
厂家直销中心					
无店铺零售	654485	763233	178011	585141	38749
网上商店	17090	27189	2039	25150	1084
5. 按单位规模分					
大型	1101052	1332121	1283019	49101	129607
中型	3587114	4284635	3983667	300968	201332
小型	6947197	7495228	6993841	501387	220385
微型	5364216	6352653	6065444	221826	55706

9－4　限额以上批发和零售业基本情况

（2022 年）

指标名称	企业法人（个）	所属全部批零住餐活动单位（个）	从业人员（人）	销售额（万元）
总　　计	**3527**	**3527**	**62142**	**26682415**
一、批发业	**1397**	**1397**	**21626**	**19464636**
其中：国有控股	35	35	2245	2292768
1. 按登记注册类型分组				
内资企业	1376	1376	21175	15827653
国有企业	12	12	941	1195810
集体企业	2	2	13	10199
有限责任公司	50	50	1804	1405443
国有独资公司	7	7	105	162775
其他有限责任公司	43	43	1699	1242669
股份有限公司	9	9	456	314319
私营企业	1270	1270	17524	12625843
私营独资公司	18	18	295	110788
私营有限责任公司	1245	1245	17124	12425681
私营股份有限公司	6	6	99	84977
其他企业	33	33	437	276039
外商投资企业	6	6	213	3330414
外资企业	4	4	48	3312092
2. 按国民经济行业分组				
农、林、牧、渔产品批发	69	69	1384	739861
谷物、豆及薯类批发	29	29	788	442265
种子批发	6	6	197	67302
其他农牧产品批发	7	7	66	33845
食品、饮料及烟草制品批发	89	89	2978	1730746
米、面制品及食用油批发	19	19	381	416253
肉、禽、蛋、奶及水产品批发	28	28	794	260770
酒、饮料及茶叶批发	13	13	396	73992

9－4　续表1　　（2022年）

指标名称	企业法人（个）	所属全部批零住餐活动单位（个）	从业人员（人）	销售额（万元）
烟草制品批发	2	2	736	811225
其他食品批发	15	15	176	120446
纺织、服装及家庭用品批发	133	133	2810	943158
纺织品、针织品及原料批发	43	43	494	319210
服装批发	15	15	498	85976
鞋帽批发	10	10	306	91757
化妆品及卫生用品批发	9	9	187	60997
厨具卫具及日用杂品批发	4	4	60	32258
家用视听设备批发	7	7	219	32235
其他家庭用品批发	12	12	256	48308
文化、体育用品及器材批发	49	49	969	302331
文具用品批发	15	15	204	74415
体育用品及器材批发	3	3	89	14179
其他文化用品批发	25	25	564	190889
医药及医疗器材批发	64	64	1921	1181071
西药批发	12	12	1042	869159
矿产品、建材及化工产品批发	678	678	7135	7916589
煤炭及制品批发	14	14	98	386062
石油及制品批发	29	29	633	753000
非金属矿及制品批发	9	9	118	62431
金属及金属矿批发	264	264	2448	3146032
建材批发	161	161	1628	1307426
化肥批发	2	2	17	5519
农药批发	13	13	273	166861
其他化工产品批发	186	186	1920	2089258
机械设备、五金产品及电子产品批发	221	221	3203	4819990

（2022年）

指标名称	企业法人（个）	所属全部批零住餐活动单位（个）	从业人员（人）	销售额（万元）
农业机械批发	10	10	149	37618
汽车及零配件批发	33	33	394	3304191
五金产品批发	46	46	573	260430
电气设备批发	29	29	352	163052
广播影视设备批发	1	1	0	5705
其他机械设备及电子产品批发	87	87	1209	706672
贸易经纪与代理	26	26	347	260805
贸易代理	24	24	306	252402
其他批发业	68	68	879	1570085
再生物资回收与批发	18	18	214	580308
其他未列明批发业	48	48	632	983055
3. 按经营方式分组				
独立门店	1167	1167	17518	16880181
连锁总店（总部）	1	1	70	3295
其他	228	228	4036	2580403
4. 按单位规模分				
大型	3	3	1368	1332121
中型	141	141	7065	4284635
小型	908	908	12146	7495228
微型	345	345	1047	6352653
二、零售业	**2130**	**2130**	**40516**	**7217780**
其中：国有控股	35	35	2245	2292768
1. 按经济注册类型分组				
内资企业	1376	1376	21175	15827653
国有企业	12	12	941	1195810
集体企业	2	2	13	10199

9－4 续表3 （2022年）

指标名称	企业法人（个）	所属全部批零住餐活动单位（个）	从业人员（人）	销售额（万元）
有限责任公司	50	50	1804	1405443
其他有限责任公司	43	43	1699	1242669
股份有限公司	9	9	456	314319
私营企业	1270	1270	17524	12625843
私营独资企业	18	18	295	110788
私营合伙企业	1	1	6	4397
私营有限责任公司	1245	1245	17124	12425681
私营股份有限公司	6	6	99	84977
港、澳、台商投资企业				
港、澳、台商独资经营企业				
2. 按国民经济行业分组				
综合零售	75	75	5386	764473
百货零售	40	40	2502	516759
超级市场零售	20	20	2631	221864
其他综合零售	10	10	66	17255
食品、饮料及烟草制品专门零售	219	219	2978	480258
粮油零售	22	22	213	152252
果品、蔬菜零售	30	30	541	40923
酒、饮料及茶叶零售	36	36	514	78121
烟草制品零售	10	10	306	57503
其他食品零售	71	71	659	85758
纺织、服装及日用品专门零售	284	284	6883	633491
服装零售	69	69	3010	308073
化妆品及卫生用品零售	49	49	1137	74070
自行车等代步设备零售	11	11	132	43266
文化、体育用品及器材专门零售	224	224	3943	367858

9－4　续表4　（2022年）

指标名称	企业法人（个）	所属全部批零住餐活动单位（个）	从业人员（人）	销售额（万元）
文具用品零售	48	48	612	77647
图书、报刊零售	2	2	33	1616
珠宝首饰零售	8	8	199	40702
工艺美术品及收藏品零售	69	69	1531	102432
医药及医疗器材专门零售	62	62	3769	283106
西药零售	20	20	3257	223147
中药零售	6	6	74	8116
医疗用品及器材零售	31	31	383	45445
汽车、摩托车、燃料及零配件专门零售				
汽车新车零售	149	149	4396	2103067
汽车旧车零售	5	5	76	4273
汽车零配件零售	46	46	830	130638
摩托车及零配件零售	9	9	97	14981
机动车燃料零售	47	47	697	745665
家用电器及电子产品专门零售	255	255	3349	545124
家用视听设备零售	13	13	157	21965
日用家电设备零售	89	89	1196	270291
计算机、软件及辅助设备零售	45	45	428	46990
通信设备零售	49	49	982	116679
五金、家具及室内装饰材料专门零售	481	481	4153	625270
五金零售	284	284	2222	345516
灯具零售	18	18	199	24260
家具零售	19	19	291	28982
涂料零售	19	19	173	22450
木质装饰材料零售	24	24	179	30254
其他室内装饰材料零售	97	97	842	134732

9－4 续表5 （2022年）

指标名称	企业法人（个）	所属全部批零住餐活动单位（个）	从业人员（人）	销售额（万元）
货摊、无店铺及其他零售业	270	270	3910	513370
生活用燃料零售	18	18	352	52769
其他未列明零售业	91	91	1396	144709
3. 按经营方式分组				
独立门店	1167	1167	17518	16880181
连锁总店(总部)				
连锁直营店	1	1	2	757
连锁加盟店				
其他	228	228	4036	2580403
4. 按零售业态分组				
有店铺零售	1737	1737	34552	6454547
便利店	52	52	3265	273168
超市	5	5	99	14528
大型超市	146	146	2904	551388
百货店	846	846	14712	2795807
专业店	555	555	9949	2432545
专卖店	53	53	544	75936
家居建材店	7	7	66	7783
厂家直销中心				
无店铺零售	392	392	5964	763233
网上商店	9	9	72	27189
5. 按单位规模分				
大型	3	3	1368	1332121
中型	141	141	7065	4284635
小型	908	908	12146	7495228
微型	345	345	1047	6352653

9－5　限额以上住宿餐饮业基本情况

（2022年）

指标名称	企业法人（个）	所属全部批零住餐活动单位（个）	从业人员（人）	营业额（万元）
总　　计	**573**	**573**	**16896**	**429807**
一、住宿业	**156**	**156**	**5970**	**141582**
其中：国有控股	17	17	1674	47724
1. 按登记注册类型分组				
内资企业	153	153	5644	135383
国有企业	1	1	104	874
集体企业				
有限责任公司	18	18	1525	47478
其他有限责任公司	13	13	967	30878
股份有限公司				
私营企业	133	133	3915	85919
私营独资企业	6	6	105	2193
私营有限责任公司	124	124	3752	82951
港、澳、台商投资企业				
港、澳、台商独资经营企业				
外商投资企业	1	1	133	1882
中外合资经营企业				
外资企业	1	1	133	1882
2. 按国民经济行业分组				
旅游饭店	63	63	3822	84542
一般旅馆	82	82	1754	46698
其他住宿服务	9	9	377	9837
3. 按星级等级分组				
二星	2	2	85	948
三星	20	20	874	16619
四星	10	10	827	20117
五星	6	6	674	19447
其他	117	117	3499	84072
4. 按经营方式分组				
独立门店	126	126	5162	122626
连锁直营店	5	5	142	3970
连锁加盟店	19	19	345	8228
其他	117	117	3499	84072
5. 按单位规模分				
中型	12	12	2175	63057
小型	113	113	3597	71246
微型	31	31	198	7279

9－5　续表　　　　　　　　　　（2022 年）

指标名称	企业法人（个）	所属全部批零住餐活动单位（个）	从业人员（人）	营业额（万元）
二、餐饮业	**417**	**417**	**10926**	**288225**
其中:国有控股	17	17	1674	47724
1. 按登记注册类型分组				
内资企业	153	153	5644	135383
国有企业	1	1	104	874
集体企业				
有限责任公司	18	18	1525	47478
其他有限责任公司	13	13	967	30878
股份有限公司				
私营企业	133	133	3915	85919
私营独资企业	6	6	105	2193
私营合伙企业	1	1	30	28
私营有限责任公司	124	124	3752	82951
私营股份有限公司	2	2	28	747
港、澳、台商投资企业				
港、澳、台商独资经营企业				
外商投资企业	1	1	133	1882
外资企业	1	1	133	1882
2. 按国民经济行业分组				
正餐服务	346	346	9074	233549
快餐服务	12	12	844	17627
其他餐饮业	5	5	157	3153
其他未列明餐饮业	5	5	157	3153
3. 按经营方式分组				
独立门店	126	126	5162	122626
连锁总店(总部)				
连锁直营店	5	5	142	3970
连锁加盟店	19	19	345	8228
其他	117	117	3499	84072
4. 按单位规模分组				
大型				
中型	12	12	2175	63057
小型	113	113	3597	71246
微型	31	31	198	7279

9-6 限额以上住宿和餐饮业经营情况

（2022年）　　　　　　　　　　　　单位：万元

指标名称	营业额	客房收入	餐费收入	商品销售额
合　计	**429807**	**103740**	**280826**	**19721**
一、住宿业	**141582**	**82849**	**39029**	**3083**
其中：国有控股	47724	21597	10319	2394
1. 按登记注册类型分组				
内资企业	135383	80444	35778	3026
国有企业	874	435	358	81
集体企业				
有限责任公司	47478	21968	9579	2316
其他有限责任公司	30878	16868	6115	826
股份有限公司				
私营企业	85919	57333	25438	630
私营独资企业	2193	1777	414	2
私营有限责任公司	82951	54789	25017	626
港、澳、台商投资企业				
港、澳、台商独资经营企业				
外商投资企业	1882	543	1338	
中外合资经营企业				
外资企业	1882	543	1338	
2. 按国民经济行业分组				
旅游饭店	84542	40057	28579	2475
一般旅馆	46698	38035	5844	457
其他住宿服务	9837	4291	4596	141
3. 按星级等级分组				
二星	948	306	105	27
三星	16619	8279	7213	89
四星	20117	5402	9093	1082
五星	19447	10127	6375	275
其他	84072	58357	16244	1610
4. 按经营方式分组				
独立门店	122626	68008	35918	3008
连锁直营店	3970	3850	68	27
连锁加盟店	8228	7918	230	48
其他	84072	58357	16244	1610
5. 按单位规模分				
中型	63057	25343	23221	2071
小型	71246	50802	15304	959
微型	7279	6704	504	53

指标名称	营业额	客房收入	餐费收入	商品销售额
二、餐饮业	**288225**	**20891**	**241797**	**16638**
其中:国有控股	47724	21597	10319	2394
1.按登记注册类型分组				
内资企业	135383	80444	35778	3026
国有企业	874	435	358	81
集体企业				
有限责任公司	47478	21968	9579	2316
其他有限责任公司	30878	16868	6115	826
股份有限公司				
私营企业	85919	57333	25438	630
私营独资企业	2193	1777	414	2
私营合伙企业	28	21	7	
私营有限责任公司	82951	54789	25017	626
私营股份有限公司	747	746		1
港、澳、台商投资企业				
港、澳、台商独资经营企业				
外商投资企业	1882	543	1338	
外资企业	1882	543	1338	
2.按国民经济行业分组				
正餐服务	233549	20857	194806	12022
快餐服务	17627	0	17138	102
餐饮配送及外卖送餐服务	21439	34	14257	4501
其他餐饮业	3153	0	3143	10
3.按经营方式分组				
独立门店	122626	68008	35918	3008
连锁总店(总部)				
连锁直营店	3970	3850	68	27
连锁加盟店	8228	7918	230	48
其他	84072	58357	16244	1610
4.按单位规模分组				
大型				
中型	63057	25343	23221	2071
小型	71246	50802	15304	959
微型	7279	6704	504	53

9－7　限额以上住宿和餐饮业企业财务状况

（2022 年）　　单位:万元

指标名称	资产总计	主营业务收入	主营业务成本	营业利润	应付职工薪酬(本年贷方累计发生额)
合　计	**839422**	**380091**	**228201**	**－31172**	**100998**
一、住宿业	**445449**	**121371**	**60277**	**－20207**	**37987**
其中:国有控股	179277	36705	12744	－10745	13870
1. 按登记注册类型分组					
内资企业	403170	115712	58780	－19360	35873
国有企业	6723	820	185	－373	667
集体企业					
有限责任公司	175486	36470	12487	－10324	12375
其他有限责任公司	140645	22228	6371	－9523	7251
股份有限公司					
私营企业	219972	77371	45773	－8039	21900
私营独资企业	2167	2044	1625	－35	455
私营有限责任公司	215983	74240	43344	－7928	21150
港、澳、台商投资企业					
港、澳、台商独资经营企业					
外商投资企业	12258	1776	510	－573	833
中外合资经营企业					
外资企业	12258	1776	510	－573	833
2. 按国民经济行业分组					
旅游饭店	361877	72012	33873	－17348	25256
一般旅馆	69401	39871	19589	－2448	10498
其他住宿服务	13712	9242	6440	－361	2113
3. 按星级等级分组					
二星	630	908	744	－288	292
三星	25062	13951	6638	－1610	4392
四星	54349	19127	11352	－4370	6279
五星	51618	14988	6911	－1930	4769
其他	313608	72020	34315	－12013	22191
4. 按经营方式分组					
独立门店	416978	103845	52625	－19145	33419
连锁直营店	5739	3623	1119	276	734
连锁加盟店	9842	7284	4422	－831	1747
其他	313608	72020	34315	－12013	22191
5. 按单位规模分					
中型	107337	50068	18460	－4264	15919
小型	329708	64928	37195	－16054	20832
微型	8405	6376	4623	112	1236

9－7　续表　　（2022年）　　单位：万元

指标名称	资产总计	主营业务收入	主营业务成本	营业利润	应付职工薪酬（本年贷方累计发生额）
二、餐饮业	**393973**	**258720**	**167924**	**－10966**	**63011**
其中：国有控股	179277	36705	12744	－10745	13870
1. 按登记注册类型分组					
内资企业	403170	115712	58780	－19360	35873
国有企业	6723	820	185	－373	667
集体企业					
有限责任公司	175486	36470	12487	－10324	12375
其他有限责任公司	140645	22228	6371	－9523	7251
股份有限公司					
私营企业	219972	77371	45773	－8039	21900
私营独资企业	2167	2044	1625	－35	455
私营合伙企业	1425	563	436	－118	196
私营有限责任公司	215983	74240	43344	－7928	21150
私营股份有限公司	397	525	368	42	99
港、澳、台商投资企业					
港、澳、台商独资经营企业					
外商投资企业	12258	1776	510	－573	833
外资企业	12258	1776	510	－573	833
2. 按国民经济行业分组					
正餐服务	357465	205599	135673	－17340	54275
快餐服务	4500	16613	9700	745	2777
餐饮配送及外卖送餐服务	23795	21720	16647	375	2358
其他餐饮业	1241	3011	2436	－48	911
3. 按经营方式分组					
独立门店	416978	103845	52625	－19145	33419
连锁总店（总部）					
连锁直营店	5739	3623	1119	276	734
连锁加盟店	9842	7284	4422	－831	1747
其他	313608	72020	34315	－12013	22191
4. 按单位规模分组					
大型					
中型	107337	50068	18460	－4264	15919
小型	329708	64928	37195	－16054	20832
微型	8405	6376	4623	112	1236

9-8 全市住宿餐饮企业营业额前20名排序

（2022年）

单位名称	地区	位次
江苏扬城一味餐饮管理有限公司	景区	1
扬州迎宾馆经营管理有限公司	景区	2
扬州会议中心	邗江区	3
扬州花园国际大酒店有限公司	市开发区	4
扬州锦泉花屿酒店管理有限公司	景 区	5
江苏百润餐饮管理股份有限公司	广陵区	6
江苏长青投资实业有限责任公司	江都区	7
扬州方正国际大酒店有限公司	江都区	8
扬州富春饮服集团有限公司	广陵区	9
江苏恒邦后勤服务有限公司	广陵区	10
扬州景诚国际饭店有限公司	江都区	11
高邮康博国际大酒店有限公司	高邮市	12
扬州鼎正餐饮管理有限公司	邗江区	13
扬州京华大酒店有限公司	邗江区	14
扬州云鹤金陵大饭店有限公司	邗江区	15
扬州中兴国际大酒店有限公司	邗江区	16
冶春餐饮股份有限公司	景 区	17
扬州广德酒店管理有限公司	广陵区	18
扬州虹桥坊酒店管理有限公司	景 区	19
扬州众银酒店有限公司	邗江区	20

9－9　全市批发零售企业商品销售额前20名排序

（2022年）

单位名称	地区	位次
上海上汽大众汽车销售有限公司仪征公司	仪征市	1
江苏省烟草公司扬州市公司	邗江区	2
中国石化销售股份有限公司江苏扬州石油分公司	广陵区	3
国药控股扬州有限公司	广陵区	4
江苏华伦星聚河化工销售有限公司	江都区	5
永丰余工纸（扬州）投资有限公司	市开发区	6
江苏平丰金属实业有限公司	仪征市	7
扬州金鹰国际实业有限公司	广陵区	8
高邮市守正废金属回收有限公司	高邮市	9
江苏扬力销售有限公司	邗江区	10
江苏宏信超市连锁股份有限公司	江都区	11
扬州利之星汽车维修服务有限公司	邗江区	12
江苏方正钢铁集团有限公司	江都区	13
江苏功达工贸有限公司	广陵区	14
扬州志豫达贸易有限公司	广陵区	15
江苏中天顺粮油贸易有限公司	仪征市	16
扬州普道润商业有限公司	广陵区	17
扬州福隆煤炭贸易有限公司	景区	18
江苏宏信商贸股份有限公司	江都区	19
江苏明达工贸有限公司	广陵区	20

十

服务业

编辑:钱坤　王妍

10－1　规模以上服务业企业主要经济指标(一)

（2022 年）　　　　单位:万元

指标名称	单位数（个）	固定资产原　价	资产总计	所有者权益合计	营业收入
总　　计	**1325**	**6530352**	**33024472**	**12746789**	**7235445**
按登记注册类型分组					
内资企业	1301	5837712	32081770	12325336	6874498
国有企业	43	823535	2228947	864680	697861
集体企业	12	56932	73022	18574	30385
股份合作企业	1	20	641	42	587
联营企业	2	109	4097	559	1249
有限责任公司	158	2848517	24909364	9690261	1803338
股份有限公司	14	538098	495057	158769	357638
私营企业	1026	1375393	4109063	1482977	3793641
其他企业	45	195109	261580	109474	189799
港、澳、台商投资企业	13	402269	538112	255381	166815
外商投资企业	11	290371	404590	166072	194131
按企业控股情况分组					
国有控股	155	3826635	26974348	10633878	2520500
集体控股	32	124060	201891	71669	148044
私人控股	1100	1967685	4984935	1689864	4193299
港澳台商控股	10	369131	506634	225913	157755
外商控股	9	230826	335053	109617	170002
其他	17	11355	20215	15225	42018
按行业分组					
道路运输业	128	761437	1126814	425431	626251
水上运输业	32	325007	305972	151836	266100
航空运输业	1	189493	385959	274490	8338
多式联运和运输代理业	20	4439	38849	13003	142692
装卸搬运和仓储业	36	451571	915428	319718	545868
邮政业	12	56489	124138	75474	232950
电信、广播电视和卫星传输服务	10	1377260	775387	226295	733415
互联网和相关服务	14	669	61218	13777	119068
软件和信息技术服务业	48	58147	196061	92437	253696

10－1　续表　　　　　　　　　　(2022 年)　　　　　　　　　　单位:万元

指标名称	单位数(个)	固定资产原　价	资产总计	所有者权益合计	营业收入
房地产业	90	166853	987891	399836	274725
租赁业	44	327732	745267	198740	165193
商务服务业	316	1706143	19527711	7441028	1985683
研究和试验发展	73	46933	214669	79551	239521
专业技术服务业	143	168692	5017372	1803142	724632
科技推广和应用服务业	56	23449	97804	51571	155729
生态保护和环境治理业	8	62500	111508	61866	42686
公共设施管理业	23	383314	1208010	581571	122883
居民服务业	32	13946	48748	10957	36834
机动车、电子产品和日用产品修理业	62	12312	42173	15245	58411
其他服务业	18	906	6377	1653	21484
教育	21	140687	199278	90610	80986
卫生	13	123973	145763	54803	156471
社会工作	7	26410	42006	6387	7826
新闻和出版业	4	5156	153291	134214	6532
广播、电视、电影和录音制作业	29	14147	68587	19356	25605
文化艺术业	19	22372	252059	137682	69970
体育	8	15212	75954	8180	17690
娱乐业	58	45102	150180	57938	114210
按地区分组					
广陵区	167	1046689	6019444	2426786	655159
邗江区	322	1379486	5840745	2480420	2077939
江都区	198	576736	1380196	600789	747996
宝应县	114	267500	749543	117626	490681
仪征市	140	896496	4867530	1904487	801418
高邮市	143	432394	7292428	2338917	737036
开发区	109	1266176	1950159	620848	1212977
蜀岗瘦西湖景区	83	486272	2099668	986833	375437
生态科技新城	49	178604	2824758	1270084	136803

10－2　规模以上服务业企业主要经济指标(二)

(2022年)　　单位:万元

指标名称	税金及附加	销售费用	管理费用	财务费用	营业利润	利润总额
总　　计	**46187**	**225675**	**569130**	**200688**	**371428**	**492585**
按登记注册类型分组						
内资企业	44654	214145	554471	191645	325417	446555
国有企业	1795	11483	63456	5345	6951	6499
集体企业	75	43	3943	427	662	653
股份合作企业	4		706		－368	－355
联营企业		6	284	－8	－43	－40
有限责任公司	21348	55677	171002	146723	17998	129246
股份有限公司	1040	42439	22832	1307	44977	44296
私营企业	20008	101393	266400	33696	247429	258713
其他企业	384	3103	25848	4157	7810	7545
港、澳、台商投资企业	734	7096	7700	3189	31152	30964
外商投资企业	799	4435	6959	5854	14858	15066
按企业控股情况分组						
国有控股	20098	96130	234115	135990	24525	132634
集体控股	553	1370	13289	2154	7569	8778
私人控股	24009	117214	306375	53059	298798	310613
港澳台商控股	715	6930	7199	3184	29868	29680
外商控股	677	3328	5452	6182	7378	7655
其他	113	705	2125	121	3018	2955
按行业分组						
道路运输业	5562	6704	62848	7427	－7803	8176
水上运输业	663	1814	8206	998	17651	18697
航空运输业	11		1983	442	－24845	－24926
多式联运和运输代理业	310	1095	4137	－158	2557	2562
装卸搬运和仓储业	450	8042	22683	6164	23339	24186
邮政业	358	2569	14641	133	15492	15219
电信、广播电视和卫星传输服务	1956	71880	42833	1154	106393	108292
互联网和相关服务	273	2840	2936	11	8600	8909
软件和信息技术服务业	884	7058	12366	1844	33988	34920

10－2 续表 （2022年） 单位:万元

指标名称	税金及附加	销售费用	管理费用	财务费用	营业利润	利润总额
房地产业	2436	8868	30836	5019	2000	3220
租赁业	805	3244	10874	2925	－15223	－15089
商务服务业	21929	55205	161003	144734	70572	164725
研究和试验发展	873	5322	13576	1140	22660	23387
专业技术服务业	5973	24384	74722	16001	68723	71999
科技推广和应用服务业	309	4008	8155	379	7935	8229
生态保护和环境治理业	393	1047	4286	758	11070	11124
公共设施管理业	730	2447	20846	－3643	1297	－1454
居民服务业	180	2890	5442	234	1909	1961
机动车、电子产品和日用产品修理业	290	1302	6030	317	2441	2534
其他服务业	168	660	1315	124	672	713
教育	59	1459	19649	2570	3182	2657
卫生	228	6223	18720	1659	12496	12334
社会工作	1	474	1491	485	－1853	－1812
新闻和出版业	33	368	1703	253	471	2181
广播、电视、电影和录音制作业	155	2714	5204	896	－2839	－2286
文化艺术业	84	186	3569	1779	－1605	－501
体育	28	228	2269	5507	3752	3972
娱乐业	1047	2645	6806	1537	8396	8654
按地区分组						
广陵区	9352	17207	90043	31865	－22819	－10372
邗江区	9854	82149	146609	48760	144521	152026
江都区	1704	16869	37318	5507	－11313	－8969
宝应县	2347	7482	21887	7177	34035	34962
仪征市	3403	4050	53786	47327	84696	174461
高邮市	6970	15915	43469	51747	77951	80565
开发区	5138	64300	90733	－1093	85695	91990
蜀岗瘦西湖景区	4210	13689	70223	7766	－28249	－31686
生态科技新城	3209	4014	15061	1633	6911	9608

10－3　全市规模以上服务业企业资产前20名排序

（2022年）

单位名称	地区	位次
扬州市城建国有资产控股(集团)有限责任公司	广陵区	1
扬州新材料投资集团有限公司	仪征市	2
扬州市交通产业集团有限责任公司	邗江区	3
高邮市建设投资发展集团有限公司	高邮市	4
扬州新盛投资发展有限公司	生态科技新城	5
高邮市交通产业投资集团有限公司	高邮市	6
高邮市水务产业投资集团有限公司	高邮市	7
扬州维扬发展投资有限公司	邗江区	8
扬州市扬子江投资发展集团有限责任公司	风景区	9
扬州科丰高新产业投资开发集团有限公司	高邮市	10
扬州泰州国际机场投资建设有限责任公司	江都区	11
中国电信股份有限公司扬州分公司	开发区	12
扬州化工产业园公共管廊有限公司	仪征市	13
扬州市政管网有限公司	广陵区	14
高邮市裕丰资产管理有限公司	高邮市	15
江苏宜兴隆实业有限公司	宝应县	16
扬州市瘦西湖风景区管理处	风景区	17
扬州市惠民区域供水投资有限公司	江都区	18
扬州九龙湾园林工程有限公司	开发区	19
高邮市好地方运河文化旅游开发集团有限公司	高邮市	20

10－4　全市规模以上服务业企业营业收入前20名排序

（2022年）

单位名称	地区	位次
中国移动通信集团江苏有限公司扬州分公司	邗江区	1
中国电信股份有限公司扬州分公司	开发区	2
扬州泰富港务有限公司	江都区	3
中国邮政集团有限公司扬州市分公司	邗江区	4
中国石化集团江苏石油勘探局有限公司	开发区	5
扬州新材料投资集团有限公司	仪征市	6
仪征港务有限公司	仪征市	7
扬州天工建筑劳务有限公司	高邮市	8
扬州市江都区粮食收储总公司	江都区	9
扬州瑞源粮食产业集团有限公司	江都区	10
江苏宝应湖粮食物流中心有限公司	宝应县	11
扬州顺丰速运有限公司	邗江区	12
中央储备粮扬州直属库有限公司	开发区	13
中国联合网络通信有限公司扬州市分公司	开发区	14
江苏笛莎公主文化产业股份有限公司	邗江区	15
欧瑞康巴马格惠通（扬州）工程有限公司	开发区	16
仪征腾讯数码有限公司	仪征市	17
扬州通顺人力资源有限公司	宝应县	18
高邮市交通产业投资集团有限公司	高邮市	19
扬州绿领人科技有限公司	邗江区	20

十一

交通运输和邮电

编辑：王敏

11－1　主要年份全社会客货运输量

年　份	客运量（万人）	公　路	水　运	货运量（万吨）	公　路	水　运
1957	420	336	84	166	60	106
1962	625	502	123	188	68	120
1965	813	650	163	303	109	194
1970	1218	974	244	380	137	243
1975	2460	1968	492	629	226	403
1978	3369	2538	831	875	320	555
1979	3810	2959	851	853	325	528
1980	4451	3535	916	1104	405	699
1981	5338	4440	898	953	347	606
1982	6057	5121	936	1081	383	698
1983	6717	5813	904	1178	399	779
1984	7003	6327	676	871	355	516
1985	7127	6531	596	2134	1109	1025
1986	7085	6519	566	2325	893	1432
1987	7096	6555	541	2115	1133	982
1988	6905	6408	497	2429	1282	1147
1989	6210	5829	381	2229	1248	981
1990	5768	5494	274	1985	1112	873
1991	5599	5333	266	2256	1183	1073
1992	6404	6250	154	3593	1890	1703
1993	6561	6378	183	2917	2013	904
1994	2652	2597	55	3040	1462	1578
1995	4961	4903	58	5718	3040	2678
1996	4451	4415	36	3442	2437	1005
1997	5915	5876	39	3860	2637	1223

11－1　续表

年　份	客运量（万人）	公　路	水　运	货运量（万吨）	公　路	水　运
1998	5928	5874	54	3802	2638	1164
1999	6095	6065	30	4633	3473	1160
2000	6207	6180	27	4686	3516	1170
2001	6353	6331	22	4867	3692	1175
2002	6590	6571	19	4933	3740	1193
2003	6897	6880	17	5223	3977	1246
2004	7473	7413	17	5518	4197	1317
2005	8144	8096	15	5855	4433	1373
2006	8703	8595	15	6407	4902	1480
2007	9619	9476	15	7270	5598	1645
2008	10564	10400	15	8057	6209	1827
2009	6507	6330	33	8022	5069	2932
2010	7276	7101	39	9333	5886	3426
2011	8194	8152	42	11112	6881	4231
2012	8908	8878	30	12244	7645	4599
2013	4769	4746	23	10528	5924	4604
2014	4804	4792	12	11596	6504	5092
2015	4159	4146	13	12162	6419	5743
2016	3852	3840	12	12324	6546	5778
2017	3427	3421	6	13374	7112	6262
2018	3101	3094	7	14127	7634	6493
2019	2942	2931	11	11829	4898	6931
2020	2080	2073	6.72	12748	5228	7520
2021	679	667	11.53	16573	5717	10856
2022	571	563	8	17955	5039	12916

11－2　全社会客货运输量

（2022 年）

项　　目	单　位	数　　值
公路客运量	万人次	563
公路旅客周转量	万人公里	25227
公路货运量	万吨	5039
公路货物周转量	万吨公里	771599
水路客运量	万人次	8.23
水路旅客周转量	万人公里	58.78
水路货运量	万吨	12916
水路货物周转量	万吨公里	6407713
机场旅客吞吐量	万人	139.4426
机场货邮吞吐量	万吨	0.87618
铁路旅客发送量	万人次	433.81
铁路旅客到达量	万人次	426.97
铁路货运量	万吨	17.69
铁路货运到达量	万吨	29.17

11－3　分地区公路客货运输量

（2022 年）

项　　目	单　位	全　市	广　陵	邗　江	江　都	宝　应	仪　征	高　邮
客运量	万人	563	4	19	35	70	55	156
旅客周转量	万人公里	25227	196	868	1549	3128	2470	7012
货运量	万吨	5039	863	745	943	386	791	617
货物周转量	万吨公里	771599	132133	113946	144357	59046	121179	94457

11-4　公路、航道基本情况

（2022年）

指　　标	全 市	邗 江	江 都	宝 应	仪 征	高 邮
公路总里程(公里)	**9603.53**	**1228.78**	**2137.10**	**1784.77**	**1610.30**	**2171.19**
按等级分						
高速	307.80	50.67	95.52	40.29	47.47	44.26
一级	690.96	72.13	156.34	106.56	141.11	124.76
二级	1478.48	223.27	254.41	294.40	144.42	431.37
三级	1103.65	130.28	226.41	169.87	246.57	217.75
四级	6022.63	752.44	1404.42	1173.65	1030.74	1353.05
等外						
按行政等级分						
国道	503.54	30.43	149.90	104.07	87.50	98.49
省道	618.29	83.17	119.60	116.87	116.97	111.81
县道	1315.23	110.99	256.99	243.23	222.90	395.37
乡道	4205.61	491.15	930.07	738.53	724.44	957.10
村道	2960.86	513.04	680.54	582.06	458.49	608.43
按路面标准分						
高　级	9603.53	1228.78	2137.10	1784.77	1610.30	2171.19
次高级						
其　他						
公路桥梁(座)	**4325**	**222**	**958**	**1121**	**225**	**1640**
公路桥梁长度(米)	264810.39	24848.40	61322.59	50337.26	26763.49	76935.21
内河航道总里程(公里)	**2296.82**	**235.35**	**650.79**	**594.85**	**107.86**	**629.75**
#水深1米以上里程	2121.53	191.18	543.42	594.85	101.67	620.49
船闸(座)	**6**		**3**	**1**		**2**

11 - 5　历年扬州港吞吐量

年　份	货运吞吐量(万吨)		集装箱吞吐量(万标箱)
		外贸吞吐量	
1999	1396	42	5.00
2000	1429	56	6.13
2001	1506	94	6.00
2002	1611	133	9.90
2003	1769	177	13.60
2004	2256	213	13.15
2005	4658	249	8.00
2006	5133	301	23.30
2007	5549	333	26.53
2008	5787	370	27.98
2009	6423	339	23.20
2010	7385	405	31.86
2011	8453	409	41.00
2012	8823	484	41.10
2013	10007	115	51.76
2014	12138	710	56.25
2015	11026	903	62.04
2016	12160	915	50.88
2017	13223	1132	50.93
2018	14132	1114	50.70
2019	13917	1132	52.34
2020	14377	1107	52.93
2021	15018	1367	63.10
2022	15023	1377	61.00

11－6　扬州港基本情况

（2022 年）

指　　标	单 位	数 值
1. 生产用码头泊位个数	个	157
总延长	米	23111
设计吞吐能力	万吨	13878
2. 泊位中万吨级码头	个	35
3. 全社会港口货物吞吐量	万吨	15023
其中:外贸吞吐量	万吨	1377
其中:长江干流港口吞吐量	万吨	13222
京杭运河吞吐量	万吨	1801
4. 集装箱吞吐量	万 TEU	61
货重	万吨	342

11－7　全社会港口货物吞吐量

（2022 年）　　　　　　　　　　　　　　　　单位:万吨

指　　标	总　　计	按进出港分	
		出　港	进　港
总计	**15023**	**5428**	**9595**
煤炭及制品	4291	1447	2844
石油、天然气及制品	1902	986	916
金属矿石	3839	1495	2344
钢铁	1272	511	761
矿建材料	2017	222	1795
水泥	1059	328	731
木材	8	4	4
非金属矿石	40	30	10
化肥及农药			
盐	20	16	4
粮食	135	70	65
机械、设备、电器	128	116	12
化工原料及制品	123	58	65
有色金属			
轻工、医药产品	7	3	4
农、林、牧、渔业产品	3		3
其他	179	142	37

11－8　全社会营业性运输车船(内河)数

指　　标	单位	2014 年	2015 年	2016 年	2017 年	2018 年	2019 年	2020 年	2021 年	2022 年
客运车辆	辆	1617	1480	1409	1399	1329	1356	1275	1153	1078
	客位	59088	56445	57525	57225	54581	55019	51378	46304	42714
货运车辆	辆	45917	45626	47150	45449	45120	32051	30326	30741	29465
	吨位	291891	296749	313825	319070	332787	333096	388504	404736	394177
内河运输船舶	艘	3121	2827	2704	2455	2383	2178	2057	1930	1803
	吨位	5578243	6086442	6342755	6124936	5674748	4631830	3762119	2164627	2187439
其中:客船	艘	15	15	15	15	15	12	12	9	9
	客位	1100	1100	1100	1100	1100	1062	1062	938	938
货船	艘	2843	2565	2481	2284	2183	1998	1877	1848	1726
	吨位	5518705	6029627	6296255	6080719	5626056	4586966	3713693	2146788	2167473
拖船	艘	45	41	42	30	39	33	29	30	26
	千瓦	7296	6801	7021	5022	7162	6181	5592	6354	5675
驳船	艘	218	206	166	126	146	135	139	43	42
	吨位	58943	56448	46133	43850	48325	44497	48020	16863	17134

11－9　邮电通讯基本情况

指　　标	单位	2015年	2016年	2017年	2018年	2019年	2020年	2021年	2022年
邮电业务总量	亿元	75.45	93.92	136.97	232.37	443.13	491.82	94.98	107.06
#邮政行业业务总量	亿元	20.60	26.61	36.08	42.44	51.70	63.73	37.02	43.63
电信业务总量	亿元	54.85	67.31	100.89	189.93	391.43	428.09	57.96	63.43
邮电业务收入	亿元	56.91	61.08	67.39	73.15	78.21	83.81	92.93	101.66
#邮政行业业务收入	亿元	16.50	19.25	23.36	27.61	31.91	35.62	38.29	43.25
电信业务收入	亿元	40.41	41.83	44.03	45.54	46.30	48.19	54.64	58.41
函件	万件	1883.23	1161.61	689.96	441.86	356.02	285.95	159.80	205.77
包件	万件	12.11	9.27	8.97	8.71	7.25	8.83	6.88	6.64
报纸累计数	万张	6896.49	6530.74	6276.93	6317.59	6660.69	6936.30	7237.24	6616.27
杂志累计数	万份	397.09	354.40	352.59	320.73	290.43	259.54	259.73	230.57
快递	万件	8180.23	10736.31	13045.89	15459.53	17515.80	21309.92	27603.56	33583.03
固定电话用户数	万户	115.75	107.17	99.16	93.48	89.95	85.19	81.55	93.70
移动电话用户数	万户	450.42	476.50	501.22	531.67	551.15	519.14	522.92	546.72
固定宽带用户数	万户	123.42	140.29	160.40	171.56	176.07	200.37	217.44	231.13

十二

对外经济贸易和旅游

编辑:王敏

12－1　对外贸易进出口总额

（2022 年）　　单位:亿元

项　　目	进出口总额	出口总额
总　　计	**1101.19**	**870.82**
按贸易方式分组:		
一般贸易	876.70	699.50
加工贸易	185.80	146.00
按地区分组:		
开发区	249.65	187.70
广　陵	131.35	124.00
邗　江	217.79	194.34
江　都	233.80	163.00
宝　应	60.35	50.71
仪　征	141.77	93.17
高　邮	51.59	48.91

12－2　外商直接投资情况

（2022 年）　　单位:万美元

地　　区	实际使用外资金额	协议外资金额
全　　市	**153457**	**287361**
开　发　区	39396	65657
广　　陵	14775	10065
邗　　江	41078	25888
江　　都	19920	38588
宝　　应	7387	38440
仪　　征	18869	35322
高　　邮	12995	73401

12－3　分国别利用外资情况

（2022 年）

国别（地区）	新设企业家数（个）	实际外资金额（万美元）
合　　计	**107**	**153457**
文　　莱	0	0
中国香港	64	130149
日　　本	2	1686
澳门地区	2	0
马来西亚	0	0
菲 律 宾	0	0
新 加 坡	7	5494
韩　　国	6	110
中国台湾	8	60
毛里求斯	0	0
塞 舌 尔	0	10
乌 干 达	0	0
比 利 时	0	0
丹　　麦	0	0
英　　国	0	200
德　　国	1	4644
法　　国	1	0
意 大 利	0	0
荷　　兰	0	86
奥 地 利	0	0
芬　　兰	0	0
匈 牙 利	0	0
瑞　　士	0	217
开曼群岛	0	710
哥伦比亚	1	0
英属维尔京群岛	3	8293
加 拿 大	1	474
美　　国	5	25
百 慕 大	0	1200
澳大利亚	2	0
新 西 兰	1	99
萨 摩 亚	0	0

12－4　分行业利用外资情况

（2022年）

行　　业	项目（企业）个数 （个）	实际使用外资金额 （万美元）
总　　计	**107**	**153457**
农、林、牧、渔业		
制造业	22	48184
电力、热力、燃气及水生产和供应业	8	3139
建筑业	6	15933
批发和零售业	16	2300
交通运输、仓储和邮政业		1025
住宿和餐饮业	2	
信息传输、软件和信息技术服务业	1	2050
金融业	6	3610
房地产业	4	41191
租赁和商务服务业	5	4767
科学研究和技术服务业	34	27408
水利、环境和公共设施管理业		
居民服务、修理和其他服务业	2	
教育		
卫生和社会工作		3850
文化、体育和娱乐业	1	

12－5　对外经营和投资合作情况

（2022年）　　　　　　　　　　　　　　　　单位：万美元

地　区	新批对外投资项目（个）	中方对外投资协议完成额	对外直接投资额	对外承包工程完成营业额	对外输出劳务人员实际收入	对外投资总额
全　市	26	24300.44	19571.36	21466	4243	45280.36
开发区	1	1900	2100		34	2134
广陵区			1464.27	2975	573	5012.27
邗江区	13	13145.04	5459.14	7757		13216.14
江都区	1	4250	6361.94	9467	338	16166.94
宝应县	3	1427.8	1230.77	512	3035	4777.77
仪征市	6	3560.07	1541.19		263	1804.19
高邮市	2	17.53	1051.66	755		1806.66

12－6　旅游业主要指标

指标名称	单位	2013年	2014年	2015年	2016年	2017年	2018年	2019年	2020年	2021年	2022年
入境游客人数	万人次	4.78	5.35	5.12	5.86	6.78	7.64	7.96	1.34	1.61	0.59
旅游总收入	亿元	465.05	535.38	600.71	691.39	796.72	917.90	1010.20	610.33	812.49	685.37
旅游外汇收入	万美元	3700	4919	5588	6280	7506	8341	8548	2787	3021	1710.73
国内游客	万人次	3965.36	4545.88	5027.21	5622.02	6290.60	7036.59	7739.11	3839.61	6060.37	5065.30
国内旅游收入	亿元	454.42	525.21	592.00	681.91	785.29	904.76	996.33	608.41	810.41	684.19

12－7　旅行社基本情况

单位名称	地　址	地　区
扬州春程旅行社有限公司	宝应县安宜北路 59 号煤球厂商住楼门市 102,103 室	宝应县
扬州邮舟旅行社有限公司	宝应县安宜北路 11 号楼底层 108 室	宝应县
宝应县环宇旅行社有限公司	宝应县叶挺东路名仕华庭商城南	宝应县
扬州快乐行旅行社有限公司	宝应县苏中北路 6 号	宝应县
宝应宇诚旅行社有限公司	宝应县国泰华苑 179 号门市	宝应县
宝应大众旅行社有限责任公司	宝应县安宜镇叶挺东路 59 号西首 1 号、2 号门市	宝应县
宝应县西湖旅行社有限责任公司	宝应县泰山西路 100 号城区中心幼儿园 109 室	宝应县
宝应县环球旅行社有限公司	叶挺东路 47 号	宝应县
江苏邮驿国际旅行社有限公司	高邮市文游中路 110 号	高邮市
江苏联丰国际旅行社有限公司	高邮市府前街 40 号	高邮市
扬州驿程国际旅行社有限公司	高邮市文游中路 185 号综合楼－103 二楼	高邮市
高邮好事成双旅行社有限公司	高邮市四达路与邮政大道交叉口 1 号	高邮市
扬州无忧侣行旅行社有限公司	高邮市蝶园路(商业城)44 号	高邮市
扬州市侠客行国际旅行社有限公司	高邮市花湾路 152 号	高邮市
江苏致程国际旅行社有限公司	高邮市通湖路 160－14 号	高邮市
扬州邮缘国际旅行社有限公司	高邮市海潮东路二期 8 号楼	高邮市
高邮市中原国际旅行社有限公司	高邮市文游中路 135 号	高邮市
高邮市走四方旅行社有限公司	高邮市文游中路 176 号	高邮市
高邮市喜福来旅行有限公司	高邮市海潮路南海桥北东侧	高邮市
扬州中国国际旅行社有限责任公司	扬州市广陵区汶河北路 26 号	广陵区
扬州市中国旅行社有限责任公司	扬州市汶河北路 18 号	广陵区
扬州中国青年旅行社有限公司	四望亭路 6 号	广陵区
国旅(江苏)扬州国际旅行社有限公司	扬州市广陵区汶河北路 145 号	广陵区
扬州苏之旅国际旅行社有限公司	扬州市汶河北路 31 号	广陵区
扬州景鸿国际旅行社有限公司	扬州市广陵区运河西路 230 号－f719	广陵区
扬州趣游国际旅行社有限公司	扬州市广陵区文峰街道连运西路 166 号 20－商业 02	广陵区
扬州市嘉景华国际旅行社有限公司	扬州市广陵区曲江街道文昌中路 1 号(运河城市广场)3－办公 2002	广陵区
扬州市碧海云天旅行社有限公司	扬州市广陵区运河南路 158 号(通运商贸城)25－301	广陵区
江苏米乐国际旅行社有限公司	扬州市广陵区江苏信息服务产业基地 12 号楼 3 层 301 室	广陵区
扬州大荒国际旅游有限公司	扬州市广陵区文昌中路 58 号 3－7 层－409－1	广陵区
扬州领航鲸研学国际旅行社有限公司	江苏省扬州市广陵区运河西路 230 号 f606	广陵区
扬州市品尚国际旅行社有限责任公司	扬州市广陵区解放南路西侧 5 幢 105、205、305 室一层、二层	广陵区
扬州萱紫旅行社有限公司	江苏省扬州市广陵区顾庄新村 1 幢 117 号	广陵区
扬州普惠旅行社有限公司	扬州市广陵区京杭北路 56 号 1	广陵区
扬州皮了玩旅游有限公司	扬州市广陵区临江路 205 号 1 号楼 2 层 1－202	广陵区
乐活(扬州)国际旅行社有限公司	扬州市广陵区文昌中路 473 号	广陵区
百鸣国际旅游(江苏)有限公司	扬州市广陵区文昌中路 58 号 3－7 层－602－1	广陵区

12－7　续表1

单位名称	地　址	地　区
江苏慵懒旅游文化有限公司	扬州市广陵区联谊路16号银泰商务中心－328	广陵区
扬州扬汽旅行社有限公司	扬州市广陵区渡江南路27号	广陵区
扬州万马国际旅游有限公司	扬州市广陵区江阳东路125号3—605	广陵区
扬州春之旅国际旅行社有限公司	扬州市广陵区四望亭路94号	广陵区
扬州印象旅行社有限公司	扬州市广陵区文昌中路8号(华泰首席国际大厦)－626	广陵区
扬州游天下国际旅行社有限公司	扬州市沙头镇国税大道1号1－9幢	广陵区
江苏简行国际旅行社有限公司	扬州市广陵区文昌中路8号(华泰首席国际大厦)－432	广陵区
扬州漫鹿国际旅行社有限公司	扬州市广陵区联谊路16号(银泰商务中心)银泰商务中心－328	广陵区
江苏小狼欢腾科技服务有限公司	扬州广陵区运河南路99号B2幢108室	广陵区
扬州我心飞扬国际旅行社有限公司	扬州市广陵区杉湾东苑7－1004	广陵区
扬州新众力在线国际旅行社有限公司	扬州市广陵区荷花池南街69号汶河文化产业园	广陵区
扬州市拓展国际旅游有限公司	扬州市文昌东路15号江广智慧城东苑四号楼	广陵区
扬州鼎兴国际旅行社有限公司	扬州市广陵区皮坊街3号	广陵区
扬州京彩假日国际旅行社有限公司	文昌中路8号(华泰首席国际大厦)426室	广陵区
扬州九州行国际旅行社有限公司	扬州市盐阜西路6号	广陵区
扬州华夏国际旅行社有限公司	扬州市广陵区临江路205号	广陵区
扬州凯风国际旅行社有限公司	扬州市广陵区文昌中路58号3－7层－602－1	广陵区
江苏国都之旅国际旅游有限公司	扬州市广陵区文昌中路58号3－7层幢415－1室415－2室	广陵区
扬州新时代商务旅行社有限公司	文化里3号	广陵区
扬州文化商务旅行社有限公司	扬州市渡江南路西侧七里河南侧(江南左岸1幢901室)	广陵区
哥伦布极限旅行江苏有限公司	泰州路43号	广陵区
扬州天马国际旅游发展有限公司	扬州市盐阜东路9号	广陵区
扬州新华旅行社有限公司	扬州东方名城1－03幢302室	广陵区
扬州天天游旅行社有限公司	文昌中路395号星月宾馆3F	广陵区
扬州夕阳红旅行社有限公司	扬州市四望亭路51号－518	广陵区
扬州蓝天国际旅行社有限公司	扬州市广陵区运河西路3号(大世界国际广场)1幢1511室	广陵区
扬州天地国际旅游有限公司	扬州市荷花池南街69号汶河文化产业园111室	广陵区
扬州石塔宾馆有限公司石塔旅行社	扬州市文昌中路246号	广陵区
扬州扬子江国际旅行社有限公司	扬州市广陵区盐阜东路二郎庙(雅官人巷)12－1	广陵区
扬州市旅游集散中心有限公司	扬州市邗江区维扬路222号	邗江区
江苏卓悦国际旅行社有限公司	扬州市邗江区文昌西路320－3号	邗江区
扬州小秦淮国际旅行社有限公司	扬州市四望亭路219号	邗江区
扬州欢行旅游有限公司	扬州市邗江区翠柳苑(现代广场)19－902	邗江区
江苏开心游国际旅行社有限公司	扬州市邗江区润扬广场3－105B	邗江区
扬州荟游国际旅行社有限公司	扬州市邗江区文汇西路487－6号	邗江区
扬州途胜国际旅行社有限公司	江苏省扬州市邗江区扬子江中路757号东宇大厦601室	邗江区
扬州立德国际旅游有限公司	扬州市邗江区京华城路276号(昌建广场)2幢613－620	邗江区

12－7　续表2

单位名称	地　址	地　区
江苏柚子旅行社有限公司	江苏省扬州市邗江区西峰路9号(金叶商业广场)1幢409室	邗江区
扬州梦海澜国际旅游有限公司	扬州市邗江区金马大厦1－1003	邗江区
江苏美乐达旅游有限公司	扬州市邗江区绿地商务广场(江阳西路109－1号)4幢2001室	邗江区
江苏小跟班文化旅游发展有限公司	扬州市邗江区昌建广场6号楼8层818号	邗江区
扬州驰岳国际旅行社有限公司	扬州市邗江区西峰路9号金叶商业广场508、509	邗江区
宝中(江苏)国际旅行社有限公司	扬州市邗江区翠岗综合楼－A1－4	邗江区
扬州华青国际旅行社有限公司	扬州市邗江区翡翠城8－1210	邗江区
江苏蜂巢国际旅行有限公司	扬州市邗江区环保科技产业园企业社区A幢065室	邗江区
志成信(扬州)旅游信息技术有限公司	扬州市邗江区国展路56号	邗江区
扬州交通旅游集散有限公司	扬州市邗江区文昌西路525号新盛商务中心3号楼4楼	邗江区
江苏芳华旅游有限公司	扬州市邗江区扬子江中路757号1幢515	邗江区
江苏熊爸爸国际旅行社有限公司	扬州市华城科技广场0106	邗江区
扬州锦江研学国际旅行社有限公司	扬州市邗江区文昌中路650号301	邗江区
江苏宏途旅业有限公司	扬州市邗江区四季园新村综合5－302	邗江区
扬州悠游假期国际旅行社有限公司	扬州市邗江区邗江中路山姆月城明珠1栋(物业用房)	邗江区
扬州嘉旭旅游有限责任公司	扬州市邗江区蒋王镇冯庄村厉庄组	邗江区
扬州博客旅行社有限公司	扬州市金茂广场3幢507	邗江区
江苏平安国际旅游有限公司	扬州市邗江区国展路29号(星耀天地商务中心)8幢821室	邗江区
扬州市玉屏国际旅行社有限公司	扬州市邗江区扬子江中路729号	邗江区
扬州康泰国际旅行社有限公司	扬州市邗江区翠柳苑(现代广场)9－711	邗江区
扬州众诚旅行社有限公司	扬州市润扬广场3幢202室	邗江区
扬州茉莉花国际旅行社有限公司	扬州市邗江区国展路56号业恒生活广场807	邗江区
扬州路路通国际旅行社有限公司	邗江区百祥路	邗江区
扬州春晖旅行社有限公司	扬州市新城河路520号	邗江区
扬州小骆驼国际旅行社有限公司	扬州市邗江区文昌西路56号(公元国际大厦)1幢809室	邗江区
扬州苏宁旅行社有限公司	扬州市扬子江北路101号双桥商务广场A座629	邗江区
扬州爱尚国际旅游有限公司	扬子江北路819号1－305	邗江区
扬州万里行国际旅行社有限公司	扬州市邗江区翠柳苑(现代广场)25－432	邗江区
扬州润扬国际旅行社有限公司	四望亭路190号	邗江区
扬州中江旅行社有限公司	扬州市文昌中路672号	邗江区
扬州市中原旅行社有限公司	文汇东路263号265号	邗江区
扬州燕宇旅行社有限公司	扬州市邗江区蜀景花园二楼202室	邗江区
扬州新视野教育国际旅行社有限公司	扬州市扬子江中路757号312室	邗江区
扬州市纵横旅行社有限公司	扬州市四望亭路279号太和广场347室	邗江区
扬州环宇国际旅行社有限公司	江阳商贸城18－318	邗江区
扬州知北游文化旅游有限公司	扬州市邗江区文昌中路650号312室	邗江区
扬州天成研学国际旅行社有限公司	扬州市邗江区翠柳苑(现代广场)25－311	邗江区

12－7　续表3

单位名称	地　址	地　区
扬州新天旅行社有限公司	金都汇3幢308室	邗江区
扬州新国航国际旅行社有限公司	扬州市四望亭路399号旺庭公馆3幢621室	邗江区
扬州自由漫步旅行社有限公司	扬州市邗江区扬子江中路757号1幢509室	邗江区
扬州疯玩国际旅行社有限公司	扬州大学北路159号	邗江区
扬州二分明月旅行社有限责任公司	润扬广场3－105B	邗江区
扬州中侨国际旅行社有限公司	文汇西路215号华远国际大厦A座509室	邗江区
扬州金桥国际旅行社有限公司	扬州市文昌西路佳云阁306室	邗江区
扬州烟花三月旅行社有限责任公司	邗江中路汇好数码广场607室	邗江区
扬州市华悦国际旅行社有限公司	扬州市扬子江北路387号	邗江区
扬州西湖国际旅行社有限公司	扬州市邗江区市府西巷2－1	邗江区
扬州光大研学国际旅行社有限公司	扬州市文昌西路56号(公元国际大厦)1－412	邗江区
扬州金阳光国际旅行社有限公司	扬州市邗江区新城河路160号	邗江区
扬州市国泰旅游有限公司	西城上筑苑4幢626－627号	邗江区
扬州市江都中原国际旅行社有限公司	扬州市江都区工农路25号	江都区
扬州煋诚旅行社有限公司	扬州市江都区仙女镇文昌东路1175号佳源银座2313室	江都区
扬州泰州国际机场旅游实业有限责任公司	扬州市江都区丁沟镇(扬州泰州机场内)	江都区
扬州市明珠国际旅行社有限公司	扬州市江都区人民路39号	江都区
扬州长青国际旅行社有限公司	扬州市江都区文昌东路1002号	江都区
扬州华都国际旅行社有限公司	扬州市江都区人民路31号	江都区
扬州市江都区三元国际旅行社有限公司	扬州市江都区江淮路66号北幢102室	江都区
扬州金马国际旅行社有限公司	扬州市江都区仙女镇龙川北路西侧广源世纪花园130幢B1412室	江都区
扬州市江都区春之秋国际旅行社有限公司	扬州市江都区仙女镇工农西路41号	江都区
扬州市中友旅行社有限公司	邵伯镇淮江路101号	江都区
扬州春江花都国际旅行社有限公司	扬州市江都区樊川镇樊东路132号	江都区
扬州百乐门旅行社有限责任公司	扬州市江都区仙女镇工农路2号(江都宾馆内)	江都区
扬州世纪康辉国际旅行社有限公司	扬州市江都区三元路33号	江都区
扬州市太平洋假日国际旅行社有限公司	扬州市江都区人民路18号	江都区
扬州市江都区神州国际旅行社有限公司	扬州市江都区工农路28号	江都区
扬州市雄都旅行社有限公司	扬州市江都区仙女镇人民路29－7号	江都区
扬州金色阳光国际旅行社有限公司	扬州市江都区人民路20号	江都区
江苏盛世旅程国际旅行社有限公司	扬州市经济开发区江阳中路433号(金天城大厦)A座1219、1220	经济技术开发区
扬州云程国际旅行社有限公司	扬州市经济开发区扬子江中路617号(崇文国际大厦)5－715	经济技术开发区
江苏漫森活旅行有限公司	扬州市邗江区文昌西路国泰大厦1幢18楼1810	经济技术开发区
扬州潇洒走一回旅行社有限公司	扬州市扬子江中路287号(财富广场)商务办公楼－2726	经济技术开发区
扬州生辉国际旅行社有限公司	扬州市经济开发区维扬路31号金轮星城18幢1302	经济技术开发区
扬州舜禹国际旅行社有限公司	扬州市经济开发区维扬路27号扬州宝龙广场商业街B区7号楼S7－2F－240	经济技术开发区
扬州三义国际旅行社有限公司	扬州市经济开发区扬子江中路287号财富广场5栋2728室	经济技术开发区

12－7　续表4

单位名称	地　址	地　区
扬州中和国际旅行社有限公司	扬州市兴城西路东27－3门店房	经济技术开发区
扬州江海旅行社有限公司	扬州市扬子江南路5号江海学院专家楼一楼	经济技术开发区
江苏乐游山水文化发展有限公司	扬州市经济技术开发区世纪家园17幢d5－1	经济技术开发区
扬州市和平国际旅行社有限公司	扬州市文汇东路201号	经济技术开发区
扬州航空国际旅行社有限公司	扬州市维扬路243号1－日座510室	经济技术开发区
扬州景智国际旅行社有限公司	扬州市双子星国际广场月座906室	经济技术开发区
扬州顺安招商旅行社有限公司	扬州市开发区江阳中路433号(金天城大厦)1－819	经济技术开发区
江苏优住网络科技有限公司	扬州市生态科技新城杭集镇曙光路579号	生态科技新城
扬州市凤凰岛旅行社有限公司	扬州市生态科技新城泰安镇凤凰岛景区	生态科技新城
扬州舜天国际旅行社有限公司	扬州市蜀冈—瘦西湖风景名胜区鸿福三村35－101	蜀冈—瘦西湖风景名胜区
江苏环球国际旅游有限公司	扬州市蜀冈—瘦西湖风景名胜区扬子江北路399号商2－42076	蜀冈—瘦西湖风景名胜区
扬州贝予国际旅游有限公司	扬州市蜀冈—瘦西湖风景名胜区梅岭街道高桥路72号308室	蜀冈—瘦西湖风景名胜区
扬州万顺国际旅行有限公司	扬州市蜀冈—瘦西湖风景名胜区梅岭街道玉器街20号	蜀冈—瘦西湖风景名胜区
乐程喜童(扬州)智慧交通有限公司	扬州市蜀冈—瘦西湖风景名胜区玉器街1号1	蜀冈—瘦西湖风景名胜区
扬州市优行国际旅行社有限公司	扬州市蜀冈—瘦西湖风景名胜区相别路8号北三楼西第二间	蜀冈—瘦西湖风景名胜区
扬州欣途旅行社有限公司	扬州市蜀冈—瘦西湖风景名胜区史可法路44号10幢308	蜀冈—瘦西湖风景名胜区
扬州唐韵国际旅行社有限公司	扬州市蜀冈—瘦西湖风景名胜区瘦西湖路10－1号虹桥坊13栋1层	蜀冈—瘦西湖风景名胜区
扬州苏扬文化旅游发展有限公司	扬州市蜀冈－瘦西湖风景名胜区长征西路16号101－2	蜀冈—瘦西湖风景名胜区
扬州大华国际旅行社有限公司	扬州市扬子江北路399号商2－商5－42062	蜀冈—瘦西湖风景名胜区
扬州龙行天下国际旅行社有限公司	扬州市蜀冈—瘦西湖风景名胜区高桥路14号－7	蜀冈—瘦西湖风景名胜区
扬州新世界国际旅行社有限公司	扬州市大虹桥路停车场5号	蜀冈—瘦西湖风景名胜区
扬州同程旅行社有限公司	扬州市高桥路28号莱茵苑42栋201室	蜀冈—瘦西湖风景名胜区
扬州瘦西湖国际旅行社有限责任公司	扬州市瘦西湖路187号	蜀冈—瘦西湖风景名胜区
扬州海天商务旅行社有限公司	扬州市蜀冈—瘦西湖风景名胜区瘦西湖路195号扬州北大科技园9号楼二层R－201－3室	蜀冈—瘦西湖风景名胜区
扬州市春秋国际旅行社有限公司	扬州市丰乐上街9号史可法纪念馆内	蜀冈—瘦西湖风景名胜区
扬州市开元国际旅行社有限公司	仪征市真州镇大庆北路81号	仪征市
扬州翔和旅游文化有限公司	仪征市马集镇枣林路18号	仪征市
扬州市全景国际旅行社有限公司	仪征市真州西路121号	仪征市
扬州洲际文化旅行社有限公司	仪征市真州镇前进路186－14－5	仪征市
扬州读行学堂研学旅行有限公司	仪征市枣林湾程营村联合组	仪征市
扬州畅游国际旅行社有限公司	仪征市真州镇弘桥路110号	仪征市
仪征金太阳国际旅行社有限公司	仪征市真州镇仪化生活区白沙路10号1－	仪征市
扬州市枣林湾国际旅行社有限公司	仪征市枣林湾生态园天池路枣林山庄	仪征市
扬州中康国际旅行社有限公司	仪征市真州镇国庆路139号－1	仪征市
仪征市化纤国际旅行社有限公司	仪征市真州镇胥浦环西路10号	仪征市
仪征中北国际旅行社	仪征市真州镇工农北路419号	仪征市

12－8　扬州市AAA级以上景区基本情况

旅游景区名称	旅游景区等级
扬州市瘦西湖风景区	5A
何园	4A
扬州市宋夹城风景区	4A
扬州大明寺景区	4A
扬州凤凰岛生态旅游区	4A
扬州市汉陵苑景区	4A
江苏省扬州市江都区邵伯古镇景区	4A
江苏省扬州市高邮市盂城驿景区	4A
个园	4A
江苏省扬州市仪征市捺山地质公园	4A
江苏省扬州市高邮市抗日战争最后一役文化园景区	4A
茱萸湾风景区	4A
扬州博物馆	4A
运河三湾风景区	4A
江苏省扬州市广陵区东关历史文化旅游区	4A
扬州梦幻之城景区	3A
江苏省扬州市江都区勇龙国际生态园景区	3A
江苏省扬州市江都区郭村保卫战纪念馆景区	3A
江苏省扬州市广陵区荷花池景区	3A
江苏省扬州市高邮市清水潭景区	3A
扬子郊野公园景区	3A
江苏省扬州市宝应县宝射河休闲体育公园	3A
江苏省扬州市宝应县宁国寺	3A
江苏省扬州市宝应县宝应曹甸楚甸公园景区	3A
江苏省扬州市宝应县宝应湖湿地公园	3A
江苏省扬州市宝应县纵棹园景区	3A
江苏省扬州宝应县荷园生态旅游区	3A
江苏省扬州市邗江区蜀冈生态公园景区	3A
江都开元寺景区	3A
陈园	3A
扬州艺术馆	3A
江苏省扬州市江都区朴园	3A
江苏省扬州市江都区扬州民歌民乐公园	3A
江苏省扬州市高邮市镇国寺	3A
江苏省扬州市广陵区吴道台景区	3A
江苏省扬州市江都区自在公园	3A
江苏省扬州市高邮市界首老街文化景区	3A
扬州科技馆	3A
江苏省扬州市邗江区京华城休闲旅游区	3A
文游台景区	3A
江苏省扬州市仪征市天乐湖旅游区	3A
江苏省扬州市仪征市孔雀山生态体育公园	3A
江苏省扬州市高邮市菱塘古清真寺景区	3A
仪征博物馆景区	3A
扬州润扬森林公园景区	3A
花都汇－扬州园艺体验中心	3A
江苏省扬州市高邮市高邮文化体育休闲公园景区	3A
江苏省扬州市史可法纪念馆景区	3A
“江上盐都”十二圩历史文化旅游区	3A

十三

财政　金融

编辑:王敏

13－1 主要年份财政收入与支出

单位:万元

年 份	一般公共预算收入	一般公共预算支出
1978	20266	9934
1979	19845	10686
1980	20572	10899
1981	21433	10649
1982	23811	12220
1983	25791	16170
1984	27846	18356
1985	35589	20080
1986	39919	26928
1987	43978	27939
1988	55651	35559
1989	61256	43213
1990	66570	49303
1991	65988	58939
1992	81867	57804
1993	129289	91088
1994	71576	105017
1995	88693	126160
1996	99718	142919
1997	104600	158873
1998	122882	183928
1999	135651	201069
2000	163357	237079
2001	205101	290539
2002	231613	392554
2003	305517	517835
2004	402425	663373
2005	495486	873131
2006	630188	1217880
2007	856900	1509396
2008	1048317	2127649
2009	1280788	2566759
2010	1677818	3333569
2011	2180818	4218869
2012	2249986	2848023
2013	2592606	3192774
2014	2951918	3677273
2015	3367462	4427805
2016	3453000	4789699
2017	3201787	5076403
2018	3400339	5635745
2019	3287850	6119544
2020	3372719	6683001
2021	3440689	6848256
2022	3254926	6991724

13－2　财政收入与支出

（2022 年）　　　　单位:万元

项　　目	全 市	广 陵	邗 江	江 都	宝 应	仪 征	高 邮
财政总收入	**5156769**	**616605**	**819103**	**902514**	**370901**	**786600**	**619557**
上划中央收入	**1901843**	**258455**	**286298**	**343822**	**126118**	**320083**	**218638**
增值税	902493	88914	135629	188770	71399	148071	152598
消费税	200878	4234	1233	48514	354	55083	5245
企业所得税（60%）	608758	142850	102950	78118	31146	101971	48269
个人所得税（60%）	189714	22457	46486	28420	23219	14958	12526
一般公共预算收入	**3254926**	**358150**	**532805**	**558692**	**244783**	**466517**	**400919**
#税收收入	2381355	312424	402868	408622	173981	370002	308825
#增值税	894775	88914	135630	188770	69764	148071	150867
企业所得税	393746	95232	68553	51558	20704	67934	32179
个人所得税	126475	14972	30990	18947	15479	9972	8350
一般公共预算支出	**6991724**	**603360**	**895241**	**1113803**	**1000725**	**720619**	**947609**
#一般公共服务	843408	114203	150593	97319	100244	82387	91039
科学技术	145907	11175	12697	16168	2310	15685	21285
教育	1070475	84965	173008	188696	173121	120756	143549
文化旅游体育与传媒	142792	2227	20518	15997	6544	14106	21125
卫生健康	607484	53467	60046	98054	97783	65002	90291
节能环保	107738	8806	31193	20343	11419	7709	13722
城乡社区事务	680941	63338	99837	129675	161153	61952	72028
交通运输	385919	17743	15065	30553	47824	8909	53128
社会保障和就业	945314	71915	79798	196187	140716	116494	169715
住房保障	438810	37320	65785	118970	11182	3100	59844
农林水事务	598322	47224	41599	91445	108773	102087	100357

13－3　主要年份金融机构存贷款

年　份	本外币各项存款余额（亿元）	本外币各项贷款余额（亿元）	人民币各项存款余额（亿元）	人民币各项贷款余额（亿元）	外汇各项存款余额（亿美元）	外汇各项贷款余额（亿美元）
1996	—	—	234.85	206.14	1.24	2.83
1997	—	—	291.07	236.87	1.41	2.66
1998	—	—	341.60	259.51	1.51	2.13
1999	—	—	394.49	278.76	1.97	1.87
2000	—	—	444.47	276.05	2.52	1.36
2001	—	—	505.77	297.93	2.70	1.38
2002	—	—	592.79	356.23	3.31	1.45
2003	747.34	452.04	720.97	433.86	3.19	2.20
2004	865.46	486.00	839.70	470.68	3.11	1.85
2005	977.39	530.18	952.70	513.33	3.06	2.09
2006	1112.52	609.42	1085.28	597.24	3.49	1.56
2007	1276.27	765.88	1253.85	750.77	3.07	2.07
2008	1583.03	902.26	1551.91	889.40	4.55	1.88
2009	2101.21	1236.17	2067.13	1212.75	4.99	3.43
2010	2471.96	1514.88	2430.55	1486.06	6.25	4.35
2011	2860.65	1751.50	2818.31	1718.03	6.72	5.31
2012	3365.22	2042.98	3310.84	2006.50	8.65	5.80
2013	3888.39	2375.62	3836.87	2341.85	8.45	5.46
2014	4323.54	2766.18	4269.75	2732.42	8.79	5.52
2015	4793.82	3118.17	4719.40	3095.77	11.46	3.45
2016	5448.23	3526.36	5361.55	3508.13	12.49	2.63
2017	5811.97	4028.99	5700.87	4007.76	17.00	3.25
2018	6080.73	4643.49	5997.55	4630.51	12.12	1.89
2019	6787.31	5391.98	6700.46	5374.85	12.45	2.46
2020	7691.30	6293.32	7586.35	6279.75	16.08	2.08
2021	8299.73	7141.87	8198.32	7124.63	15.91	2.70
2022	9030.06	8129.45	8903.02	8115.69	18.24	1.98

13－4　主要年份城乡居民住户存款

单位:万元

年份	全市	市区	江都	宝应	仪征	高邮
1980	12225	8018	2933	1597	985	1625
1981	15825	10159	3775	2101	1335	2230
1982	22733	14059	5427	3313	2004	3357
1983	30792	18910	7778	4398	2723	4761
1984	44760	28212	12589	6177	3946	6425
1985	58219	36436	15402	7709	5464	8610
1986	79728	49541	21148	10743	8148	11296
1987	111156	69309	29544	14631	11979	15237
1988	128886	80492	33513	16618	14929	16847
1989	190728	121220	50451	23946	21477	24085
1990	278722	178865	77025	33232	31714	34911
1991	372131	242727	104844	42930	42914	43560
1992	473124	314297	134213	52854	52431	53542
1993	610212	400696	188578	70464	74012	65040
1994	824448	542330	245651	96975	92160	92983
1995	1120957	729561	339773	133228	126901	131267
1996	1563311	1025748	457249	163395	187054	187114
1997	1840674	1227758	547822	186671	211021	215224
1998	2172694	1474612	660747	210575	239872	247635
1999	2470022	1672659	742581	247711	263830	285822
2000	2760458	1860089	808945	295203	284121	321045

13－4　续表

年份	全市	市区	江都	宝应	仪征	高邮
2001	3145837	2124931	907901	343683	314344	362879
2002	3780858	2513456	1036607	400155	434916	432331
2003	4491267	2978007	1194163	473871	523535	515854
2004	5227957	3459956	1391055	558581	604747	604673
2005	6046486	3999036	1589804	651018	678679	717753
2006	6755500	4471503	1769047	716012	747887	820098
2007	7114663	4702255	1852424	755371	763744	893293
2008	8991000	5982900	2337200	923500	964400	1120200
2009	10953113	7340739	2780899	1107390	1173990	1330995
2010	12523929	8381899	3135618	1262557	1363619	1515854
2011	14278665	9512654	3503207	1431274	1612511	1722226
2012	16975080	11279876	4140083	1718810	1942330	2034064
2013	19310195	12766330	4672524	1970199	2232298	2341370
2014	21170920	13713008	5145041	2285140	2481310	2691462
2015	23766844	15310188	5794787	2626023	2732089	3098544
2016	25609777	16329203	6196989	2867105	2957311	3456159
2017	26646363	16824140	6337225	3044731	3061639	3715853
2018	28606486	18008475	6782096	3285168	3314576	3998268
2019	32175140	20380593	7536176	3645801	3623226	4525520
2020	36984553	23507750	8530210	4135893	4188568	5152342
2021	41506880	26397008	9483851	4590683	4694985	5824204
2022	50063720	32001210	11173164	5454015	5666401	6942094

13－5　分地区金融机构人民币存贷款情况

（2022年）　　单位：亿元

项　　目	全　市	市　区	江　都	宝　应	仪　征	高　邮
一、各项存款	**8903.02**	**6163.59**	**1651.47**	**805.68**	**923.59**	**1010.16**
（一）境内存款	8896.10	6157.51	1650.50	805.41	923.21	1009.97
1. 住户存款	5006.37	3200.12	1117.32	545.40	566.64	694.21
（1）活期存款	1217.53	795.04	227.23	137.69	121.18	163.62
（2）定期及其他存款	3788.84	2405.08	890.09	407.71	445.46	530.59
2. 非金融企业存款	2593.70	2004.64	395.58	176.22	221.13	191.71
（1）活期存款	885.95	650.25	144.92	69.01	75.99	90.70
（2）定期及其他存款	1707.75	1354.39	250.66	107.21	145.14	101.01
3. 广义政府存款	1201.23	858.47	124.30	83.79	134.92	124.05
（1）财政性存款	112.76	83.07	7.09	2.66	15.52	11.51
（2）机关团体存款	1088.48	775.41	117.21	81.13	119.40	112.54
4. 非银行业金融机构存款	94.80	94.28	13.31		0.52	
（二）境外存款	6.92	6.08	0.97	0.27	0.38	0.19
二、各项贷款	**8115.69**	**5829.08**	**1266.52**	**646.11**	**791.71**	**848.79**
（一）境内贷款	8115.27	5828.66	1266.52	646.11	791.71	848.79
1. 住户贷款	2611.37	1973.39	381.08	202.71	237.35	197.92
（1）短期贷款	617.93	380.58	125.86	71.54	93.93	71.88
消费贷款	135.99	91.03	21.73	12.73	18.89	13.34
经营贷款	481.94	289.54	104.12	58.82	75.04	58.54
（2）中长期贷款	1993.44	1592.79	255.22	131.17	143.43	126.05
消费贷款	1757.70	1398.02	215.49	122.81	122.22	114.65
经营贷款	235.74	194.78	39.73	8.36	21.20	11.40
2. 非金融企业及机关团体贷款	5503.90	3855.28	885.44	443.40	554.36	650.86
（1）短期贷款	1799.87	1234.90	303.59	177.69	170.01	217.27
（2）中长期贷款	3231.71	2256.14	482.58	238.60	346.75	390.22
（3）票据融资	470.58	363.89	99.08	26.92	36.45	43.32
（4）融资租赁						
（5）各项垫款	1.74	0.34	0.21	0.20	1.15	0.05
3. 非银行业金融机构贷款						
（二）境外贷款	0.42	0.42				

13-6 证券业务情况

（2022年） 单位:万户、亿元

项目	全市	市区	江都	宝应	仪征	高邮
开设资金账户	107.77	92.94	11.73	6.42	5.39	3.02
保证金余额	39.14	33.60	3.98	2.04	2.72	0.78
当年证券交易额	18365.80	15510.58	1230.60	1344.94	1014.09	496.18
#股票	10174.65	8328.08	969.16	811.50	683.44	351.63
基金	2753.09	2530.48	23.47	181.32	10.78	30.50

13-7 历年保险业务情况

单位:亿元

项目	2015年	2016年	2017年	2018年	2019年	2020年	2021年	2022年
财产险								
保费收入	30.42	31.76	33.66	35.08	37.19	38.37	39.27	43.10
赔款和给付	16.72	19.54	20.02	21.87	22.45	23.50	27.01	26.63
人寿险								
保费收入	81.13	106.43	126.38	140.93	138.06	139.90	104.44	116.68
赔款和给付	22.61	32.70	36.64	28.92	23.49	23.21	13.86	14.53

十四

能源　电力

编辑：高鹏

14－1　全社会用电分月情况

（2022 年）　　单位：万千瓦时

月　份	用电量	其　中			
		第一产业	第二产业	第三产业	居民用电
合　计	**3136060**	**45726**	**2033380**	**522865**	**534089**
第一季度	**739976**	**4647**	**470524**	**123495**	**141310**
1 月	267582	1688	183472	46266	36156
2 月	227788	1418	132384	44371	49615
3 月	244606	1541	154668	32858	55539
第二季度	**717970**	**8461**	**504901**	**106818**	**97790**
4 月	216552	2014	145911	27106	41521
5 月	229259	2842	165832	31403	29182
6 月	272159	3605	193158	48309	27087
第三季度	**917323**	**21261**	**543751**	**170897**	**181414**
7 月	327397	5185	219027	64816	38369
8 月	346099	7772	212605	63886	61836
9 月	243827	8304	112119	42195	81209
第四季度	**760791**	**11357**	**514204**	**121655**	**113575**
10 月	240266	4957	153626	26484	55199
11 月	237275	3572	164888	40751	28064
12 月	283250	2828	195690	54420	30312

14－2　分地区全社会用电情况

（2022 年）　　　　单位:万千瓦时

项　目	全　市	市　区	#江　都	宝　应	仪　征	高　邮
全社会用电合计	**3136060**	**1745172**	**520804**	**303846**	**570155**	**516887**
一、全行业用电合计	2601971	1417743	416834	235001	505620	443607
第一产业	45726	8970	6831	6811	1772	28173
第二产业	2033380	1060062	328236	171990	443132	358196
第三产业	522865	348711	81767	56200	60716	57238
二、城乡居民生活用电	534089	327429	103970	68845	64535	73280
城镇居民	311261	217948	44062	34401	32428	26484
乡村居民	222828	109481	59908	34444	32107	46796
全行业用电分类	**2601431**	**1417743**	**416834**	**235001**	**505620**	**443607**
一、农、林、牧、渔业	89873	33977	28085	15174	6399	34323
二、工业	2001477	1036633	322371	170172	439737	354935
三、建筑业	32842	24133	5991	1838	3596	3275
四、交通运输、仓储和邮政业	32471	18492	5906	5414	3148	5417
五、信息传输、计算机服务和软件业	51577	24759	5359	4092	18354	4372
六、批发和零售业	116165	77863	20478	10365	13637	14840
七、住宿和餐饮业	31253	20311	6574	3578	3139	4225
八、金融业	6661	4301	1062	907	624	829
九、房地产业	60591	46806	4131	6406	4015	3364
十、租赁和商务服务业	29654	26146	1049	1465	1345	698
十一、公共服务及管理组织	148867	104322	15828	15590	11626	17329

14－3　规模以上工业企业分地区主要能源消费量

（2022 年）

地　区	原　煤（吨）	焦　炭（吨）	天然气（万立方米）	原　油（吨）	汽　油（吨）	柴　油（吨）
全　市	**9935483**	**1657552**	**117473**	**665454**	**3844**	**29050**
市　区	8371057	856876	31353	665454	3146	18638
开发区	6383650		3334	47728	155	8132
广陵	324090	856619	1336	3	709	4327
邗江	1563969		14204		833	2241
江都	99347	257	12479	617723	1449	3939
宝　应			3634		94	2323
仪　征	1339820	3382	63361		132	3246
高　邮	224606	797294	19125		472	4843

14－3　续表　　（2022 年）

地　区	燃料油（吨）	其他石油制品（吨）	热　力（百万千焦）	电　力（万千瓦时）	能源合计（吨标准煤）
全　市	**3671**	**67949**	**26630127**	**1828759**	**15720150**
市　区	1627	67949	5671876	947899	10158468
开发区		268	3754862	342809	4987548
广陵	764		191808	233835	1984788
邗江	858		1150394	149112	1589749
江都	5	67681	574811	222143	1596383
宝　应			140559	128108	315769
仪　征			20143482	454467	3069425
高　邮	2044		674211	298285	2176488

14－4　规模以上工业企业主要能源分行业消费量

（2022 年）

项　　目	原　煤（吨）	焦　炭（吨）	天然气(气态)（万立方米）	原　油（吨）	汽　油（吨）
总　　计	**9935483**	**1657552**	**117473**	**665454**	**3844**
采矿业			1951	47703	70
石油和天然气开采业			1951	47703	70
制造业	2226888	1657552	43816	617751	3658
农副食品加工业			364		43
食品制造业			163		152
酒、饮料和精制茶制造业					
纺织业			726		46
纺织服装、服饰业			45		128
皮革、毛皮、羽毛及其制品和制鞋业			190		182
木材加工和木、竹、藤、棕、草制品业					
家具制造业			77		
造纸和纸制品业	282893		76		2
印刷和记录媒介复制业					4
文教、工美、体育和娱乐用品制造业			137		505
石油、煤炭及其他燃料加工业			810	617723	
化学原料和化学制品制造业	560308		4870		156
医药制造业			196		50
化学纤维制造业	735581		17759		3
橡胶和塑料制品业			493		60
非金属矿物制品业		3492	1843		91
黑色金属冶炼和压延加工业	535721	1631736	4291		
有色金属冶炼和压延加工业	112316	22177	1965		64
金属制品业	5	68	2869		104
通用设备制造业			351	25	441
专用设备制造业			83		588
汽车制造业			2556		177
铁路、船舶、航空航天和其他运输设备制造业			529		10
电气机械和器材制造业	1	79	2261		277
计算机、通信和其他电子设备制造业			911		298
仪器仪表制造业			88		168
其他制造业			0		67
废弃资源综合利用业	63		164		41
金属制品、机械和设备修理业					
电力、热力、燃气及水生产和供应业	7708594		71707		116
电力、热力生产和供应业	7708594		69920		
燃气生产和供应业			1787		110
水的生产和供应业					6

14－4　续表　　　　　　　　　　　（2022 年）

项　　目	柴　油（吨）	燃料油（吨）	其他石油制品（吨）	热　力（百万千焦）	电　力（万千瓦时）	能源合计（吨标准煤）
总　计	**29050**	**3671**	**67949**	**26630127**	**1828759**	**15720150**
采矿业	4513		268		29171	136444
石油和天然气开采业	4513		268		29171	136444
制造业	22879	3671	67681	26281426	1656450	8979507
农副食品加工业	973			34806	11232	23884
食品制造业	61			178600	5988	15931
酒、饮料和精制茶制造业	17			413841	7654	23588
纺织业	38				57525	82926
纺织服装、服饰业	96			217	7973	10854
皮革、毛皮、羽毛及其制品和制鞋业	12			39918	10434	23544
木材加工和木、竹、藤、棕、草制品业	40				3834	13325
家具制造业				58429	3362	15204
造纸和纸制品业	433			3484284	48438	434503
印刷和记录媒介复制业	7				3731	4601
文教、工美、体育和娱乐用品制造业	206			121832	21001	34687
石油、煤炭及其他燃料加工业	0		67681		8656	1000843
化学原料和化学制品制造业	652			13588080	253192	1294200
医药制造业	1			804690	15459	49118
化学纤维制造业	708			6532614	135622	1148118
橡胶和塑料制品业	6			306410	39411	67846
非金属矿物制品业	6853				73176	135328
黑色金属冶炼和压延加工业	4188				231547	3380914
有色金属冶炼和压延加工业	184	2044		45500	52055	214845
金属制品业	637				68696	125440
通用设备制造业	1925			43570	43947	64061
专用设备制造业	367	858			22701	32257
汽车制造业	666	5		318051	89544	156543
铁路、船舶、航空航天和其他运输设备制造业	3603	764			35769	60507
电气机械和器材制造业	234			159939	217090	307312
计算机、通信和其他电子设备制造业	340			107646	148797	199590
仪器仪表制造业	619			3	19135	26971
其他制造业	12				13169	16339
废弃资源综合利用业				42996	7302	16214
金属制品、机械和设备修理业					12	15
电力、热力、燃气及水生产和供应业	1658			348701	143139	6604198
电力、热力生产和供应业	1655			348701	120622	6552583
燃气生产和供应业					1437	25696
水的生产和供应业	3				21079	25919

14－5　规模以上工业企业能源消费及库存量

（2022 年）

产品名称	单位	工业消费量		期末库存
		合计	运输工具消费	
能源合计	**吨标准煤**	**15720150**		**466298**
原煤	吨	9935483		325676
无烟煤	吨	459073		48593
一般烟煤	吨	9476410		277083
焦炭	吨	1657552		108582
高炉煤气	万立方米	531532		
转炉煤气	万立方米	48446		
天然气	万立方米	117473	30	
液化天然气	吨	5493		232
氢气	万立方米	37		
原油	吨	665454		10041
汽油	吨	3844	3121	279
煤油	吨	136		9
柴油	吨	29050	6986	2349
燃料油	吨	3671		29
液化石油气	吨	1907	26	
炼厂干气	吨	18483		
润滑油	吨	60		3
溶剂油	吨	2		
石油焦	吨	318		305
石油沥青	吨	165		24
其他石油制品	吨	67949		
热力	百万千焦	26630127		
电力	万千瓦时	1828759	3930	
城市生活垃圾（用于燃料）	吨	1327956		4926
生物质能（用于燃料）	吨标准煤	266024		14799
余热余压	百万千焦	6148384		
其他燃料	吨标准煤	82		

14－6 规模以上工业企业分行业用水情况

（2022 年） 单位:万立方米

名称	合计	其中			重复用水量
		地表淡水	地下淡水	自来水	
总计	**73397**	**63348**	**648**	**9399**	**175511**
采矿业	857	338	263	257	857
石油和天然气开采业	857	338	263	257	857
制造业	17151	9220	385	7545	140252
农副食品加工业	186	4	57	124	8
食品制造业	133			133	
酒、饮料和精制茶制造业	303		22	281	99
纺织业	948	3	10	935	19
纺织服装、服饰业	153	3	7	142	2
皮革、毛皮、羽毛及其制品和制鞋业	155	1	27	128	1
木材加工和木、竹、藤、棕、草制品业	15	1	7	7	6
家具制造业	16	1		15	
造纸和纸制品业	743	713	2	28	506
印刷和记录媒介复制业	24			24	
文教、工美、体育和娱乐用品制造业	112		1	110	1
石油、煤炭及其他燃料加工业	104	102		2	5818
化学原料和化学制品制造业	3949	3147	6	795	57117
医药制造业	139		14	124	1264
化学纤维制造业	4103	3956	11	136	69135
橡胶和塑料制品业	106	3	1	102	2224
非金属矿物制品业	246	53	25	168	15
黑色金属冶炼和压延加工业	1192	1083	1	107	191
有色金属冶炼和压延加工业	186	119	1	66	770
金属制品业	295	2	2	291	1260
通用设备制造业	211	3	2	206	1
专用设备制造业	224	2		221	1
汽车制造业	499	1	2	496	1273
铁路、船舶、航空航天和其他运输设备制造业	278	14		264	219
电气机械和器材制造业	1250	4	23	1224	5
计算机、通信和其他电子设备制造业	1404	1	162	1241	317
仪器仪表制造业	81	2	1	79	
其他制造业	63			62	
废弃资源综合利用业	34			34	
金属制品、机械和设备修理业					
电力、热力、燃气及水生产和供应业	55389	53791	1	1597	34402
电力、热力生产和供应业	2554	2452		102	34402
燃气生产和供应业	291		1	291	
水的生产和供应业	52544	51339		1204	

14－7　全市规模以上工业企业综合能耗前50名排序

（2022年）

单位名称	地区	位次
江苏国信扬州发电有限责任公司	开发区	1
扬州恒润海洋重工有限公司	广陵区	2
扬州第二发电有限责任公司	开发区	3
扬州市秦邮特种金属材料有限公司	高邮市	4
中国石化仪征化纤有限责任公司	仪征市	5
江苏华电扬州发电有限公司	邗江区	6
江苏瑞祥化工有限公司	仪征市	7
永丰余造纸（扬州）有限公司	开发区	8
中国石油化工股份有限公司江苏油田分公司	开发区	9
扬州泰达环保有限公司	邗江区	10
扬州泰富特种材料有限公司	江都区	11
扬州石化有限责任公司	江都区	12
晶澳（扬州）太阳能科技有限公司	开发区	13
江苏优士化学有限公司	仪征市	14
远东联石化（扬州）有限公司	仪征市	15
实友化工（扬州）有限公司	仪征市	16
江苏奥克化学有限公司	仪征市	17
江苏国信高邮热电有限责任公司	高邮市	18
江苏华电仪征热电有限公司	仪征市	19
大连化工（江苏）有限公司	仪征市	20
高邮齐耀善能新能源有限公司	高邮市	21
扬州一川镍业有限公司	广陵区	22
扬州秦风气体有限公司	广陵区	23
高邮泰达环保有限公司	高邮市	24
扬州富威尔复合材料有限公司	仪征市	25

14－7　续表　（2022年）

单位名称	地区	位次
江苏长青农化股份有限公司	江都区	26
扬州天楹环保能源有限公司	江都区	27
宝应协鑫生物质发电有限公司	宝应县	28
光大环保能源(宝应)有限公司	宝应县	29
扬州诚德钢管有限公司	江都区	30
扬州振邮金属板材有限公司	高邮市	31
永丰余生活用纸(扬州)有限公司	开发区	32
扬州华航特钢有限公司	江都区	33
扬州联博药业有限公司	邗江区	34
扬州港口污泥发电有限公司	开发区	35
上海大众汽车有限公司仪征公司	仪征市	36
江苏太极实业新材料有限公司	广陵区	37
江苏扬农锦湖化工有限公司	仪征市	38
中化高性能纤维材料有限公司	仪征市	39
扬州顶津食品有限公司	邗江区	40
扬州盈德气体有限公司	开发区	41
晶澳(扬州)新能源有限公司	开发区	42
扬州中环半导体科技有限公司	高邮市	43
仪化东丽聚酯薄膜有限公司	仪征市	44
江苏华伦化工有限公司	江都区	45
江苏宝胜精密导体有限公司	宝应县	46
扬州海螺水泥有限责任公司	江都区	47
扬州天富龙科技纤维有限公司	仪征市	48
扬州龙川钢管有限公司	江都区	49
江苏中兴派能电池有限公司	仪征市	50

14－8　全市规模以上工业企业原煤消费前10名排序

（2022年）

单位名称	地区	位次
江苏国信扬州发电有限责任公司	开发区	1
扬州第二发电有限责任公司	开发区	2
江苏华电扬州发电有限公司	邗江区	3
中国石化仪征化纤有限责任公司	仪征市	4
江苏瑞祥化工有限公司	仪征市	5
扬州恒润海洋重工有限公司	广陵区	6
永丰余造纸（扬州）有限公司	开发区	7
扬州市秦邮特种金属材料有限公司	高邮市	8
扬州港口污泥发电有限公司	开发区	9
扬州泰富特种材料有限公司	江都区	10

14－9　全市规模以上工业企业成品油消费前20名排序

（2022年）

单 位 名 称	地　区	位　次
扬州石化有限责任公司	江都区	1
中国石油化工股份有限公司江苏油田分公司	开发区	2
扬州市秦邮特种金属材料有限公司	高邮市	3
新大洋造船有限公司	广陵区	4
潍柴动力扬州柴油机有限责任公司	开发区	5
扬州恒润海洋重工有限公司	广陵区	6
扬州中远海运重工有限公司	江都区	7
宝金新城江都气体有限公司	江都区	8
扬州润恒建设工程有限公司	宝应县	9
招商局金陵船舶（江苏）有限公司	仪征市	10
宝应博瑞混凝土有限公司	宝应县	11
扬州元益混凝土有限公司	仪征市	12
扬州富威尔复合材料有限公司	仪征市	13
扬州维扬豆制食品有限公司	广陵区	14
高邮市天大建材科技有限公司	高邮市	15
中铁宝桥（扬州）有限公司	广陵区	16
扬州市盛熙新型建材有限公司	高邮市	17
扬州第二发电有限责任公司	开发区	18
扬州祖名豆制食品有限公司	开发区	19
扬州市百仕德礼品工艺有限公司	高邮市	20

14－10　全市规模以上工业企业电力消费前50名排序

（2022年）

单位名称	地区	位次
中国石化仪征化纤有限责任公司	仪征市	1
扬州恒润海洋重工有限公司	广陵区	2
扬州市秦邮特种金属材料有限公司	高邮市	3
江苏瑞祥化工有限公司	仪征市	4
晶澳（扬州）太阳能科技有限公司	开发区	5
永丰余造纸（扬州）有限公司	开发区	6
扬州秦风气体有限公司	广陵区	7
江苏国信扬州发电有限责任公司	开发区	8
扬州第二发电有限责任公司	开发区	9
远东联石化（扬州）有限公司	仪征市	10
中国石油化工股份有限公司江苏油田分公司	开发区	11
江苏华电扬州发电有限公司	邗江区	12
扬州华航特钢有限公司	江都区	13
扬州一川镍业有限公司	广陵区	14
扬州泰富特种材料有限公司	江都区	15
扬州盈德气体有限公司	开发区	16
晶澳（扬州）新能源有限公司	开发区	17
扬州中环半导体科技有限公司	高邮市	18
扬州海螺水泥有限责任公司	江都区	19
江苏奥克化学有限公司	仪征市	20
江苏优士化学有限公司	仪征市	21
实友化工（扬州）有限公司	仪征市	22
扬州晶樱光电科技有限公司	高邮市	23
江苏晶品新能源科技有限公司	高邮市	24
林德气体（扬州）有限公司	仪征市	25

14－10　续表　　(2022 年)

单位名称	地区	位次
上海大众汽车有限公司仪征公司	仪征市	26
江苏太极实业新材料有限公司	广陵区	27
扬州扬杰电子科技股份有限公司	邗江区	28
宝胜科技创新股份有限公司	宝应县	29
扬力集团股份有限公司	邗江区	30
扬州依利安达电子有限公司	仪征市	31
江苏长青农化股份有限公司	江都区	32
中环艾能(高邮)能源科技有限公司	高邮市	33
扬州五亭桥缸套有限公司	邗江区	34
扬州中远海运重工有限公司	江都区	35
仪化东丽聚酯薄膜有限公司	仪征市	36
亚普汽车部件股份有限公司	开发区	37
江苏中兴派能电池有限公司	仪征市	38
大连化工(江苏)有限公司	仪征市	39
江苏长江水务股份有限公司	开发区	40
宝金新城江都气体有限公司	江都区	41
江苏康源纺织有限公司	宝应县	42
扬州石化有限责任公司	江都区	43
仪征亚新科双环活塞环有限公司	仪征市	44
扬州顶津食品有限公司	邗江区	45
永丰余生活用纸(扬州)有限公司	开发区	46
扬州宏远电子股份有限公司	高邮市	47
扬州永翔新能源科技有限公司	开发区	48
扬州亚东水泥有限公司	开发区	49
招商局金陵船舶(江苏)有限公司	仪征市	50

十五

科学技术

编辑:石火培　孟召鹏

15－1　全市2022年申报高新技术企业认定名单

序号	企业名称	地区	序号	企业名称	地区
1	扬州五岳电器有限公司	宝应县	36	扬州然创新材料科技有限公司	宝应县
2	扬州宝飞优斯特振动器制造有限公司	宝应县	37	江苏科达车业有限公司	宝应县
3	江苏东方电缆材料有限公司	宝应县	38	中航宝胜电气股份有限公司	宝应县
4	江苏永一泵业科技集团有限公司	宝应县	39	江苏金鹰绝缘管业有限公司	宝应县
5	江苏华天环境科技有限公司	宝应县	40	江苏江鹤滑线电气有限公司	宝应县
6	宝应县安全工具厂有限公司	宝应县	41	扬州安宜散热器有限公司	宝应县
7	扬州光迈五金工具材料有限公司	宝应县	42	扬州荣发滑线电气有限公司	宝应县
8	扬州华瑞金属制品有限公司	宝应县	43	江苏奥新科技有限公司	宝应县
9	江苏子田机械有限公司	宝应县	44	宝利泰橡胶科技扬州有限公司	宝应县
10	扬州航鹰科技装备有限公司	宝应县	45	扬州协力传动科技有限公司	宝应县
11	扬州绿宝人造草坪有限公司	宝应县	46	扬州英奥车业有限公司	宝应县
12	中广核新奇特(扬州)电气有限公司	宝应县	47	江苏洁涛环境科技有限公司	宝应县
13	宝应帆洋船舶电器配件制造有限公司	宝应县	48	扬州易达利机械科技有限公司	宝应县
14	江苏坚威防护工程科技有限公司	宝应县	49	扬州浪涛清环保科技有限公司	宝应县
15	江苏维尔电气有限公司	宝应县	50	江苏美霖铜业有限公司	宝应县
16	江苏银宝专用车有限公司	宝应县	51	江苏上阳金属新材料有限公司	宝应县
17	骏升科技(扬州)有限公司	宝应县	52	扬州宝达橡塑制品有限公司	宝应县
18	江苏众如金属科技有限公司	宝应县	53	江苏伟恒玻璃制造有限公司	宝应县
19	扬州沪远绳网有限公司	宝应县	54	江苏明智车业有限公司	宝应县
20	扬州瑞福智能科技有限公司	宝应县	55	扬州市品冠机械有限公司	宝应县
21	扬州宝珠电器有限公司	宝应县	56	扬州轩业电热电器有限公司	宝应县
22	扬州宇新管业有限公司	宝应县	57	扬州市华烨金属制品有限公司	宝应县
23	扬州欣金禾钢业科技有限公司	宝应县	58	扬州星汉玻璃工艺品有限公司	宝应县
24	江苏宝珠电器科技有限公司	宝应县	59	扬州市凤鸣电缆有限公司	宝应县
25	阿斯塔导线有限公司	宝应县	60	扬州市德友线缆有限公司	宝应县
26	江苏宝源高新电工有限公司	宝应县	61	扬州市飞鹰电子科技有限公司	宝应县
27	扬州苏昌机电有限公司	宝应县	62	江苏安胜电缆有限公司	宝应县
28	江苏德尔森汽车有限公司	宝应县	63	江苏润集科技有限公司	宝应县
29	江苏利德尔新材料科技有限公司	宝应县	64	扬州中宝药业股份有限公司	宝应县
30	江苏宝杰隆电磁线有限公司	宝应县	65	江苏锋驰汽车车身制造有限公司	宝应县
31	江苏爱利多印机科技有限公司	宝应县	66	扬州松德电器科技有限公司	宝应县
32	扬州千裕电气有限公司	宝应县	67	江苏钧骋车业有限公司	宝应县
33	扬州通华电气有限公司	宝应县	68	江苏华宝电气有限公司	宝应县
34	江苏浩斯电器科技有限公司	宝应县	69	扬州展鹏肥业有限公司	宝应县
35	江苏欧展科技有限公司	宝应县	70	扬州天成水处理设备工程有限公司	宝应县

15－1　续表 1

序号	企业名称	地区	序号	企业名称	地区
71	扬州维工科技有限公司	高邮市	106	扬州虹光生物科技有限公司	高邮市
72	江苏绿科生物技术有限公司	高邮市	107	江苏赛鸥电气集团有限公司	高邮市
73	扬州戴卡轮毂制造有限公司	高邮市	108	扬州市通明电器集团有限公司	高邮市
74	江苏传艺科技股份有限公司	高邮市	109	江苏恒日通新能源科技有限公司	高邮市
75	中科立民新材料（扬州）有限公司	高邮市	110	江苏晶品新能源科技有限公司	高邮市
76	扬州康派尔机械科技有限公司	高邮市	111	扬州市恒隆光电新能源有限公司	高邮市
77	高邮环流泵业有限公司	高邮市	112	江苏飞腾光电科技有限公司	高邮市
78	扬州市鸿信线路器材有限公司	高邮市	113	英莱特照明工程集团有限公司	高邮市
79	江苏富奇恒温设备有限公司	高邮市	114	扬州市海德灯业有限公司	高邮市
80	江苏领坤生物科技有限公司	高邮市	115	扬州市鹏泰鞋材有限公司	高邮市
81	扬州金快乐电源有限公司	高邮市	116	扬州宝诺金属制品有限公司	高邮市
82	扬州瑞斯乐复合金属材料有限公司	高邮市	117	扬州丰诚电力工程有限公司	高邮市
83	江苏欧力特能源科技有限公司	高邮市	118	扬州绿泉环保工程技术有限公司	高邮市
84	江苏聚冠新材料科技有限公司	高邮市	119	江苏华能电缆股份有限公司	高邮市
85	江苏胜帆电子科技有限公司	高邮市	120	扬州亿泰纺织有限公司	高邮市
86	扬州海地光电科技有限公司	高邮市	121	扬州润盈机械有限公司	高邮市
87	扬州和益电动工具有限公司	高邮市	122	扬州炳星机械有限公司	高邮市
88	扬州兴益机械有限公司	高邮市	123	扬州赛普润橡塑有限公司	高邮市
89	风帆（扬州）有限责任公司	高邮市	124	江苏金润龙科技股份有限公司	高邮市
90	江苏特福隆自控设备有限公司	高邮市	125	扬州赛普机电有限公司	高邮市
91	江苏欣宝科技股份有限公司	高邮市	126	江苏旺材科技有限公司	高邮市
92	扬州扬达新能源有限公司	高邮市	127	江苏腾武信息技术有限公司	高邮市
93	扬州申威光电器材有限公司	高邮市	128	扬州市东昇软件技术有限公司	高邮市
94	江苏国成光电科技有限公司	高邮市	129	江苏华美照明科技有限公司	高邮市
95	江苏恒天源照明集团有限公司	高邮市	130	扬州利宏碳纤维材料有限公司	高邮市
96	江苏宏飞光电集团有限公司	高邮市	131	扬州市欣达力不锈钢有限公司	高邮市
97	江苏睿力新能源科技有限公司	高邮市	132	江苏星浪光学仪器有限公司	高邮市
98	扬州市鑫通交通器材集团有限公司	高邮市	133	江苏卫星新材料股份有限公司	高邮市
99	扬州市光宇照明有限公司	高邮市	134	扬州市祥华新材料科技有限公司	高邮市
100	江苏运达交通照明有限公司	高邮市	135	江苏新鼎新材料有限公司	高邮市
101	扬州和镒金属制品有限公司	高邮市	136	扬州市明和机械有限公司	高邮市
102	江苏南洋铝业有限公司	高邮市	137	江苏永得智能标签科技有限公司	高邮市
103	扬州市立达树脂有限公司	高邮市	138	扬州市邮谊工具制造有限公司	高邮市
104	聚隆新材料科技（扬州）有限公司	高邮市	139	扬州科博新材料有限公司	高邮市
105	江苏良川科技发展有限公司	高邮市	140	扬州市高升机械有限公司	高邮市

15－1　续表2

序号	企业名称	地区	序号	企业名称	地区
141	江苏润华电缆股份有限公司	高邮市	176	扬州鼎明灯饰有限公司	高邮市
142	扬州京尚源机械制造有限公司	高邮市	177	江苏品汇照明工程有限公司	高邮市
143	扬州市瑞峰泵业制造有限公司	高邮市	178	江苏圆通电缆有限公司	高邮市
144	扬州实嘉电缆材料有限公司	高邮市	179	扬州昌祥新材料有限公司	高邮市
145	高邮市鼎天高分子材料有限公司	高邮市	180	江苏润仕达交通科技有限公司	高邮市
146	扬州市兴隆塑料有限公司	高邮市	181	高邮市灯具厂	高邮市
147	扬州市久盈精密主轴有限公司	高邮市	182	科盟能源(扬州)有限公司	仪征市
148	高邮市鑫顺机械制造有限公司	高邮市	183	江苏众成羽绒科技有限公司	仪征市
149	高邮市大江泵业有限公司	高邮市	184	仪征祥源动力供应有限公司	仪征市
150	高邮市迅达重型工程机械有限公司	高邮市	185	江苏同征新能源汽车零部件有限公司	仪征市
151	江苏浩明光电科技股份有限公司	高邮市	186	江苏擎宇化工科技有限公司	仪征市
152	扬州市艾力达机电制造有限公司	高邮市	187	江苏利得尔电机有限公司	仪征市
153	扬州弘跃机械有限公司	高邮市	188	仪征市恒泰无纺机械有限公司	仪征市
154	高邮市盛鑫消防科技有限公司	高邮市	189	江苏迅达线缆有限公司	仪征市
155	扬州市华胜机电制造有限公司	高邮市	190	扬州雄鸡电池有限公司	仪征市
156	扬州市金阳光铸造有限公司	高邮市	191	仪征市昌达粉末冶金制品有限公司	仪征市
157	高邮市新浪爱拓化工机械设备有限公司	高邮市	192	仪征恒运电器有限公司	仪征市
158	江苏安锦橡胶有限公司	高邮市	193	德丰环保科技(扬州)有限公司	仪征市
159	江苏润星辰机械制造有限公司	高邮市	194	扬州市苏明电器有限公司	仪征市
160	江苏天通源环保装备有限公司	高邮市	195	扬州安特自动化科技有限公司	仪征市
161	江苏顺达机械设备有限公司	高邮市	196	仪征威英化纤有限公司	仪征市
162	扬州市聚鑫机械有限公司	高邮市	197	江苏超达物流有限公司	仪征市
163	江苏富莱士机械有限公司	高邮市	198	江苏惠田科技开发有限公司	仪征市
164	扬州市慧宇科技有限公司	高邮市	199	仪征耀皮汽车玻璃有限公司	仪征市
165	扬州利凯机械制造有限公司	高邮市	200	奥林特电缆科技股份有限公司	仪征市
166	扬州蓝翔机电工程有限公司	高邮市	201	江苏风日石英科技有限公司	仪征市
167	扬州市神威机械设备有限公司	高邮市	202	扬州锦晟环保科技有限公司	仪征市
168	扬州汇力机械有限公司	高邮市	203	招商局金陵船舶(江苏)有限公司	仪征市
169	扬州润达气动液压成套设备有限公司	高邮市	204	江苏凌云恒晋汽车零部件有限公司	仪征市
170	扬州绿之源环保科技有限公司	高邮市	205	西门子电机(中国)有限公司	仪征市
171	江苏恩泰照明集团有限公司	高邮市	206	仪征纳环科技有限公司	仪征市
172	江苏省科华光电科技有限公司	高邮市	207	江苏瑞祥化工有限公司	仪征市
173	江苏赛特电气有限公司	高邮市	208	实友化工(扬州)有限公司	仪征市
174	江苏恒辉电气有限公司	高邮市	209	扬州天诗新材料科技有限公司	仪征市
175	江苏恒通照明集团有限公司	高邮市	210	扬州锦辉化纤有限公司	仪征市

15－1　续表 3

序号	企业名称	地区	序号	企业名称	地区
211	仪征易力土工合成材料有限公司	仪征市	246	江苏茂源勘测规划设计有限公司	仪征市
212	扬州杰嘉工业固废处置有限公司	仪征市	247	仪征市福斯特机械制造有限责任公司	仪征市
213	仪征市金坤防水材料有限公司	仪征市	248	扬州丽铂环保材料有限公司	仪征市
214	江苏赛格纺织机械有限公司	仪征市	249	江苏华旭环保股份有限公司	仪征市
215	扬州新乐新材料有限公司	仪征市	250	江苏海博纤维科技有限公司	仪征市
216	仪征元益光电科技有限公司	仪征市	251	江苏瑞格人造草坪有限公司	仪征市
217	仪征市联兴汽车配件制造有限公司	仪征市	252	江苏宝尔电子有限公司	仪征市
218	扬州合众电力工程有限公司	仪征市	253	扬州凹凸模具有限公司	仪征市
219	扬州市路安新型材料有限公司	仪征市	254	江苏祥鹤座椅有限公司	仪征市
220	江苏永迅电气有限公司	仪征市	255	扬州亿诺无纺有限公司	仪征市
221	扬州中矿建筑新材料科技有限公司	仪征市	256	扬州东升汽车零部件股份有限公司	仪征市
222	扬州飞翎合金科技有限公司	仪征市	257	扬州宏佳新材料有限公司	仪征市
223	扬州国光新材料有限公司	仪征市	258	江苏嘉鹤汽车内饰件有限公司	仪征市
224	扬州中天海绵有限公司	仪征市	259	扬州恒昌机械有限公司	仪征市
225	扬州华粮机械制造有限公司	仪征市	260	百纳德(扬州)电能系统股份有限公司	仪征市
226	扬州科宇电力有限公司	仪征市	261	仪征市澳星汽车配件有限公司	仪征市
227	扬州市海力精密机械制造有限公司	仪征市	262	仪征市万泉人造草坪有限公司	仪征市
228	仪征市新源新材料科技有限公司	仪征市	263	仪征威业油泵油嘴有限公司	仪征市
229	扬州添博汽车工装有限公司	仪征市	264	扬州市联众环保机械有限公司	仪征市
230	江苏仪征康普诺医疗器械有限公司	仪征市	265	科特龙流体科技(扬州)有限公司	仪征市
231	仪化东丽聚酯薄膜有限公司	仪征市	266	江苏杰瑞节能科技有限公司	仪征市
232	江苏华晟新型建筑科技有限公司	仪征市	267	仪征天华活塞环有限公司	仪征市
233	江苏红炭电子科技有限公司	仪征市	268	扬州润泰织物有限公司	仪征市
234	仪征常众汽车部件有限公司	仪征市	269	仪征市双亚活塞环有限公司	仪征市
235	亚新科凸轮轴(仪征)有限公司	仪征市	270	江苏纽拓体育装备有限公司	仪征市
236	仪征市四方建设工程检测有限公司	仪征市	271	扬州善鸿新能源发展有限公司	仪征市
237	仪征同舟汽车零部件有限公司	仪征市	272	江苏一万节能科技股份有限公司	仪征市
238	吉凯恩粉末冶金(仪征)有限公司	仪征市	273	江苏恒新源电气有限公司	仪征市
239	扬州四启环保设备有限公司	仪征市	274	扬州超越电子有限公司	仪征市
240	江苏双天汽车内饰材料有限公司	仪征市	275	江苏佳泰汽车配件有限公司	仪征市
241	扬州中电制氢设备有限公司	仪征市	276	扬州卓和医用材料有限公司	仪征市
242	江苏鲲博智行科技有限公司	仪征市	277	扬州进扬耐热钢有限公司	仪征市
243	扬州务园再生资源有限公司	仪征市	278	扬州广泰化纤有限公司	仪征市
244	扬州市苏源电器有限公司	仪征市	279	扬州日发干燥工程有限公司	仪征市
245	江苏中核华兴工程检测有限公司	仪征市	280	扬州卫航汽车有限公司	仪征市

15－1　续表4

序号	企业名称	地区	序号	企业名称	地区
281	扬州赛德房车有限公司	仪征市	316	扬州斯科迪冶金设备有限公司	江都区
282	扬州广润机械有限公司	仪征市	317	扬州业兴车业有限公司	江都区
283	扬州格瑞斯电气有限公司	仪征市	318	扬州昱辉钢业有限公司	江都区
284	江苏创鑫土工材料有限公司	仪征市	319	扬州泽金机械设备制造有限公司	江都区
285	江苏怡丽科姆新材料股份有限公司	仪征市	320	江苏赛诺格兰医疗科技有限公司	江都区
286	仪征玖盛机械有限公司	仪征市	321	江苏华光双顺机械制造有限公司	江都区
287	扬州诺得利纺织科技有限公司	仪征市	322	江苏诺德环保工程有限公司	江都区
288	江苏国鑫电气科技有限公司	仪征市	323	天嘉智能装备制造江苏股份有限公司	江都区
289	扬州中宏电力科技有限公司	仪征市	324	江苏六鑫科教仪器设备有限公司	江都区
290	仪征市恒盛机械有限公司	仪征市	325	江苏省金鑫安防设备有限公司	江都区
291	扬州市明峰弹簧有限公司	江都区	326	江苏维创散热器制造有限公司	江都区
292	扬州新瑞电气科技有限公司	江都区	327	扬州新河水工业设备有限公司	江都区
293	江苏飞达电器有限公司	江都区	328	江苏本峰新材料科技有限公司	江都区
294	扬州市拓博塑业有限公司	江都区	329	扬州市引江蓬帆制品有限公司	江都区
295	江都恒力设备制造有限公司	江都区	330	扬州市引江智能物流装备有限公司	江都区
296	扬州博泰冶金设备制造有限公司	江都区	331	扬州鑫宇电气有限公司	江都区
297	扬州禾盛制冷设备有限公司	江都区	332	江苏永祥液压设备有限公司	江都区
298	扬州鑫宝利金属制品有限公司	江都区	333	江苏昆泰科技有限公司	江都区
299	英联金属科技(扬州)有限公司	江都区	334	江苏亚力亚气动液压成套设备有限公司	江都区
300	江苏斯博尔建材设备有限公司	江都区	335	江苏茂林电力科技有限公司	江都区
301	扬州钰恒机械有限公司	江都区	336	扬州威德曼自动化科技有限公司	江都区
302	扬州金珠树脂有限公司	江都区	337	江苏扬瑞新型材料股份有限公司	江都区
303	江苏竣业过程机械设备有限公司	江都区	338	扬州市泰康动力科技有限公司	江都区
304	江苏易普莎自动化科技有限公司	江都区	339	扬州旭帆环保机械设备有限公司	江都区
305	江苏领驭电机有限公司	江都区	340	扬州春风船舶机械制造有限公司	江都区
306	扬州市鑫明机电有限公司	江都区	341	江苏博际喷雾系统股份有限公司	江都区
307	扬州市巨峰传动设备有限公司	江都区	342	胜赛思精密压铸(扬州)有限公司	江都区
308	江苏江扬建材机械有限公司	江都区	343	扬州市众和同盛包装材料有限公司	江都区
309	招商局金陵鼎衡船舶(扬州)有限公司	江都区	344	扬州市瑞晟机械铸造有限公司	江都区
310	江苏贵钰航空工业有限公司	江都区	345	扬州市华东动力机械有限公司	江都区
311	扬州市郭氏精密机械制造有限公司	江都区	346	巨鑫(江苏)新材料包装有限公司	江都区
312	江苏瑞久电力器材有限公司	江都区	347	扬州长运塑料技术股份有限公司	江都区
313	江苏苏奥电梯有限公司	江都区	348	江苏特威机床制造有限公司	江都区
314	扬州臻微生物技术有限公司	江都区	349	江苏广泓重工设备有限公司	江都区
315	扬州市开元轴承有限责任公司	江都区	350	扬州星晨电气有限公司	江都区

15－1　续表5

序号	企业名称	地区	序号	企业名称	地区
351	扬州市奥特瑞汽车电子科技有限公司	江都区	387	江苏金橡塑新材料有限公司	江都区
352	扬州纪扬机械设备有限公司	江都区	388	扬州双集机械有限公司	江都区
353	扬州威远机械制造有限公司	江都区	389	扬州一丰铜业有限公司	江都区
354	扬州北方三山工业陶瓷有限公司	江都区	390	扬州兄联焊业科技有限公司	江都区
355	江苏润扬船业有限公司	江都区	391	江苏塑奇环保设备有限公司	江都区
356	扬州市昌盛车业有限公司	江都区	392	扬州苏沃工具有限公司	江都区
357	扬州吉新光电有限公司	江都区	393	扬州市众达气弹簧有限公司	江都区
358	江苏华江祥瑞现代建筑发展有限公司	江都区	394	扬州荣安消防器材有限公司	江都区
359	扬州江海制笔有限公司	江都区	395	扬州金森光电材料有限公司	江都区
360	万徽精密科技(扬州)有限公司	江都区	396	扬州睿德石油机械有限公司	江都区
361	江苏旭氟新材料有限公司	江都区	397	江苏峰业环境科技集团股份有限公司	江都区
362	扬州明庆气动科技有限公司	江都区	398	扬州市瑞尚机械制造有限公司	江都区
363	江苏迅维电子科技有限公司	江都区	399	江苏渌东智能机械有限公司	江都区
364	江苏振世达新能汽车有限公司	江都区	400	扬州沃尔特机械有限公司	江都区
365	江苏新纪元电器科技有限公司	江都区	401	扬州郎康汽车水性涂料有限公司	江都区
366	扬州市虹安消防装备有限公司	江都区	402	扬州市中润模板有限公司	江都区
367	扬州嘉坤新能源有限公司	江都区	403	扬州国丰机械工程有限公司	江都区
368	江苏科诺锅炉有限公司	江都区	404	扬州瑞阳化工有限责任公司	江都区
369	扬州德威尔汽车减震器有限公司	江都区	405	江苏锦秀高压电器有限公司	江都区
370	扬州新纪元电器有限责任公司	江都区	406	江苏腾达环境工程有限公司	江都区
371	扬州海鹰机械有限公司	江都区	407	江苏盛华电气有限公司	江都区
372	扬州创盟自行车配件有限公司	江都区	408	扬州鑫宝电气有限公司	江都区
373	扬州市华光双瑞实业有限公司	江都区	409	江苏永春环境工程有限公司	江都区
374	江苏苏华泵业有限公司	江都区	410	鑫龙立新材料扬州有限公司	江都区
375	江苏鼎嘉机械设备科技有限公司	江都区	411	扬州开岑机械制造有限公司	江都区
376	扬州宝宣机械有限公司	江都区	412	扬州市侨星体育器材有限公司	江都区
377	江苏雄跃科技有限公司	江都区	413	扬州市正浩液压机械设备有限公司	江都区
378	江苏曙旭机械有限公司	江都区	414	扬州悦发电气有限公司	江都区
379	江苏春都钢结构工程有限公司	江都区	415	江苏凯捷机械制造有限公司	江都区
380	江苏瑞翔电器有限公司	江都区	416	江苏海曼特电气有限公司	江都区
381	江苏贝克莱恩环境工程有限公司	江都区	417	扬州宏诚冶金设备有限公司	江都区
382	扬州飞亚力体育用品有限公司	江都区	418	江苏天和制药有限公司	江都区
383	扬州盛强薄膜材料有限公司	江都区	419	江苏新天鸿集团有限公司	江都区
384	扬州新达再生资源科技有限公司	江都区	420	扬州汇丰科新动力设备有限公司	江都区
385	扬州江宇刃具有限公司	江都区	421	扬州市欣欣冶金设备制造有限公司	江都区
386	扬州兄联冶金科技有限公司	江都区	422	江苏揽月工程科技发展股份有限公司	江都区

15－1　续表6

序号	企业名称	地区	序号	企业名称	地区
423	江苏一重数控机床有限公司	江都区	459	扬州女神客车有限公司	江都区
424	江苏舜天国际集团江都工具有限公司	江都区	460	江苏一驰环保设备有限公司	江都区
425	扬州宏运车业有限公司	江都区	461	扬州东江矿用器材有限公司	江都区
426	江苏神州新能源电力有限公司	江都区	462	扬州孚泰电气有限公司	江都区
427	扬州阔图制冷设备有限公司	江都区	463	江苏威特斯锅炉制造有限公司	江都区
428	扬州市振东电力器材有限公司	江都区	464	扬州市三药制药有限公司	江都区
429	扬州宏昌重工机械有限公司	江都区	465	江苏百威发电设备有限公司	江都区
430	瑞轩自动化科技(扬州)有限公司	江都区	466	江苏恒锋源机械科技有限公司	江都区
431	江苏蓝图机械制造有限公司	江都区	467	扬州龙创金属科技有限公司	江都区
432	扬州宇创水利设备有限公司	江都区	468	扬州三邦生物工程有限公司	江都区
433	江苏金浦莱希仪表有限公司	江都区	469	扬州龙辉石油技术有限公司	江都区
434	扬州三水水务设备有限公司	江都区	470	扬州米亚电气有限公司	江都区
435	江苏省新华中自动化设备有限公司	江都区	471	江苏华浩液压设备有限公司	江都区
436	扬州市博超机电设备有限公司	江都区	472	扬州清雨环保设备工程有限公司	江都区
437	江苏欣熠电力设备有限公司	江都区	473	江苏新地环境工程有限公司	江都区
438	扬州市双扬热处理有限公司	江都区	474	扬州市兴安橡塑制品有限公司	江都区
439	江苏天河水务设备有限公司	江都区	475	裕成电器有限公司	江都区
440	扬州市玉鑫合金制造有限公司	江都区	476	江苏苏淮环境工程有限公司	江都区
441	扬州汇丰仪表有限公司	江都区	477	江苏鼎集智能科技股份有限公司	邗江区
442	江苏搏斯威化工设备工程有限公司	江都区	478	扬州飞虎航空科技有限公司	邗江区
443	金世纪(江苏)智能科技有限公司	江都区	479	江苏点燃节能科技有限公司	邗江区
444	江苏金君泰车辆饰件科技有限公司	江都区	480	扬州中欧工业机器人有限公司	邗江区
445	扬州荣伟无纺布有限公司	江都区	481	扬州霞光光电有限公司	邗江区
446	扬州奥尔斯特机械有限公司	江都区	482	江苏美景时代环保科技有限公司	邗江区
447	扬州市新海食品机械有限公司	江都区	483	海博瑞电子(江苏)有限公司	邗江区
448	扬州宝良汽车系统有限公司	江都区	484	江苏镭视智能装备有限公司	邗江区
449	扬州宝祥节能科技有限公司	江都区	485	扬州曼朗机械有限公司	邗江区
450	扬州市凯尔环卫设备有限公司	江都区	486	扬州航飞精密机电有限公司	邗江区
451	金晨粉末涂料(江苏)有限公司	江都区	487	扬州市广源机械钣金有限公司	邗江区
452	扬州德高涂装设备有限公司	江都区	488	扬州天缘机械有限公司	邗江区
453	扬州德本智能科技有限公司	江都区	489	扬州市祥源电力设备有限公司	邗江区
454	扬州长海食品机械有限公司	江都区	490	扬州新光机械有限公司	邗江区
455	江苏涂博士新材料有限公司	江都区	491	扬州琼花涂装工程技术有限公司	邗江区
456	扬州森斯伯特保健用品有限公司	江都区	492	江苏和天下节能科技股份有限公司	邗江区
457	扬州立德粉末冶金有限公司	江都区	493	江苏群业电工有限公司	邗江区
458	江苏中天能源设备有限公司	江都区	494	扬州市中天机械制造有限公司	邗江区

15－1　续表7

序号	企业名称	地区	序号	企业名称	地区
495	江苏三中奇铭环保科技有限公司	邗江区	531	江苏亚华救生装备有限公司	邗江区
496	扬州峰明光电新材料有限公司	邗江区	532	悦诚（扬州）新材料有限公司	邗江区
497	扬州东风汽车车身有限公司	邗江区	533	麦格特电机江苏有限公司	邗江区
498	扬州紫王优卫科技有限公司	邗江区	534	中曼科技江苏有限公司	邗江区
499	扬州云易信息技术有限公司	邗江区	535	淮柴动力（江苏）有限公司	邗江区
500	扬州创联测控设备有限公司	邗江区	536	江苏大秦新能源科技有限公司	邗江区
501	江苏省阿珂姆野营用品有限公司	邗江区	537	扬州市华源模具科技有限公司	邗江区
502	扬州国电通用电力机具制造有限公司	邗江区	538	扬州志程机械锻造有限公司	邗江区
503	扬州碧源人防工程有限公司	邗江区	539	扬州欣瑞座椅有限公司	邗江区
504	扬州飞天弹簧有限公司	邗江区	540	扬州市恒阳机电制造有限公司	邗江区
505	扬州市亚王曲轴厂	邗江区	541	扬州方舟环保设备有限公司	邗江区
506	扬州盛鸿机械有限公司	邗江区	542	江苏双盛锌业股份有限公司	邗江区
507	艾博白云电气技术（扬州）有限公司	邗江区	543	扬州扬子新型建材科技有限公司	邗江区
508	江苏康芯微电子科技有限公司	邗江区	544	扬州晶玖汽车配件有限公司	邗江区
509	扬州润泽液压有限公司	邗江区	545	扬州丽华汽车内饰件有限公司	邗江区
510	江苏华创线缆有限公司	邗江区	546	扬州嘉吉机械有限公司	邗江区
511	江苏沃之源电力技术有限公司	邗江区	547	扬州华露机电制造有限公司	邗江区
512	扬州国润半导体科技有限公司	邗江区	548	扬州智能科技有限公司	邗江区
513	扬州乐军电子科技有限公司	邗江区	549	江苏中韵景观规划设计有限公司	邗江区
514	扬州鑫源钣焊机械有限公司	邗江区	550	扬州加润消失模科技有限公司	邗江区
515	扬州金艺娱乐用品有限公司	邗江区	551	扬州金圆化工设备有限公司	邗江区
516	上海新亚药业邗江有限公司	邗江区	552	扬州市金亚达钣金制造有限公司	邗江区
517	江苏迪业检测科技有限公司	邗江区	553	扬州虹扬科技发展有限公司	邗江区
518	江苏丰尚钢板仓工程有限公司	邗江区	554	江苏玉清新能源科技有限公司	邗江区
519	江苏诺明哲天医学检验实验室有限公司	邗江区	555	江苏优品电气有限公司	邗江区
520	扬州维邦园林机械有限公司	邗江区	556	江苏坤辰科技有限公司	邗江区
521	江苏威伦智能电气设备有限公司	邗江区	557	扬州市邗江金利德机械有限公司	邗江区
522	扬州爱迪秀自动化科技有限公司	邗江区	558	潍柴（扬州）亚星新能源商用车有限公司	邗江区
523	扬州德云电气设备集团有限公司	邗江区	559	扬州三阳科技有限公司	邗江区
524	江苏苏美达铝业有限公司	邗江区	560	江苏海博流体控制有限公司	邗江区
525	扬州莱特斯婴童用品有限公司	邗江区	561	扬州勇发机械制造有限公司	邗江区
526	扬州市伏尔坎机械制造有限公司	邗江区	562	江苏远腾智能装备有限公司	邗江区
527	扬州市普锐泰新材料有限公司	邗江区	563	扬州奥特康家居制造有限公司	邗江区
528	扬州柯尼克机械科技有限公司	邗江区	564	扬州中汇生物技术有限公司	邗江区
529	国药集团扬州威克生物工程有限公司	邗江区	565	扬州佳境环境科技股份有限公司	邗江区
530	江苏丰和隧道设备有限公司	邗江区	566	江苏高标阀门有限公司	邗江区

15－1　续表8

序号	企业名称	地区	序号	企业名称	地区
567	扬州中天利新材料股份有限公司	邗江区	603	江苏舜佳智能科技有限公司	邗江区
568	扬州力齐机械有限公司	邗江区	604	扬州瑞能电器设备有限公司	邗江区
569	扬州丰源车身制造有限公司	邗江区	605	扬州市坤泽机械制造有限公司	邗江区
570	江苏振华新云电子有限公司	邗江区	606	扬州润发橡塑有限公司	邗江区
571	江苏威斯特环保冶金工程有限公司	邗江区	607	扬州市杰玛汽车部件有限公司	邗江区
572	扬州维益电力机具有限公司	邗江区	608	扬州市安源金属制品有限公司	邗江区
573	江苏友润微电子有限公司	邗江区	609	扬州市紫金潮橡塑有限公司	邗江区
574	扬州优邦生物药品有限公司	邗江区	610	扬州赛创新材料科技有限公司	邗江区
575	江苏神州半导体科技有限公司	邗江区	611	扬州东仑工业设备有限公司	邗江区
576	扬州瑞通电力机具制造有限公司	邗江区	612	扬州诺亚机械有限公司	邗江区
577	扬州金桃化工设备有限公司	邗江区	613	江苏博利源机械有限公司	邗江区
578	江苏弗莱迪斯汽车系统有限公司	邗江区	614	扬州市揽坤电气有限公司	邗江区
579	扬州中德汽车零部件有限公司	邗江区	615	兰控阀门执行器江苏有限公司	邗江区
580	扬州奇盛电力设备有限公司	邗江区	616	扬州万德福机电设备成套工程有限公司	邗江区
581	扬州泰鹏冷却器有限公司	邗江区	617	江苏苏达阀门制造有限公司	邗江区
582	扬州东兴印刷包装有限公司	邗江区	618	江苏联能电子技术有限公司	邗江区
583	扬州名门机械制造有限公司	邗江区	619	扬州三源机械有限公司	邗江区
584	江苏安控电气有限公司	邗江区	620	扬州市趣讯网络科技有限公司	邗江区
585	扬州源升机械有限公司	邗江区	621	扬州润沃科技有限公司	广陵区
586	扬州市超能电动阀门有限公司	邗江区	622	扬州翰昇汽车配件有限公司	广陵区
587	江苏建霖环保科技有限公司	邗江区	623	江苏科迈液压控制系统有限公司	广陵区
588	江苏方诚环保科技有限公司	邗江区	624	扬州巨人机械有限公司	广陵区
589	扬州大长江环保科技有限公司	邗江区	625	扬州镭奔激光科技有限公司	广陵区
590	扬州牧丰环保机械有限公司	邗江区	626	扬州超人运动器材有限公司	广陵区
591	扬州扬福科技有限公司	邗江区	627	江苏祥瑞港机设备有限公司	广陵区
592	江苏开锐德机械有限公司	邗江区	628	扬州统一机械有限公司	广陵区
593	扬州福荣五金工具有限公司	邗江区	629	扬州集英环卫设备科技有限公司	广陵区
594	江苏正鼎重工有限公司	邗江区	630	江苏扬杰润奥半导体有限公司	广陵区
595	扬州欣恒泰环境科技有限公司	邗江区	631	江苏省水利机械制造有限公司	广陵区
596	扬州海翔电力科技有限公司	邗江区	632	扬州鑫渔纺织机械有限公司	广陵区
597	江苏赛迪乐节能科技有限公司	邗江区	633	扬州市银焰机械有限公司	广陵区
598	江苏博一环保科技有限公司	邗江区	634	施博尔集团股份有限公司	广陵区
599	江苏盛天人防工程防护设备有限公司	邗江区	635	江苏合瑞精密制造有限公司	广陵区
600	江苏辛普森新能源有限公司	邗江区	636	扬州盛世模塑科技有限公司	广陵区
601	扬州惠民再生资源有限公司	邗江区	637	扬州莱斯信息技术有限公司	广陵区
602	扬州鹏顺散热器有限公司	邗江区	638	江苏炬烽热能科技有限公司	广陵区

15－1　续表9

序号	企业名称	地区	序号	企业名称	地区
639	江苏汇诚医疗科技有限公司	广陵区	675	江苏华洲电气有限公司	开发区
640	江苏华东医疗器械实业有限公司	广陵区	676	江苏华乐电气有限公司	开发区
641	江苏亚光医疗器械有限公司	广陵区	677	江苏舜大新能源科技有限公司	开发区
642	江苏润德线缆有限公司	广陵区	678	扬州航盛科技有限公司	开发区
643	江苏海德医学科技股份有限公司	广陵区	679	中航宝胜海洋工程电缆有限公司	开发区
644	江苏东贝通信科技有限公司	广陵区	680	新纤应用材料(江苏)有限公司	开发区
645	江苏威茂医疗科技有限公司	广陵区	681	晶澳(扬州)新能源有限公司	开发区
646	江苏汉昇线缆科技有限公司	广陵区	682	扬州万盛实业有限公司	开发区
647	中铁宝桥(扬州)有限公司	广陵区	683	扬州威凯莱光电仪器有限责任公司	开发区
648	扬州恒润海洋重工有限公司	广陵区	684	海容装备(扬州)有限公司	开发区
649	扬州一川镍业有限公司	广陵区	685	江苏兆智建筑科技有限公司	开发区
650	扬州发特利医疗器械科技有限公司	广陵区	686	扬州华宇电缆有限公司	开发区
651	扬州春天线缆有限公司	广陵区	687	扬州海通电子科技有限公司	开发区
652	扬州秋源压力容器制造有限公司	广陵区	688	扬州海科电子科技有限公司	开发区
653	凯仕勒光电智能科技(江苏)有限公司	广陵区	689	扬州美德莱医疗用品股份有限公司	开发区
654	扬州纪元纺织有限公司	广陵区	690	扬州众力金属制造有限公司	开发区
655	江苏欧亚立日化有限公司	广陵区	691	扬州万泰电子科技有限公司	开发区
656	扬州巨康家具辅料有限公司	广陵区	692	扬州阿波罗蓄电池有限公司	开发区
657	扬州斯大锅炉有限公司	广陵区	693	江苏惠泽润尔能源科技有限公司	开发区
658	江苏扬州合力橡胶制品有限公司	广陵区	694	扬州恒众精密机械有限公司	开发区
659	江苏净道科技有限公司	广陵区	695	扬州耐拓软件有限责任公司	开发区
660	扬州灯泡有限公司	广陵区	696	扬州德道市政设计院有限公司	开发区
661	江苏凡尚信息科技有限公司	广陵区	697	扬州天辉实验室装备环保工程有限公司	开发区
662	江苏城乡空间规划设计研究院有限责任公司	开发区	698	扬州明伟铝业有限公司	开发区
663	扬州国扬电子有限公司	开发区	699	江苏宏图远景科技有限公司	开发区
664	扬州力德工程技术有限公司	开发区	700	江苏王牌动力科技有限公司	开发区
665	扬州中科半导体照明有限公司	开发区	701	扬州银洲机械有限公司	开发区
666	江苏油田矿业开发有限公司	开发区	702	扬州致享网络科技有限公司	生态科技新城
667	扬州新概念电气有限公司	开发区	703	扬州倍加洁日化有限公司	生态科技新城
668	扬州亚琪汽车部件有限公司	开发区	704	扬州澳博日化有限公司	生态科技新城
669	扬州恒新座椅有限公司	开发区	705	江苏罗来雅实业股份有限公司	生态科技新城
670	扬州东大环保有限公司	开发区	706	扬州哈工博视科技有限公司	生态科技新城
671	海信容声(扬州)冰箱有限公司	开发区	707	江苏金材科技有限公司	生态科技新城
672	扬州新菱电器有限公司	开发区	708	两面针(江苏)实业有限公司	生态科技新城
673	江苏多肯新材料有限公司	开发区	709	扬州金运汽配有限公司	生态科技新城
674	江苏谷瑞斯机电工程有限公司	开发区	710	扬州万福压力容器有限公司	生态科技新城

15－2　全市专利申请受理量及授权量

单位:项

年　份	授权量	发　明	实用新型	外观设计
1986	16	1	14	1
1987	41		40	1
1988	45		40	5
1989	43	3	38	2
1990	52	2	38	12
1991	51	4	41	6
1992	101		97	4
1993	76	1	64	11
1994	118		106	12
1995	93		75	18
1996	119	1	95	23
1997	152	2	106	44
1998	178	1	133	44
1999	287	4	182	101
2000	289	6	178	105
2001	226	14	142	70
2002	380	6	229	145
2003	714	15	317	382
2004	733	18	381	334
2005	895	31	410	454
2006	1189	54	672	463
2007	1577	81	944	552
2008	2003	106	1107	790
2009	2524	167	1257	1100
2010	3790	214	2300	1276
2011	5344	284	2449	2611
2012	8091	482	3200	4409
2013	11416	406	4024	6986
2014	11843	467	3787	7589
2015	13948	754	4994	8200
2016	13253	738	4834	7681
2017	14214	996	5022	8196
2018	22804	1346	9976	11482
2019	18736	1345	11600	5791
2020	28486	1490	21593	5403
2021	28942	1948	22500	4494
2022	23219	2543	18148	2528

十六

教育、文化和卫生

编辑:王敏

16－1　主要年份在校生人数

单位:万人

年　份	普通本专科	普通中学	小　　学
1980	0.66	22.06	61.88
1981	0.63	20.29	57.54
1982	0.53	20.27	52.98
1983	0.61	20.30	49.44
1984	0.78	21.03	46.95
1985	1.05	21.46	45.02
1986	1.17	21.09	45.22
1987	1.24	20.27	43.59
1988	1.34	19.23	42.24
1989	1.33	19.04	40.24
1990	1.34	19.48	37.62
1991	1.30	19.89	34.84
1992	1.39	20.35	32.09
1993	1.61	19.86	31.09
1994	1.77	19.65	31.26
1995	1.81	19.12	32.31
1996	1.89	18.18	34.86
1997	2.12	17.02	37.42
1998	2.31	16.62	38.71
1999	2.55	17.85	38.43
2000	3.07	19.99	37.51
2001	3.41	22.43	36.08
2002	4.07	24.84	33.39
2003	4.74	26.61	30.76
2004	5.30	27.19	28.58
2005	5.91	26.41	26.57
2006	6.98	25.90	25.18
2007	7.61	25.22	24.05
2008	7.85	24.69	23.42
2009	7.60	23.61	22.93
2010	7.33	22.25	22.74
2011	7.78	20.81	22.72
2012	7.26	19.79	22.44
2013	7.64	19.02	22.06
2014	7.53	18.42	21.88
2015	7.56	17.88	21.63
2016	7.44	17.56	21.26
2017	8.28	17.50	21.05
2018	7.90	17.51	21.45
2019	8.70	17.58	21.90
2020	9.92	17.67	22.26
2021	10.75	17.61	22.78
2022	11.27	17.40	23.17

16－2　各级各类教育事业情况

（2022 年）　　单位：人

项　　目	学校数（所）	毕业生数	招生数	在校学生数	专任教师
普通高等学校	8	29312	36336	112722	5854
中等职业教育学校	9	9601	9355	29160	2105
普通中学学校	165	58979	57734	174048	16887
#高中	32	24049	23006	70469	6724
初中	133	34930	34728	103579	10163
技工学校	12	5894	9547	23592	1519
普通小学	195	34793	38506	231675	15070
特殊教育学校	7	166	119	933	208
幼儿园	384			103151	7514

16－3　分地区中、小学情况

（2022 年）

项　　目	全 市	市 区	广 陵	邗 江	江 都	宝 应	仪 征	高 邮
学校数(个)								
普通中学学校数	165	89	13	20	36	30	20	26
#高中	32	18	2	4	6	5	4	5
初中	133	71	11	16	30	25	16	21
普通小学学校数	195	93	19	22	46	35	29	38
专任教师数(人)								
普通中学	16887	9452	817	2152	3454	2997	1993	2445
#高中	6724	3671	217	878	1388	1221	784	1048
初中	10163	5781	600	1274	2066	1776	1209	1397
普通小学	15070	8995	2407	3230	2696	2286	1678	2111
在校学生数(人)								
普通中学	174048	102930	6139	22297	33562	28939	19163	23016
#普通中学女生在校生人数	81939	48561	2807	10512	16166	12941	9186	11251
#高中	70469	40511	2222	9153	14443	12309	7952	9697
初中	103579	62419	3917	13144	19119	16630	11211	13319
普通小学	231675	143970	38367	54949	40159	32691	25364	29650
#普通小学女生在校学生数	109493	67619	17768	25816	18982	15272	12159	14443

16-4　分地区幼儿教育情况

(2022年)

项　目	全市	市区	广陵	邗江	江都	宝应	仪征	高邮
幼儿园数(所)	384	212	50	72	71	58	46	68
在园幼儿数(人)	103151	63886	15214	25310	17800	13165	12165	13935
幼儿园教职工数(人)	7514	4491	1095	1774	1243	1093	930	1000

16-5　文体事业基本情况

(2022年)

项　目	单位	全市	市区	江都	宝应	仪征	高邮
广播覆盖率	%	100	100	100	100	100	100
电视覆盖率	%	100	100	100	100	100	100
剧场、影剧院数	个	7	5	1	0	1	1
公共图书馆	个	8	5	1	1	1	1
公共图书馆图书总藏量	千册、件	6539	4214	479	320	1488	517
博物馆数	个	17	10	1	2	1	4
体育场馆数	个	55	30	7	5	14	6

16－6　宗教事业基本情况

（2022 年）

项　　目	全　市	市　区		宝　应	仪　征	高　邮
			江　都			
宗教活动场所（处）	**233**	**96**	**49**	**54**	**34**	**49**
佛教	135	51	32	35	19	30
道教	4	1			1	2
基督教	84	40	16	18	13	13
天主教	2	1				1
伊斯兰	8	3	1	1	1	3
教职人员（名）	433	284	93	33	48	68

16－7　分地区卫生事业情况

（2022 年）

项　　目	单　位	全 市	市 区				宝 应	仪 征	高 邮
				广 陵	邗 江	江 都			
医疗卫生机构数	个	1926	1147	247	487	413	340	184	255
#医院数	个	95	62	18	27	17	15	8	10
卫生院数	个	57	19	3	4	12	14	10	14
医疗卫生机构床位数	张	27438	16954	5857	5948	5149	3609	3043	3832
#医院床位数	张	20123	13136	4465	5077	3594	2119	2395	2473
卫生院床位数	张	4321	1537	161	148	1228	1241	518	1025
卫生技术人员数	人	33475	20783	6810	8091	5882	4490	4134	4068
#执业（助理）医师数	人	13538	8201	2612	3207	2382	1822	1733	1782
注册护士数	人	13962	9039	3105	3531	2403	1754	1540	1629

16－8　主要年份卫生事业情况

年　份	卫生机构数（个）	卫生机构床位数（张）	卫生技术人员数（人）		
				执业（助理）医师数	注册护士数
1980	647	7497	9696	4180	
1985	731	8469	11827	5104	
1990	805	10010	13707	6309	
1991	816	10008	14149	6389	
1992	800	9548	14641	6787	
1993	793	10607	14962	6945	
1994	793	10777	15336	7001	
1995	788	10937	16204	7335	
1996	789	10482	16276	7552	
1997	938	10631	16665	7842	
1998	936	10679	16801	7967	
1999	762	10663	16179	7433	
2000	756	10506	16347	7595	
2001	743	10560	16235	7516	
2002	872	10929	15043	6447	
2003	890	10864	15247	6574	
2004	1140	10991	14788	6417	
2005	1208	11765	15269	7003	
2006	1351	13074	16509	7571	
2007	2100	13646	20589	7640	
2008	2043	13318	21489	7450	
2009	2046	14464	22409	7874	
2010	2028	14685	22826	7881	
2011	1982	15281	23272	8066	
2012	1903	15853	21087	8818	
2013	1815	19202	22464	9276	
2014	1782	19765	23338	9491	9382
2015	1780	20121	26419	9826	9938
2016	1787	20683	27213	10405	10406
2017	1756	15261	28609	10872	11336
2018	1813	23355	29202	11209	11659
2019	1890	24994	30936	12557	12109
2020	1964	26316	30964	13203	12800
2021	1899	26998	31897	13097	13386
2022	1926	27438	33475	13538	13962

十七

其他社会事业

编辑:王敏

17－1　社会福利事业基本情况

（2022 年）

项　　目	单位	全　市	市　区	江　都	宝　应	仪　征	高　邮
社会福利院							
院　　数	个	5	3	1		1	1
职工人数	人	239	123	45		31	85
年末床位数	张	1312	831	481		170	311
年末收养人员	人	481	275	112		43	163
儿童福利院							
院　　数	个	1					
职工人数	人	51					
年末床位数	张	50					
年末收养人员	人	42					
城市养老服务机构							
院　　数	个	41	25	5	5	5	6
职工人数	人	1094	757	256	53	103	181
年末床位数	张	7744	4599	1375	779	900	1466
年末收养人员	人	3220	2324	656	174	223	499
农村养老服务机构							
院　　数	个	72	30	15	16	13	13
职工人数	人	836	372	181	142	200	122
年末床位数	张	15625	5323	3778	3673	3338	3291
年末收养人员	人	3277	1142	744	757	602	776

17－2　城乡居民最低生活保障情况

（2022 年）　　单位：人、万元

项　　目	全 市	市 区	江 都	宝 应	仪 征	高 邮
城镇居民最低生活保障人数	1801	1072	229	285	234	210
#在职人员	21	21	4			
老年人	606	337	108	76	96	97
灵活就业人员	192	160	54	15	5	12
失业人员	115	115	14			
在校生	124	68	7	30	26	
其他人员	39	21		4		14
农村居民最低生活保障人数	11777	3506	2029	4564	1538	2169
#农村五保户人数	17795	6502	4129	4230	2775	4288
集中供养的五保户人数	2772	827	529	697	437	811
分散供养的五保户人数	15023	5675	3600	3533	2338	3477
城镇居民最低生活保障资金	1525.09	960	196.52	199.98	180.93	184.18
农村居民最低生活保障资金	8265.26	2660.01	1556.02	2965.51	1068.48	1571.26

17－3　社会保障情况

（2022 年）

项　　目	单　位	全　市	邗　江	江　都
城镇职工基本养老保险参保人数	人	1845826	261353	341423
#企业职工基本养老保险参保人数	人	1692632	245990	311875
在职参保人数	人	1140754	183030	204292
离退休人数	人	551878	62960	107583
#机关事业单位养老保险参保人数	人	153194	15363	29548
在职参保人数	人	91593	9790	17113
退休人数	人	61601	5573	12435
城乡居民基本养老保险参保人数	人	1387659	83427	354216
#参保人数	人	642974	30773	154000
#待遇享受人数	人	744685	52654	200216
失业保险参保人数	人	802032	129584	118770
工伤保险参保人数	人	992909	162715	158600
生育保险参保人数	人	940031	127520	169141
基本医疗保险参保人数	人	4264436	496214	882466
#城乡居民基本医疗保险参保人数	人	2568648	301127	585969
城镇职工基本医疗保险参保人数	人	1695788	195087	296497

17－3　续表　　　　（2022 年）

项　　目	单　位	宝　应	仪　征	高　邮
城镇职工基本养老保险参保人数	人	201896	209384	243419
#企业职工基本养老保险参保人数	人	178853	190957	219538
在职参保人数	人	120324	126579	155665
离退休人数	人	58529	64378	63873
#机关事业单位养老保险参保人数	人	23043	18427	23881
在职参保人数	人	13480	11473	13299
退休人数	人	9563	6954	10582
城乡居民基本养老保险参保人数	人	379586	154792	341906
#参保人数	人	202470	62065	171002
#待遇享受人数	人	177116	92727	170904
失业保险参保人数	人	75117	92960	88474
工伤保险参保人数	人	98130	118622	110038
生育保险参保人数	人	84539	109192	96940
基本医疗保险参保人数	人	710479	509147	701189
#城乡居民基本医疗保险参保人数	人	524521	312797	480548
城镇职工基本医疗保险参保人数	人	185958	196350	220641

17－4 司法工作情况

项目	2014 年	2015 年	2016 年	2017 年	2018 年	2019 年	2020 年	2021 年	2022 年
律师工作									
律师事务所(所)	58	61	69	77	84	96	99	102	106
执业律师(人)	692	735	787	883	912	1044	1507	1652	1797
担任法律顾问(家)	4177	2711	2742	3148	3358	3734	4002	3985	4125
民事案件诉讼代理(件)	8249	10446	13590	18915	21086	28673	24644	25363	31225
刑事诉讼辩护及代理(件)	1114	1421	1317	1589	1924	3547	3077	2737	2223
非诉讼法律事务(件)	1582	570	729	795	552	1167	1966	3445	2198
咨询和代写法律文书(件)	17483	11999	14917	13504	11180	12512	3623	4833	2462
行政诉讼(件)	102	297	260	572	537	756	1053	949	1089
公证工作									
公证机构(个)	7	7	7	7	8	8	8	8	8
公证人员(人)	86	89	93	97	112	116	104	107	95
公证员(人)	40	41	39	45	46	47	41	44	41
助理公证员(人)	28	27	32	28	41	41	39	33	26
办理公证总数(件)	33265	35848	38712	47214	38233	43720	29101	30740	54779
办理国内公证文书(件)	21469	23660	26776	36035	27203	31298	23856	23920	46065
办理涉外及涉港澳台公证(件)	11796	12188	11936	11179	11030	12422	5245	6820	8714
司法鉴定工作									
司法鉴定机构(个)	7	8	8	8	7	7	6	6	6
司法鉴定人员(人)	93	98	118	117	116	95	89	88	88

17－4　续表

项　　目	2014 年	2015 年	2016 年	2017 年	2018 年	2019 年	2020 年	2021 年	2022 年
法律援助工作									
法律援助中心(个)	7	7	7	7	7	7	7	7	7
工作人员(人)	19	29	31	26	23	18	18	20	18
民事法律援助(起)	6195	6277	4490	4373	4491	5189	4117	4382	5352
刑事法律援助(起)	562	564	599	671	1050	1600	1468	1349	1224
接待来访咨询(件)	16979	8696	9933	9929	20717	6677	7436	7860	7424
人民调解工作									
调解组织(个)	2091	1823	2288	1650	1632	1562	1547	1549	1718
调解人员(人)	9914	7118	7310	4117	4192	3789	4910	4920	5004
调解纠纷总数(件)	13666	11881	11969	74497	92914	82490	83324	79016	68299
调解纠纷成功数(件)	13536	11748	11808	73935	92692	82452	83296	78759	68269
基层法律服务工作									
基层法律服务所(个)	100	100	94	94	91	93	93	93	93
基层法律工作者(人)	387	398	386	380	380	372	373	367	370
民事诉讼代理(件)	3685	4210	4653	5543	6898	4853	4411	4229	3510
民事非诉讼代理(件)	935	1056	1247	1392	1980	1251	1241	733	1083
担任法律顾问(家)	964	1121	1321	1505	1660	86	690	594	576
司法所(个)	**86**	**86**	**82**	**85**	**85**	**86**	**86**	**86**	**86**

十八

建设　环保

编辑:王敏

18－1 公用事业情况

（2022 年）

项　　目	单　位	全　市	市　区	宝　应	仪　征	高　邮
水资源总量	亿立方米	3.36	1.79	0.46	0.59	0.52
降水量	毫米	727	830	589	811	677
用水总量	亿立方米	38.38	19.90	7.01	4.48	7.00
公共供水总量	万立方米	37027	27625	2835	2403	4164
公共汽（电）车运营车辆数	辆	2566	2001	181	210	174
公共汽（电）车客运总量	万人次	5915	5036	179	343	356
出租汽车数	辆	3484	2461	163	601	259
供气总量（人工煤气、天然气）	万立方米	56203	26586	8338	12319	8959
#家庭用量	万立方米	20920	14088	1989	2747	2097
液化石油气供气总量	吨	34891	22294	2500	7134	2963
#家庭用量	吨	14267	8892	1145	2162	2068
城市道路面积	万平方米	5040	3418	541	640	442
排水管道长度	公里	4838	3765	425	249	399
年末公共供水管道长度	公里	6862	4479	722	1081	580
绿化覆盖面积	公顷	16565	10703	2217	1871	1774
建成区绿化覆盖面积	公顷	13596	8936	1621	1794	1245
建成区绿化覆盖率	%	45	45	43	46	43
绿地面积	公顷	14030	9617	1544	1676	1193
建成区绿地率	%	42	42	39	43	39
公园面积	公顷	2140	1922	68	122	28
森林覆盖率	%	24	24	21	30	23
污水处理厂数	座	8	4	1	1	2
污水处理率	%	95	96	94	93	93
污水处理厂集中处理率	%	92	92	94	93	93
无害化处理厂（场）数	座	9	4	3	0	2
生活垃圾无害化处理率	%	100	100	100	100	100

18－2　城市建设用地情况

（2022 年）　　单位:平方公里

项　　目	扬州市	市辖区	江都区	宝应县	仪征市	高邮市
建成区面积	305.37	198.94	44.27	38.15	39.28	29.00
城市现状建设用地面积	291.60	198.55	44.00	30.18	35.45	27.42
#居住用地	83.09	53.66	15.78	13.40	8.43	7.60
本年征用土地面积	7.58	1.71	1.71	2.04	3.83	

18－3　城市自来水情况(公共供水)

（2022 年）

项　　目	全　市	市　区	宝　应	仪　征	高　邮
综合生产能力(万立方米/日)	153	110	13	15	15
水厂个数	9	5	1	1	2
供水管道长度(公里)	6862.17	4478.85	722.45	1080.87	580
供水总量(万立方米)	37027.09	27625.12	2834.77	2403.4	4163.8
#售水量	32109.24	24631.49	2148.09	1733.86	3595.8
其中:生产运营用水	4572.83	2301.51	745	665.32	861
公共服务用水	4772.06	3542.29	146.42	188.35	895
居民家庭用水	9369.33	5962.51	1175.93	876.09	1354.8
其他用水	13395.02	12825.18	80.74	4.1	485
#免费供水量	444.89		249.84	123.05	72
其中:生活用水	323.72		249.84	1.88	72
#漏损水量	4472.96	2993.63	436.84	546.49	496
用水户数(户)	1161733	745073	146887	111098	158675
#家庭用户	1036700	674035	132901	84093	145671
用水人口(万人)	194.78	128.49	21.08	21.2	24.01

18－4　城市天然气、液化石油气情况

（2022 年）

项　　目	全　市	市　区	宝　应	仪　征	高　邮
天然气					
供气管道长度（公里）	6824.51	3552.20	884.37	672.30	1715.64
供气总量合计（万立方米）	56202.95	26586.44	8338.10	12319.41	8959.00
其中：销售气量	55583.34	26037.48	8337.48	12305.41	8902.97
#居民家庭	20920.47	14087.58	1989.32	2746.57	2097.00
其中：燃气损失量	619.61	548.96	0.62	14.00	56.03
用气户数（户）	962037.00	650534.00	90818.00	93640.00	127045.00
#家庭用户	944410.00	646691.00	90446.00	93323.00	113950.00
用气人口（万人）	181.39	119.48	19.16	19.58	23.17
天然气汽车加气站（座）	21	12	4	3	2
液化石油气					
供气总量合计（吨）	34890.61	22293.61	2500.00	7134.00	2963.00
其中：销售气量	34668.82	22091.61	2499.61	7117.50	2960.10
#居民家庭	14267.05	8892.42	1144.63	2162.00	2068.00
其中：燃气损失量	221.79	202.00	0.39	16.50	2.90
用气户数（户）	133501.00	97622.00	13476.00	8648.00	13755.00
#家庭用户	121352.00	90180.00	11914.00	8306.00	10952.00
用气人口（万人）	12.65	8.30	1.91	1.60	0.84

18－5　全市重点调查工业污染排放及处理利用情况

项　　目	单　位	2022年
一、企业基本情况		
1. 汇总工业企业数	个	595
2. 工业总产值(当年价格)	亿元	3371.52
3. 工业锅炉数	台/蒸吨	185/1380.79
4. 工业窑炉数	座	374
二、工业废水		
1. 废水治理设施数	套	431
2. 废水治理设施处理能力	万吨/日	35.06
3. 废水治理设施运行费用	万元	24836.47
4. 工业废水排放量	万吨	4952.46
#排入污水处理厂的	万吨	3206.51
5. 工业废水中污染物排放量		
(1)化学需氧量	吨	1562.54
(2)氨氮	吨	41.64
(3)总氮	吨	247.32
(4)总磷	吨	10.83
(5)石油类	吨	3.7
(6)挥发酚	千克	5.34
(7)氰化物	千克	19.38
(8)砷	千克	0.8
(9)铅	千克	21.66
(10)镉	千克	
(11)汞	千克	0.04
(12)总铬	千克	62.46
(13)六价铬	千克	27.41
三、工业废气		
1. 工业废气排放量	亿标立方米	4088.27

18－5　续表

项　　　目	单　位	2022 年
2. 废气治理设施数	套	1870
#:脱硫设施数	套	116
#:脱硝设施数	套	54
#:除尘设施数	套	659
#:VOCs 处理设施数	套	756
3. 废气治理设施处理能力	万标立方米/时	18428.3
4. 废气治理设施运行费用	万元	106489.03
5. 二氧化硫排放量	吨	3901.26
6. 氮氧化物排放量	吨	11195.56
7. 烟(粉)尘排放量	吨	4899.98
8. 挥发性有机物(VOCs)排放量	吨	9199.51
四、工业固体废物		
1. 一般工业固体废物产生量	万吨	621.66
2. 一般工业固体废物综合利用量	万吨	588.79
其中:综合利用往年贮存量	万吨	1.44
3. 一般工业固体废物处置量	万吨	33.54
其中:处置往年贮存量	万吨	0.92
4. 一般工业固体废物贮存量	万吨	1.69
5. 一般工业固体废物倾倒丢弃量	万吨	
6. 危险废物上年末贮存量	万吨	0.4
7. 危险废物产生量	万吨	21.78
8. 危险废物利用处置量	万吨	21.62
其中:利用处置往年贮存量	万吨	0.37
9. 危险废物本年末贮存量	万吨	0.55
10. 危险废物倾倒丢弃量	万吨	

18－6　环境保护基本情况

（2022 年）

项　　目	单　位	全　市	广　陵	邗　江	江　都	宝　应	仪　征	高　邮
废水排放总量	万吨	24851.67	134.24	1885.18	411.18	217.63	1871.51	473.36
其中：工业源	万吨	4952.46	134.24	1867.99	407.18	212.33	1870.78	459.94
生活源	万吨	19858.57						
集中式治理设施	万吨	40.65		17.19	4.00	5.30	0.73	13.43
化学需氧量（COD）排放量	吨	32037.15	201.12	687.57	165.49	100.72	290.89	143.14
其中：工业源	吨	1797.29	201.12	679.78	165.49	100.72	290.69	124.74
农业源	吨							
生活源	吨	30213.48						
集中式治理设施	吨	26.38		7.79			0.20	18.40
氨氮排放量	吨	998.51	6.86	22.57	4.47	3.34	1.57	3.92
其中：工业源	吨	46.78	6.86	21.62	4.47	3.34	1.57	3.79
农业源	吨							
生活源	吨	950.65						
集中式治理设施	吨	1.08		0.95				0.13
总磷排放量	吨	153.8	0.30	4.24	3.00	1.14	1.24	1.03
其中：工业源	吨	13.05	0.30	4.22	3.00	1.14	1.24	0.92
农业源	吨							
生活源	吨	140.62						
集中式治理设施	吨	0.13		0.02				0.11
废水治理设施数	套	431.00	26.00	68.00	113.00	65.00	79.00	80.00
废水治理设施处理能力	万吨/日	35.06	4.03	8.25	2.27	0.79	12.91	6.80
废水治理设施运行费用	万元	24836.47	715.00	5887.17	4361.78	170.72	12819.80	882.01
二氧化硫排放量	吨	4412.91	814.05	1041.53	210.49	252.05	179.84	1405.91
其中：工业源	吨	3901.26	814.05	1041.32	210.49	252.05	179.49	1403.87
生活源	吨	509.05						
集中式治理设施	吨	2.60		0.21			0.36	2.04
氮氧化物排放量	吨	23787.82	3360.56	3734.56	787.08	166.88	814.34	2372.20
其中：工业源	吨	11195.56	3360.56	3726.44	787.08	166.88	788.59	2366.02
生活源	吨	334.01						
机动车	吨	12218.18						
集中式治理设施	吨	40.07		8.12			25.74	6.19
烟（粉）尘排放量	吨	7068.69	945.06	1052.85	1627.29	159.17	207.90	910.25
其中：工业源	吨	4899.98	945.06	1052.51	1627.28	159.17	206.37	909.58
生活源	吨	2046.09						
机动车	吨	120.07						

18－6　续表　　　　　　　　　　　(2022 年)

项　　　目	单　位	全　市	广　陵	邗　江	江　都	宝　应	仪　征	高　邮
集中式治理设施	吨	2.55		0.34	0.01		1.53	0.67
挥发性有机物(VOCs)排放量	吨	19809.69	890.22	1259.94	1042.22	526.27	5410.81	70.05
其中:工业源	吨	9199.51	890.22	1259.94	1042.22	526.27	5410.81	70.05
生活源	吨	5442.27						
机动车	吨	5167.91						
废气治理设施数	套	1870.00	119.00	325.00	597.00	165.00	392.00	272.00
废气治理设施处理能力	万标立方米/时	18428.30	1584.54	8144.06	2367.44	274.56	1599.36	4458.34
废气治理设施运行费用	万元	106489.03	2278.33	69748.49	15927.01	1313.59	10093.63	7127.98
一般工业固体废物产生量	万吨	621.67	182.62	210.64	26.79	11.96	58.80	130.86
一般工业固体废物综合利用量	万吨	588.79	181.23	195.46	19.44	10.52	54.15	127.99
其中:综合利用往年贮存量	万吨	1.44			0.90	0.11	0.43	
一般工业固体废物综合利用率	%	94.49	99.24	92.79	70.22	87.19	91.41	97.81
危险废物上年末贮存量	万吨	0.40	0.01	0.11	0.07	0.01	0.14	0.05
危险废物产生量	万吨	21.78	0.38	4.17	5.96	1.57	4.58	5.13
危险废物利用处置量	万吨	21.62	0.38	4.22	5.97	1.36	4.58	5.12
其中:利用处置往年贮存量	万吨	0.37	0.01	0.10	0.07	0.01	0.13	0.05
危险废物本年末贮存量	万吨	0.55	0.02	0.06	0.06	0.21	0.13	0.07
当年完成“三同时”环保验收项目环保投资	万元	3118.25			3118.25			
工业污染防治施工项目本年完成投资	万元	2410.54	48.00		858.18		484.36	1020.00
废水治理项目	万元	218.90			33.90		185.00	
废气治理项目	万元	2059.64	48.00		692.28		299.36	1020.00
工业固体废物治理项目	万元							
噪声治理项目	万元							
其他治理项目	万元	132.00			132.00			
环境空气质量								
可吸入颗粒物(PM10)	微克/立方米	55.00	54.00	58.00	52.00	53.00	43.00	51.00
细颗粒物(PM2.5)	微克/立方米	32.00	32.00	32.00	30.00	33.00	31.00	32.00
二氧化硫	微克/立方米	8.00	8.00	8.00	8.00	12.00	8.00	10.00
氮氧化物	微克/立方米	26.00	27.00	25.00	25.00	22.00	31.00	25.00
空气质量达到及好于二级的天数比重	%	75.89	77.10	76.90	77.00	78.60	79.20	78.90
水环境质量								
集中式饮用水源地水质达标率	%	100.00	100.00	100.00	100.00	100.00	100.00	100.00
地表水劣Ⅴ类水体比例	%							
道路交通噪声等效声级	dB(A)	65.80	65.80	65.80	60.00	62.20	65.20	65.10

十九

乡镇资料

编辑：丁超　陈甜甜

19－1　全市乡（镇）农村社会经济主要指标（一）

（2022 年）

乡镇名称	村民委员会（个）	居委会（个）	通公共交通村（个）	通自来水村（个）	常住户数（户）	常住人口（人）
广陵区						
汤汪街道	4	6	4	4	24905	72896
李典镇	13	2	13	13	12079	40446
沙头镇	7	1	7	7	6660	19799
头桥镇	15	2	15	15	14568	40562
湾头镇	4	4	4	4	8700	26260
生态新城						
杭集镇	10	1	10	10	12656	37584
泰安镇	11	1	11	11	10984	19303
邗江区						
蒋王街道	3	5	3	3	14420	45605
汉河街道	9	3	9	9	23654	119538
甘泉街道	9	1	9	9	8102	31342
西湖街道	7	5	7	7	27143	72218
公道镇	11	3	11	11	10985	32956
方巷镇	18	2	18	18	13575	43685
槐泗镇	13	2	13	13	12322	41317
瓜洲镇	3	2	3	3	4896	13648
杨寿镇	7	1	7	7	6512	22723
杨庙镇	8	1	8	8	6087	23786
景　区						
城北街道	2	4	2	2	25837	43982
平山乡	4	2	4	4	6211	23967
江都区						
仙女镇	31	33	31	31	148235	345877
小纪镇	30	3	30	30	25212	69836

19－1 续表1 （2022年）

乡镇名称	村民委员会（个）	居委会（个）	通公共交通村（个）	通自来水村（个）	常住户数（户）	常住人口（人）
武坚镇	14	3	14	14	13951	29515
樊川镇	21	5	20	21	18683	41061
真武镇	18	4	16	18	14997	32439
宜陵镇	11	5	11	11	16073	44045
丁沟镇	17	2	17	17	14875	36581
郭村镇	23	2	23	23	23103	60068
邵伯镇	22	3	22	22	24960	61357
丁伙镇	16	2	16	16	13642	37615
大桥镇	33	8	33	33	43963	113769
吴桥镇	14	2	13	14	14178	34193
浦头镇	13	1	13	13	11582	31892
宝应县						
安宜镇	18	24	16	18	70013	266047
氾水镇	20	7	20	20	24178	70085
夏集镇	14	3	14	14	13341	32137
柳堡镇	16	3	15	16	12714	31737
射阳湖镇	30	3	30	30	20865	53887
广洋湖镇	13	1	13	13	6424	20845
鲁垛镇	12	1	12	12	6431	16610
小官庄镇	9	1	9	9	6841	20523
望直港镇	19	2	15	19	15944	40936
曹甸镇	22	3	22	22	15352	37734
西安丰镇	8	3	8	8	7613	18942
山阳镇	16	2	16	16	14000	32000
黄塍镇	8	1	8	8	6246	20632
泾河镇	18	3	18	18	13458	34609

19－1　续表2　　　　　　　　　　　　　　（2022年）

乡镇名称	村民委员会（个）	居委会（个）	通公共交通村（个）	通自来水村（个）	常住户数（户）	常住人口（人）
开发区						
施桥镇	11	6	11	11	18800	44475
八里镇	8	4	8	8	17075	46784
朴席镇	9	1	9	9	8616	19269
仪征市						
真州镇	9	24	9	9	87650	217400
新集镇	13	2	13	13	11221	35754
新城镇	11	3	11	11	8318	25626
马集镇	9	1	9	9	7178	24203
刘集镇	17	2	17	17	13247	46953
陈集镇	14	2	14	14	10117	27351
大仪镇	18	3	18	18	13631	47483
月塘镇	19	3	19	19	13967	46571
青山镇	9	5	9	9	9644	26706
高邮市						
高邮街道	4	19	4	4	55180	170338
龙虬镇	11	2	11	11	9394	21658
汤庄镇	17	4	17	17	18302	39387
卸甲镇	17	4	17	17	17002	50997
三垛镇	21	4	21	21	17109	47359
甘垛镇	16	3	12	16	12201	34102
界首镇	8	1	8	8	9015	27283
周山镇	8	1	8	8	7465	21895
临泽镇	22	6	22	22	16945	50371
送桥镇	15	4	15	15	20965	70248
菱塘回族乡	6	2	6	6	6595	19984

19-2 全市乡(镇)农村社会经济主要指标(二)

(2022 年)

乡镇名称	自来水用水户数(户)	乡镇从业人员(人)	#第一产业从业人员(人)	#第二产业从业人员(人)	#第三产业从业人员(人)	农业机械总动力(千瓦)
广陵区						
汤汪街道	21298	21996	170	6925	14901	
李典镇	12079	24870	1016	20566	3288	31500
沙头镇	6660	12496	2421	7682	2393	13450
头桥镇	14568	27342	3104	15903	8335	33170
湾头镇	8005	13999		6381	7618	
生态新城						
杭集镇	12656	33410	1566	25033	6811	11580
泰安镇	6446	12629	2788	6418	3423	8610
邗江区						
蒋王街道	14420	24029	322	7114	16593	3594
汊河街道	23654	50312	3166	26339	20807	19643
甘泉街道	8102	16564	1041	9932	5591	7701
西湖街道	27143	42606	161	20683	21762	3953
公道镇	10985	19807	3486	11687	4634	38112
方巷镇	13383	25724	3723	17045	4956	35856
槐泗镇	12322	23970	2352	14123	7495	39515
瓜洲镇	4531	8444	958	4320	3166	3022
杨寿镇	6329	12477	1486	6146	4845	28120
杨庙镇	6087	14972	1284	7777	5911	14185
景区						
城北街道	10429	16236	1156	6817	8263	
平山乡	5211	7994	402	4837	2755	1755
江都区						
仙女镇	57059	117084	8313	58052	50719	61562
小纪镇	25115	43432	10103	19365	13964	121308

19－2　续表1　　（2022年）

乡镇名称	自来水用水户数（户）	乡镇从业人员（人）	#第一产业从业人员（人）	#第二产业从业人员（人）	#第三产业从业人员（人）	农业机械总动力（千瓦）
武坚镇	13951	24056	1345	14151	8560	55260
樊川镇	18683	29796	5985	13968	9843	94003
真武镇	12339	18463	2239	11641	4583	36114
宜陵镇	16073	28902	1425	16151	11326	19616
丁沟镇	12729	34652	2771	11216	20665	50403
郭村镇	22806	45106	5317	23842	15947	70086
邵伯镇	24860	57976	5810	31485	20681	45569
丁伙镇	13642	28397	4023	13628	10746	39936
大桥镇	43963	89376	7439	56254	25683	55843
吴桥镇	14034	25161	2390	13156	9615	26083
浦头镇	11582	22391	3104	14524	4763	25014
宝应县						
安宜镇	69193	119339	7718	53159	58462	63009
氾水镇	24178	43935	10832	24463	8640	85000
夏集镇	13326	27916	9753	11538	6625	41510
柳堡镇	11688	28910	9543	15909	3458	63140
射阳湖镇	20865	39414	12495	14863	12056	67405
广洋湖镇	6424	19374	4679	9836	4859	21588
鲁垛镇	6422	15494	4333	4294	6867	28482
小官庄镇	6841	13828	1890	6488	5450	25878
望直港镇	15944	40175	7119	19166	13890	28253
曹甸镇	15187	32909	5680	15582	11647	29810
西安丰镇	7613	12533	1688	8209	2636	23611
山阳镇	13950	28632	7632	17000	4000	33911
黄塍镇	6695	17018	3183	10650	3185	15000
泾河镇	13458	25500	2496	16998	6006	38560

19－2　续表2　（2022年）

乡镇名称	自来水用水户数（户）	乡镇从业人员（人）	#第一产业从业人员（人）	#第二产业从业人员（人）	#第三产业从业人员（人）	农业机械总动力（千瓦）
开发区						
施桥镇	18394	22854	910	14028	7916	3929
八里镇	17075	29394	875	19563	8956	27800
朴席镇	8616	16399	3389	3025	9985	29250
仪征市						
真州镇	87650	95294	2194	37500	55600	15750
新集镇	10766	26346	4655	11933	9758	19320
新城镇	8316	17914	3647	9627	4640	17500
马集镇	7178	16352	3542	7265	5545	13990
刘集镇	11716	40465	12970	11943	15552	51150
陈集镇	10117	17878	2361	11542	3975	44050
大仪镇	13631	31449	1854	23802	5793	63972
月塘镇	13963	28832	1927	16978	9927	21002
青山镇	9644	15847	1127	11852	2868	844
高邮市						
高邮街道	55180	82961	2215	45914	34832	19314
龙虬镇	9394	16830	5439	8623	2768	96720
汤庄镇	18302	32212	6882	16104	9226	53425
卸甲镇	17002	29338	8091	16381	4866	114892
三垛镇	17109	29158	10283	12963	5912	98206
甘垛镇	12198	29742	10189	10985	8568	44785
界首镇	9015	15427	3175	8954	3298	33972
周山镇	7245	12442	3682	4544	4216	24235
临泽镇	16945	35590	11476	14263	9851	41813
送桥镇	18996	44986	6180	27846	10960	33000
菱塘回族乡	6595	15154	668	8798	5688	21834

19－3　全市乡(镇)农村社会经济主要指标(三)

(2022 年)

乡镇名称	农业企业(个)	法人企业(个)	#工业企业(个)	年末耕地面积(公顷)	农作物总播种面积(公顷)	#粮食播种面积(公顷)
广陵区						
汤汪街道		3152	32	3.8		
李典镇	16	573	410	2246	5102	3953
沙头镇	4	263	236	1226	2684	909
头桥镇	9	720	395	2625	5170	3931
湾头镇		457	79			
生态新城						
杭集镇	1	1350	1010	896	1778	1530
泰安镇	2	254	201	914	846	746
邗江区						
蒋王街道		411	31	320	721	255
汊河街道	3	6891	3085	1797	2715	2197
甘泉街道	8	992	382	1382	2731	1132
西湖街道	1	1745	581	548	181	131
公道镇	3	384	238	2666	5220	4752
方巷镇	6	652	360	2743	5148	4206
槐泗镇	6	732	332	2256	4226	2888
瓜洲镇		54	44	264	304	225
杨寿镇	6	423	411	1536	2050	1712
杨庙镇	11	405	347	1305	1292	815
景区						
城北街道		383	9	248	56	56
平山乡		236	98		489	342
江都区						
仙女镇	22	4756	2328	3406	5887	4800
小纪镇	21	2388	1641	7589	16940	13678

（2022年）

乡镇名称	农业企业（个）	法人企业（个）	#工业企业（个）	年末耕地面　积（公顷）	农作物总播种面积（公顷）	#粮食播种面　积（公顷）
武坚镇	7	691	585	3523	7701	6336
樊川镇	12	987	605	6009	12576	11626
真武镇	3	817	425	3827	7029	6083
宜陵镇	5	1158	853	2388	5834	4223
丁沟镇	16	1202	463	4828	9547	8223
郭村镇	10	837	483	6017	9832	8281
邵伯镇	24	495	423	6158	8052	6566
丁伙镇	5	512	273	3707	6241	5171
大桥镇	8	2192	1037	4834	11013	8676
吴桥镇	5	296	117	2727	6445	4436
浦头镇	3	1374	965	2471	3930	3271
宝应县						
安宜镇	28	2496	1861	3785	8170	7029
氾水镇	39	2478	2346	7660	15942	13674
夏集镇		194	121	5934	10646	9698
柳堡镇	3	608	520	4907	11429	9751
射阳湖镇	55	1208	1005	8040	18819	15034
广洋湖镇	5	440	216	2978	6865	4961
鲁垛镇	2	227	216	3111	6415	5531
小官庄镇	156	444	391	2892	6313	5461
望直港镇	1	327	268	4544	8988	7141
曹甸镇	15	1795	302	4913	10400	9027
西安丰镇	7	337	337	2143	5324	4153
山阳镇	22	431	335	4410	10500	8600
黄塍镇	1	209	176	1863	4285	3532
泾河镇	2	351	287	4464	10358	9188

19－3 续表2 （2022年）

乡镇名称	农业企业（个）	法人企业（个）	#工业企业（个）	年末耕地面积（公顷）	农作物总播种面积（公顷）	#粮食播种面积（公顷）
开发区						
施桥镇		369	298	613	418	238
八里镇		252	189	596	778	659
朴席镇	6	117	61	1726	3486	3300
仪征市						
真州镇	21	2961	779	1405	1218	678
新集镇	43	246	230	3170	3707	3020
新城镇	16	127	122	2698	2785	2004
马集镇	4	389	327	3870	4330	3494
刘集镇	14	347	256	6342	5309	4069
陈集镇	31	629	542	4992	7081	6380
大仪镇	21	863	592	6301	9889	7288
月塘镇	40	556	471	7333	7783	6616
青山镇	11	205	97	554	929	514
高邮市						
高邮街道	7	2418	675	794	2255	1825
龙虬镇	52	198	143	2388	6342	4886
汤庄镇	15	975	470	7004	14211	13315
卸甲镇	10	915	751	9066	17848	16120
三垛镇	15	1088	969	7027	13323	12398
甘垛镇	2	372	180	7012	14285	11645
界首镇	2	185	165	2421	6277	5029
周山镇	7	225	143	3153	5921	5302
临泽镇	8	377	285	7901	19343	16698
送桥镇	32	1198	1033	6413	14110	12816
菱塘回族乡	5	705	589	2028	3947	3552

19－4 全市乡(镇)农村社会经济主要指标(四)

(2022 年)

乡镇名称	粮食产量(吨)	蔬菜产量(吨)	肉类产量(吨)	#猪肉产量(吨)	禽蛋产量(吨)	水产品产量(吨)
广 陵 区						
汤汪街道						
李 典 镇	26271	26647	376	120	960	1380
沙 头 镇	6253	73820	254	37	470	1089
头 桥 镇	29374	30099	205	83	98	760
湾 头 镇						
生态新城						
杭 集 镇	8850	3200	210		581	2022
泰 安 镇	5895	1295	365		160	612
邗 江 区						
蒋王街道	2009	25376				
汉河街道	14634	29747	1079	835	224	2075
甘泉街道	8930	54051	385	375	555	2598
西湖街道	827	2740	1		18	41
公 道 镇	35728	25870	1883	1664	327	7619
方 巷 镇	29913	44713	1622	767	996	13538
槐 泗 镇	20201	34345	251	225	972	2471
瓜 洲 镇	1390	3004	488		268	633
杨 寿 镇	11805	10923	952	903	401	2511
杨 庙 镇	6231	16905	396	282	65	910
景 区						
城北街道	336					
平 山 乡	647	125	10	8	20	2
江 都 区						
仙 女 镇	35224	36652	777	259	1694	4381
小 纪 镇	101147	76756	6939	3972	4162	26292

19－4　续表1　（2022年）

乡镇名称	粮食产量（吨）	蔬菜产量（吨）	肉类产量（吨）	#猪肉产量（吨）	禽蛋产量（吨）	水产品产量（吨）
武坚镇	46776	49796	1319	531	836	25474
樊川镇	78623	21477	3827	2981	584	6699
真武镇	42415	27934	2411	5	2422	12842
宜陵镇	31030	42349	4147	3854	161	1748
丁沟镇	59846	30147	1617	618	1393	1299
郭村镇	60733	28354	6616	5846	1054	3260
邵伯镇	48976	26741	1974	673	1394	9014
丁伙镇	37283	24047	665	46	262	2923
大桥镇	64110	78527	1284	502	2070	3671
吴桥镇	32731	44407	1417	1206	318	622
浦头镇	24112	14938	3929	3661	207	1979
宝应县						
安宜镇	53416	37124	2620	2614	2270	11374
氾水镇	102605	57188	5678	5322	911	13273
夏集镇	73233	26233	2731	1923	694	8593
柳堡镇	75176	51877	397	86	1040	24199
射阳湖镇	116428	47549	4293	2013	985	23664
广洋湖镇	38259	49788	2031	1659	290	21166
鲁垛镇	42974	20705	2194	1344	464	7584
小官庄镇	42970	11474	1916	1905	208	790
望直港镇	51704	44953	30069	26112	785	11459
曹甸镇	70272	28551	980	620	180	10121
西安丰镇	32796	33453	1455	985	1507	6590
山阳镇	74752	34624	4800	2000	1420	22745
黄塍镇	27676	14063	5266	3719	381	1394
泾河镇	70759	20364	2357	2104	422	1347

19－4　续表2　（2022年）

乡镇名称	粮食产量（吨）	蔬菜产量（吨）	肉类产量（吨）	#猪肉产量（吨）	禽蛋产量（吨）	水产品产量（吨）
开发区						
施桥镇	2340	1018				
八里镇	4275	3370			2	
朴席镇	22864	1573	110	60	240	867
仪征市						
真州镇	5206	19374	281	135	196	193
新集镇	22979	21940	1688	1620	1398	1211
新城镇	15579	29513	94	75	151	
马集镇	25639	32203	1486	1334	788	320
刘集镇	31039	24694	899	822	1252	491
陈集镇	47562	23441	4571	4145	796	893
大仪镇	50671	37016	3668	2617	4117	1673
月塘镇	49126	44503	2238	1388	1239	604
青山镇	3597	5917	107	105	75	280
高邮市						
高邮街道	11053	6753	882	53	754	5230
龙虬镇	39085	62472	2263	1582	376	31459
汤庄镇	105904	32145	4852	1285	1539	19789
卸甲镇	136680	88253	12549	2509	3458	21095
三垛镇	98843	23733	2741	2198	3098	39923
甘垛镇	91545	34230	8001	1795	7015	20559
界首镇	39402	65926	1835	1347	640	8821
周山镇	42370	30609	2619	1624	598	13575
临泽镇	133955	96039	6627	2919	952	23946
送桥镇	100854	25940	17150	1125	4586	11320
菱塘回族乡	26850	5010	2100	610	1120	10450

19－5　全市乡(镇)农村社会经济主要指标(五)

(2022年)

乡镇名称	农业技术服务机构个数(个)	农业技术服务机构从业人员数(人)	提供住宿的民政服务机构(个)	政服务机构床位数(张)	本级政府创办的养老机构(个)	城乡居民最低生活保障人(人)
广陵区						
汤汪街道						26
李典镇	1	4	16	213	1	32
沙头镇	1	31				41
头桥镇	1	26	2	200	1	107
湾头镇						16
生态新城						
杭集镇	4	26	2	165	1	31
泰安镇	1	3	1	80	1	18
邗江区						
蒋王街道	1	6				6
汉河街道	1	7	2	80	1	85
甘泉街道	4	19	1	40	1	131
西湖街道	2	8	2	83		39
公道镇	1	28	1	122	1	219
方巷镇	1	46	1	90	1	231
槐泗镇	1	32	6	142	1	158
瓜洲镇	1	17	1	120	1	42
杨寿镇	1	6	1	50	1	96
杨庙镇	1	6	1	12	1	151
景　区						
城北街道						14
平山乡	5	16				11
江都区						
仙女镇	19	103	6	1702	1	266
小纪镇	33	99	33	264	33	499

19－5 续表1 （2022年）

乡镇名称	农业技术服务机构个数（个）	农业技术服务机构从业人员数（人）	提供住宿的民政服务机构（个）	政服务机构床位数（张）	本级政府创办的养老机构（个）	城乡居民最低生活保障人（人）
武坚镇	1	19	2	170	1	96
樊川镇	1	15	1	120	1	93
真武镇	1	48	1	218	1	117
宜陵镇	8	23	1	164	1	156
丁沟镇	1	36	1	120	1	132
郭村镇	1	19	1	76	1	79
邵伯镇	6	34	1	100	1	94
丁伙镇	1	10	1	210	1	120
大桥镇	4	35	3	351	1	280
吴桥镇	4	30	1	100	1	169
浦头镇	6	35	11	100	1	102
宝应县						
安宜镇	1	52	4	208	1	670
氾水镇	1	80	1	320	1	297
夏集镇	1	47	1	260	1	281
柳堡镇	2	26	1	183	1	228
射阳湖镇	1	50	1	220	1	583
广洋湖镇	1	18	1	116	1	194
鲁垛镇	1	33	1	94	1	220
小官庄镇	1	17	1	100	1	179
望直港镇	1	28	1	203	1	366
曹甸镇	1	22	1	180	1	877
西安丰镇	1	19	1	135	1	476
山阳镇	2	37	1	199	1	764
黄塍镇	1	14	1	210	1	582
泾河镇	1	10	1	176	1	431

19－5　续表2　　　　　　　　　　　　　(2022年)

乡镇名称	农业技术服务机构个数（个）	农业技术服务机构从业人员数（人）	提供住宿的民政服务机构（个）	政服务机构床位数（张）	本级政府创办的养老机构（个）	城乡居民最低生活保障人（人）
开发区						
施桥镇	1	15	1	44	1	47
八里镇	1	8	1	31	1	39
朴席镇	1	12	1	35	1	96
仪征市						
真州镇	4	31	1	90	1	248
新集镇	2	17	2	198	1	164
新城镇	1	10	1	102	1	143
马集镇	2	18	1	81	1	143
刘集镇	1	18	1	72	1	168
陈集镇	2	37	2	330	2	156
大仪镇	2	46	2	300	1	123
月塘镇	2	31	1	320	1	291
青山镇	1	5	4	120	1	121
高邮市						
高邮街道	1	80	5	631	1	164
龙虬镇	1	24	1	125	1	204
汤庄镇	1	42	1	165	1	261
卸甲镇	5	59	3	302	2	258
三垛镇	1	69	1	138	1	387
甘垛镇	7	34	1	315	1	881
界首镇	1	20	1	100	1	191
周山镇	1	16	2	100	1	72
临泽镇	1	37	1	270	1	162
送桥镇	1	46	3	320	3	1780
菱塘回族乡	7	35	9	158	1	25

19－6　全市乡(镇)农村社会经济主要指标(六)

(2022 年)

乡镇名称	医疗卫生机构个数（个）	医疗卫生机构床位数（张）	学校总数（个）	在校学生数（人）	教师总数（人）	幼儿园托儿所（个）
广陵区						
汤汪街道	3	120	2	711	94	3
李典镇	14	210	3	1802	184	2
沙头镇	5	35	2	934	86	1
头桥镇	12	90	4	3389	300	2
湾头镇	5	56	6	5900	779	3
生态新城						
杭集镇	8	66	3	2825	246	2
泰安镇	5	35	2	559	113	1
邗江区						
蒋王街道	7	58	3	2985	224	5
汊河街道	12	138	4	5064	378	6
甘泉街道	6	43	2	1630	147	2
西湖街道	9	128	6	8005	619	
公道镇	11	49	2	3727	324	2
方巷镇	18	112	2	1452	149	4
槐泗镇	18	156	2	2274	160	3
瓜洲镇	6	32	3	2722	268	1
杨寿镇	8	50	1	706	99	4
杨庙镇	8	50	2	1390	120	1
景　区						
城北街道	3	22	3	8215	230	4
平山乡	8	26	2	1389	117	3
江都区						
仙女镇	41	3766	28	41927	3566	31
小纪镇	41	461	7	1738	335	4

19－6　续表1　　　　　　　　　　　　　　　　（2022年）

乡镇名称	医疗卫生机构个数（个）	医疗卫生机构床位数（张）	学校总数（个）	在校学生数（人）	教师总数（人）	幼儿园托儿所（个）
武坚镇	17	110	4	1107	125	3
樊川镇	26	141	4	917	135	3
真武镇	21	187	4	1203	227	3
宜陵镇	19	89	4	2005	215	2
丁沟镇	28	46	5	5467	505	2
郭村镇	26	194	6	3218	296	7
邵伯镇	32	455	7	4517	605	4
丁伙镇	17	90	4	519	137	2
大桥镇	39	241	8	6641	530	6
吴桥镇	21	56	3	1548	162	4
浦头镇	16	80	5	2115	194	3
宝应县						
安宜镇	49	4095	24	46618	2957	17
氾水镇	26	487	4	4502	439	4
夏集镇	16	105	4	685	152	3
柳堡镇	20	245	3	720	153	2
射阳湖镇	34	365	9	1457	237	5
广洋湖镇	14	60	2	801	104	1
鲁垛镇	9	83	2	245	75	1
小官庄镇	9	80	2	799	104	1
望直港镇	18	90	4	1671	207	8
曹甸镇	22	158	4	1993	222	2
西安丰镇	11	122	3	1027	118	2
山阳镇	21	215	3	785	147	2
黄塍镇	11	60	2	1049	140	1
泾河镇	20	91	4	571	159	3

19-6　续表2　　(2022年)

乡镇名称	医疗卫生机构个数（个）	医疗卫生机构床位数（张）	学校总数（个）	在校学生数（人）	教师总数（人）	幼儿园托儿所（个）
开发区						
施桥镇	1	102	2	1659	104	3
八里镇	1	53	2	2550	182	2
朴席镇	3	40	2	464	91	2
仪征市						
真州镇	14	100	20	26611	2206	22
新集镇	13	100	3	2220	211	4
新城镇	10	120	3	1508	206	3
马集镇	7	68	2	572	80	1
刘集镇	10	44	4	2633	194	2
陈集镇	12	102	3	1063	143	1
大仪镇	12	130	4	2643	224	3
月塘镇	15	155	3	1391	196	2
青山镇	10	24	2	223	76	1
高邮市						
高邮街道	63	2325	17	39962	3129	29
龙虬镇	10	40	3	323	69	2
汤庄镇	18	115	6	853	159	4
卸甲镇	22	134	7	1292	219	4
三垛镇	23	320	5	2370	270	4
甘垛镇	17	80	4	385	97	3
界首镇	10	80	2	732	109	1
周山镇	8	30	2	274	46	1
临泽镇	26	200	6	2345	284	4
送桥镇	19	121	5	3452	277	6
菱塘回族乡	8	26	3	907	86	1

19－7　全市乡(镇)农村社会经济主要指标(七)

(2022 年)

乡镇名称	图书室(馆)、文化站个数(个)	公共图书馆藏书量(千册)	体育健身场所个数(个)	电影院个数(个)	公园个数(个)	金融机构网点数(个)
广陵区						
汤汪街道	5	58	3		4	3
李典镇	1	45	1	1	18	8
沙头镇	7	6	16	1	2	3
头桥镇			50		3	7
湾头镇			3		1	2
生态新城						
杭集镇	2	15	35		2	6
泰安镇	2	16	40		6	3
邗江区						
蒋王街道			3	1	4	4
汉河街道	12	65	16	1	3	7
甘泉街道	5	7	1			2
西湖街道	1	2	2	2	3	12
公道镇	2	31	52		1	6
方巷镇	1	19	45	1	1	5
槐泗镇	3	60	3	1	2	4
瓜洲镇	1	11	14	1	2	4
杨寿镇			16			3
杨庙镇	11	6	3		2	4
景区						
城北街道	2	40	2		6	4
平山乡	1		12	1	1	6
江都区						
仙女镇	8	336	189	6	7	45
小纪镇	31	36	90	1	28	14

19－7　续表1　（2022年）

乡镇名称	图书室（馆）、文化站个数（个）	公共图书馆藏书量（千册）	体育健身场所个数（个）	电影院个数（个）	公园个数（个）	金融机构网点数（个）
武坚镇	16	38	14	1	4	7
樊川镇	1	48	66	1	6	8
真武镇	4	10	56		2	7
宜陵镇	1	59	52	1	2	5
丁沟镇	1	35	62		1	6
郭村镇	1	12	71		2	10
邵伯镇	23	43	46	2	23	10
丁伙镇	1	32	42		2	5
大桥镇	1	96	107	1	1	15
吴桥镇	1	33	58		1	5
浦头镇			46	1		5
宝应县						
安宜镇	38	35	112	6	10	48
氾水镇	28	50	65	1	47	43
夏集镇	18	38	50	1	4	7
柳堡镇	20	23	71		2	7
射阳湖镇	1	36	86	1	6	7
广洋湖镇	15	21	94	1	2	2
鲁垛镇	1	11	31	1	1	3
小官庄镇	10	38	23	1	3	3
望直港镇	1	21	33		4	5
曹甸镇	25	93	76	1	1	5
西安丰镇	1	32	63	1	1	2
山阳镇	16	4	27	1	1	3
黄塍镇	9	16	14		2	2
泾河镇	22	46	58	1	3	4

19－7 续表2 （2022年）

乡镇名称	图书室（馆）、文化站个数（个）	公共图书馆藏书量（千册）	体育健身场所个数（个）	电影院个数（个）	公园个数（个）	金融机构网点数（个）
开发区						
施桥镇	1	26	17	1	5	4
八里镇	3	10	12	1	4	5
朴席镇	2	25	25		2	3
仪征市						
真州镇	3	755	36	7	5	35
新集镇	2	39	29	1	5	6
新城镇	1	25	23		1	6
马集镇	1	28	26		2	2
刘集镇	1	10	29	1	2	6
陈集镇	1	48	15		2	4
大仪镇	1	14	33	1	2	10
月塘镇	1	92	23	1	4	6
青山镇	13	10	24		1	2
高邮市						
高邮街道	7	285	33	6	4	34
龙虬镇	1	47			1	4
汤庄镇	1	12	40	1	8	8
卸甲镇	1	61	32	2	4	10
三垛镇	1	128	46	1	2	10
甘垛镇	1	24	62		1	6
界首镇	10	2	11	1	3	2
周山镇	1	3	9		1	2
临泽镇	1	19	32	1	3	8
送桥镇	2	6	43	2	2	9
菱塘回族乡	1	21	27	1	2	3

二十

全省市县及长三角资料

编辑:王敏

20－1 人口

（2022年）

市县名称	年末户籍人口（万人）	#女（万人）	年末常住人口（万人）	人口密度（人/平方公里）
南京市	**739.36**	**373.44**	**949.11**	**1441**
无锡市	**519.01**	**265.52**	**749.08**	**1619**
江阴市	126.97	64.54	178.40	1808
宜兴市	106.59	54.25	128.80	645
徐州市	**1031.90**	**497.88**	**901.85**	**767**
丰县	119.07	56.58	92.44	637
沛县	126.67	60.44	102.66	569
睢宁县	138.85	65.77	107.45	607
新沂市	109.68	52.70	95.73	601
邳州市	190.65	91.14	143.43	688
常州市	**389.21**	**199.46**	**536.62**	**1227**
溧阳市	78.19	39.06	80.60	525
苏州市	**774.73**	**399.56**	**1291.06**	**1491**
常熟市	105.66	54.53	169.24	1326
张家港市	92.73	47.57	144.76	1467
昆山市	120.39	63.04	212.52	2281
太仓市	53.30	27.91	84.36	1042
南通市	**746.69**	**381.05**	**774.35**	**737**
如东县	98.26	50.14	87.67	315
启东市	107.79	55.24	95.70	569
如皋市	138.60	69.76	122.23	777
海安市	90.09	45.75	86.81	733
连云港市	**531.41**	**254.15**	**460.05**	**603**
东海县	123.99	59.20	104.19	512
灌云县	101.20	47.54	71.33	467
灌南县	80.56	37.93	60.77	591

（2022年）

市县名称	年末户籍人口（万人）	#女（万人）	年末常住人口（万人）	人口密度（人/平方公里）
淮安市	**551.11**	**268.43**	**455.31**	**454**
涟水县	108.29	51.63	81.82	487
盱眙县	77.74	37.98	60.39	242
金湖县	33.57	16.79	28.77	209
盐城市	**796.81**	**385.83**	**668.97**	**378**
响水县	60.72	28.60	45.72	311
滨海县	118.12	55.78	81.75	426
阜宁县	107.25	50.97	79.04	549
射阳县	91.52	44.52	75.70	294
建湖县	74.05	35.87	60.76	525
东台市	104.08	51.66	88.63	249
扬州市	**448.46**	**225.59**	**458.29**	**683**
宝应县	84.85	41.87	67.85	584
仪征市	54.34	27.19	53.86	605
高邮市	78.11	39.33	71.31	408
镇江市	**266.86**	**135.40**	**322.22**	**839**
丹阳市	78.96	40.06	99.24	948
扬中市	27.82	14.24	31.61	966
句容市	57.97	29.37	64.20	466
泰州市	**488.43**	**240.59**	**450.56**	**778**
兴化市	148.73	70.77	112.28	469
靖江市	63.82	32.38	66.16	1009
泰兴市	113.74	56.07	99.02	847
宿迁市	**588.03**	**282.91**	**497.53**	**584**
沭阳县	197.56	94.15	165.88	722
泗阳县	104.78	49.91	82.91	602
泗洪县	107.92	52.22	85.89	319

20－2　户数及土地面积

（2022 年）

市县名称	年末总户数（万户）	土地面积（平方公里）	建成区面积（平方公里）	绿化覆盖面积（公顷）
南 京 市	**271.42**	**6587**	**886**	**103423**
无 锡 市	**182.28**	**4627**	**582**	**32204**
江 阴 市	40.18	987	125	5500
宜 兴 市	37.56	1997	97	5302
徐 州 市	**286.07**	**11765**	**507**	**31853**
丰　　县	32.73	1450	34	1999
沛　　县	37.65	1806	56	2739
睢 宁 县	32.86	1769	34	2326
新 沂 市	30.42	1592	39	2606
邳 州 市	48.39	2085	51	2409
常 州 市	**140.81**	**4372**	**313**	**16220**
溧 阳 市	27.03	1535	35	1899
苏 州 市	**259.38**	**8657**	**772**	**49803**
常 熟 市	31.93	1276	101	4874
张家港市	31.58	987	66	2875
昆 山 市	42.53	932	72	9492
太 仓 市	17.89	810	53	3223
南 通 市	**289.67**	**10507**	**446**	**24181**
如 东 县	36.13	2781	32	1841
启 东 市	46.66	1681	36	1706
如 皋 市	44.42	1574	42	3011
海 安 市	34.40	1184	32	2301
连云港市	**157.07**	**7626**	**324**	**27982**
东 海 县	31.08	2037	40	1980
灌 云 县	28.33	1529	29	2136
灌 南 县	23.51	1028	30	1408

20－2　续表　　（2022 年）

市县名称	年末总户数（万户）	土地面积（平方公里）	建成区面积（平方公里）	绿化覆盖面积（公顷）
淮安市	**172.23**	**10030**	**333**	**19780**
涟水县	31.70	1679	39	2962
盱眙县	21.66	2497	41	2519
金湖县	12.23	1378	36	1691
盐城市	**267.71**	**17718**	**378**	**23768**
响水县	16.82	1470	23	1147
滨海县	35.24	1921	36	2767
阜宁县	34.36	1439	50	3575
射阳县	30.16	2573	29	1757
建湖县	27.44	1157	29	1804
东台市	37.93	3558	40	2385
扬州市	**147.62**	**6591**	**305**	**16565**
宝应县	26.23	1462	38	2217
仪征市	18.06	902	39	1871
高邮市	24.83	1922	29	1774
镇江市	**103.20**	**3840**	**239**	**15292**
丹阳市	28.40	1047	41	2103
扬中市	10.82	327	17	1376
句容市	23.15	1378	34	1753
泰州市	**164.93**	**5788**	**281**	**14544**
兴化市	48.89	2395	43	2124
靖江市	20.77	656	34	1759
泰兴市	39.68	1170	44	1981
宿迁市	**156.73**	**8524**	**287**	**30931**
沭阳县	50.62	2299	76	4683
泗阳县	27.39	1378	47	2083
泗洪县	29.13	2694	41	6557

20－3　年末就业人员

（2022年）　　　　单位:万人

市县名称	就业人员	第一产业	第二产业	第三产业
南京市	**476.88**	**35.76**	**151.28**	**289.84**
无锡市	**414.92**	**12.94**	**206.05**	**195.93**
江阴市	102.94	3.26	59.05	40.63
宜兴市	72.50	7.56	39.30	25.64
徐州市	**466.68**	**86.75**	**167.09**	**212.84**
丰　县	49.45	12.38	18.46	18.61
沛　县	52.37	12.84	19.97	19.56
睢宁县	54.40	13.54	20.33	20.53
新沂市	50.94	12.54	18.57	19.83
邳州市	69.32	17.05	25.35	26.92
常州市	**297.89**	**24.88**	**133.85**	**139.16**
溧阳市	51.96	8.18	25.08	18.70
苏州市	**741.70**	**17.96**	**384.86**	**338.88**
常熟市	101.41	3.09	57.25	41.07
张家港市	79.58	2.47	44.20	32.91
昆山市	127.91	1.04	71.76	55.11
太仓市	48.51	2.39	24.35	21.77
南通市	**475.62**	**65.85**	**204.64**	**205.13**
如东县	54.01	8.76	23.85	21.40
启东市	55.35	10.79	23.41	21.15
如皋市	66.21	14.40	27.85	23.96
海安市	55.36	7.35	31.86	16.15
连云港市	**246.57**	**65.40**	**77.92**	**103.25**
东海县	55.37	17.10	14.52	23.75
灌云县	37.18	17.03	9.79	10.36
灌南县	32.20	11.54	11.73	8.93

市县名称	就业人员	第一产业	第二产业	第三产业
淮安市	**260.45**	**65.91**	**85.65**	**108.89**
涟水县	47.71	16.00	12.66	19.05
盱眙县	34.20	9.74	11.41	13.05
金湖县	16.53	4.65	6.00	5.88
盐城市	**409.58**	**79.01**	**153.53**	**177.04**
响水县	25.26	6.04	9.26	9.96
滨海县	47.45	11.82	16.92	18.71
阜宁县	47.34	11.69	16.97	18.67
射阳县	47.73	11.25	17.25	19.23
建湖县	36.45	7.47	14.84	14.13
东台市	59.12	12.34	21.90	24.87
扬州市	**267.69**	**38.01**	**104.10**	**125.58**
宝应县	37.38	10.02	15.00	12.36
仪征市	32.68	4.78	13.40	14.50
高邮市	40.16	9.64	16.54	13.98
镇江市	**196.37**	**18.24**	**79.78**	**98.35**
丹阳市	62.83	6.28	28.56	27.99
扬中市	19.58	1.58	10.61	7.39
句容市	38.87	6.57	13.98	18.33
泰州市	**272.45**	**45.55**	**108.25**	**118.65**
兴化市	66.29	16.75	22.74	26.80
靖江市	40.68	5.31	20.15	15.22
泰兴市	61.49	13.23	24.31	23.95
宿迁市	**278.20**	**69.74**	**94.00**	**114.46**
沭阳县	90.72	23.98	30.38	36.36
泗阳县	45.21	12.18	14.90	18.13
泗洪县	46.80	13.28	15.00	18.52

20－4　地区生产总值

（2022年）　　　　单位:亿元

市县名称	地区生产总值	第一产业	第二产业	第三产业	#工业	人均地区生产总值（元）
南京市	16907.85	315.56	6069.64	10522.65	5139.56	178781
无锡市	14850.82	133.65	7177.39	7539.78	6472.95	198404
江阴市	4754.18	39.60	2473.63	2240.95	2275.05	266639
宜兴市	2236.72	56.10	1176.90	1003.72	993.31	173726
徐州市	8457.84	771.89	3593.22	4092.73	2974.27	93731
丰县	540.68	103.17	206.95	230.56	173.51	58422
沛县	1012.23	128.28	450.25	433.69	344.88	98499
睢宁县	682.56	117.29	268.78	296.49	198.98	63405
新沂市	826.34	96.57	322.24	407.52	273.70	86157
邳州市	1157.16	171.99	451.92	533.25	387.41	80461
常州市	9550.06	172.36	4664.47	4713.23	4251.32	178243
溧阳市	1416.22	57.48	767.58	591.16	655.75	175884
苏州市	23958.34	192.98	11521.41	12243.95	10595.60	186024
常熟市	2773.97	41.45	1402.74	1329.78	1300.28	164213
张家港市	3302.39	30.60	1671.11	1600.68	1559.09	228698
昆山市	5006.66	30.99	2614.42	2361.25	2424.20	236331
太仓市	1653.57	24.21	812.12	817.24	758.64	196550
南通市	11379.60	510.04	5611.06	5258.50	4782.59	147057
如东县	1314.61	101.52	637.45	575.64	554.36	150551
启东市	1391.14	92.96	685.87	612.30	542.81	145023
如皋市	1479.31	86.69	741.79	650.83	631.03	120809
海安市	1379.75	79.71	753.31	546.74	659.12	158766
连云港市	4005.03	424.23	1814.25	1766.55	1496.42	87042
东海县	684.49	98.60	297.35	288.54	243.87	65655
灌云县	451.48	87.40	166.97	197.11	124.70	63025
灌南县	480.42	72.90	228.47	179.05	176.68	78835

20－4　续表　（2022年）　单位:亿元

市县名称	地区生产总值	第一产业	第二产业	第三产业	#工业	人均地区生产总值（元）
淮安市	**4742.42**	**445.42**	**2011.90**	**2285.10**	**1635.62**	**104054**
涟水县	700.37	78.33	314.15	307.89	242.23	85260
盱眙县	525.08	81.87	203.14	240.07	184.39	86668
金湖县	411.51	52.95	174.62	183.94	153.97	142811
盐城市	**7079.78**	**793.80**	**2927.78**	**3358.20**	**2441.36**	**105647**
响水县	480.55	63.66	222.28	194.60	207.27	104855
滨海县	605.93	82.89	244.66	278.39	197.22	73984
阜宁县	700.17	82.57	293.23	324.37	203.32	88361
射阳县	709.67	118.14	260.51	331.02	231.72	93575
建湖县	710.40	60.83	302.96	346.61	238.07	116727
东台市	1050.52	157.35	381.65	511.52	345.71	118362
扬州市	**7104.98**	**326.62**	**3470.02**	**3308.34**	**2871.82**	**155132**
宝应县	881.65	93.54	434.18	353.93	338.08	129569
仪征市	1002.93	24.51	525.85	452.57	456.16	186974
高邮市	1014.81	96.08	509.31	409.42	407.83	142630
镇江市	**5017.04**	**163.87**	**2471.61**	**2381.56**	**2249.04**	**155823**
丹阳市	1407.88	55.15	753.04	599.69	714.70	141981
扬中市	585.99	18.47	317.99	249.53	296.93	185441
句容市	754.62	57.16	340.96	356.50	286.44	117652
泰州市	**6401.77**	**334.41**	**3158.01**	**2909.35**	**2478.42**	**141830**
兴化市	1085.19	148.47	424.96	511.76	299.97	96487
靖江市	1226.18	27.30	680.23	518.65	477.29	184902
泰兴市	1366.67	75.18	698.88	592.62	590.89	137783
宿迁市	**4111.98**	**374.55**	**1843.98**	**1893.45**	**1543.04**	**82452**
沭阳县	1308.45	115.45	579.41	613.59	507.72	78397
泗阳县	676.39	75.26	299.36	301.77	244.02	81483
泗洪县	651.81	93.93	266.31	291.57	208.62	75801

20－5 地区生产总值构成

（2022 年）

市县名称	地区生产总值指数（上年＝100）	三次产业占 GDP 比重（%）			一般公共预算收入占 GDP 比重（%）	外贸依存度（%）
		第一产业	第二产业	第三产业		
南京市	**102.1**	**1.9**	**35.9**	**62.2**	**9.2**	**37.2**
无锡市	**103.0**	**0.9**	**48.3**	**50.8**	**7.6**	**49.6**
江阴市	102.3	0.8	52.0	47.1	4.8	33.1
宜兴市	103.2	2.5	52.6	44.9	5.9	24.6
徐州市	**103.2**	**9.1**	**42.5**	**48.4**	**6.1**	**15.3**
丰县	101.0	19.1	38.3	42.6	6.2	4.1
沛县	104.0	12.7	44.5	42.8	4.9	10.8
睢宁县	100.4	17.2	39.4	43.4	6.2	9.8
新沂市	104.7	11.7	39.0	49.3	5.6	13.2
邳州市	104.2	14.9	39.1	46.1	3.7	12.9
常州市	**103.5**	**1.8**	**48.8**	**49.4**	**6.6**	**33.8**
溧阳市	106.2	4.1	54.2	41.7	5.7	10.8
苏州市	**102.0**	**0.8**	**48.1**	**51.1**	**9.7**	**107.4**
常熟市	102.0	1.5	50.6	47.9	7.9	57.5
张家港市	101.3	0.9	50.6	48.5	6.6	93.9
昆山市	101.8	0.6	52.2	47.2	8.6	137.8
太仓市	102.2	1.5	49.1	49.4	10.8	66.9
南通市	**102.1**	**4.5**	**49.3**	**46.2**	**5.4**	**32.2**
如东县	101.5	7.7	48.5	43.8	4.0	49.4
启东市	102.2	6.7	49.3	44.0	4.8	24.3
如皋市	102.3	5.9	50.1	44.0	5.0	25.5
海安市	101.8	5.8	54.6	39.6	4.8	14.6
连云港市	**102.4**	**10.6**	**45.3**	**44.1**	**5.3**	**26.9**
东海县	104.2	14.4	43.4	42.2	4.4	7.8
灌云县	103.0	19.4	37.0	43.7	5.3	5.0
灌南县	102.2	15.2	47.6	37.3	4.9	3.5

20－5　续表　　　　　　　　　　　　　　　　　（2022 年）

市县名称	地区生产总值指数（上年 = 100）	三次产业占 GDP 比重（%）			一般公共预算收入占 GDP 比重（%）	外贸依存度（%）
		第一产业	第二产业	第三产业		
淮安市	**103.6**	**9.4**	**42.4**	**48.2**	**6.3**	**9.0**
涟水县	104.1	11.2	44.9	44.0	4.3	4.3
盱眙县	103.8	15.6	38.7	45.7	3.9	2.7
金湖县	104.5	12.9	42.4	44.7	6.6	9.7
盐城市	**104.6**	**11.2**	**41.4**	**47.4**	**6.4**	**19.6**
响水县	104.3	13.2	46.3	40.5	5.3	14.6
滨海县	104.3	13.7	40.4	45.9	4.8	13.6
阜宁县	104.8	11.8	41.9	46.3	4.4	8.8
射阳县	104.1	16.6	36.7	46.6	4.3	11.4
建湖县	104.9	8.6	42.6	48.8	5.3	6.4
东台市	104.7	15.0	36.3	48.7	5.8	9.7
扬州市	**104.3**	**4.6**	**48.8**	**46.6**	**4.6**	**15.5**
宝应县	104.6	10.6	49.2	40.1	2.8	6.8
仪征市	104.6	2.4	52.4	45.1	4.7	14.1
高邮市	104.8	9.5	50.2	40.3	4.0	5.1
镇江市	**102.9**	**3.3**	**49.3**	**47.5**	**6.1**	**20.7**
丹阳市	104.1	3.9	53.5	42.6	5.1	18.7
扬中市	105.0	3.2	54.3	42.6	6.2	7.8
句容市	101.0	7.6	45.2	47.2	5.3	6.4
泰州市	**104.4**	**5.2**	**49.3**	**45.4**	**6.5**	**20.4**
兴化市	104.3	13.7	39.2	47.2	4.4	6.9
靖江市	105.3	2.2	55.5	42.3	5.5	23.5
泰兴市	105.3	5.5	51.1	43.4	6.6	30.0
宿迁市	**103.6**	**9.1**	**44.9**	**46.0**	**6.6**	**13.7**
沭阳县	103.6	8.8	44.3	46.9	4.6	7.8
泗阳县	103.2	11.1	44.3	44.6	4.4	13.7
泗洪县	103.8	14.4	40.9	44.7	4.2	10.2

20－6　农林牧渔业总产值

（2022 年）

单位:亿元

市县名称	农林牧渔业总产值	农　业	林　业	畜牧业	渔　业	农林牧渔服务业
南 京 市	**525.65**	**282.57**	**24.02**	**26.34**	**149.58**	**43.14**
无 锡 市	**220.83**	**136.02**	**12.80**	**5.49**	**34.72**	**31.80**
江 阴 市	66.25	40.68	5.35	1.88	8.42	9.91
宜 兴 市	89.80	53.40	2.87	2.71	20.57	10.25
徐 州 市	**1361.24**	**865.40**	**22.64**	**289.60**	**91.00**	**92.61**
丰　县	175.46	135.41	1.17	27.87	2.21	8.81
沛　县	225.07	141.07	1.90	47.90	14.72	19.48
睢 宁 县	200.35	119.33	4.22	55.40	8.26	13.15
新 沂 市	182.83	95.62	4.92	38.86	28.72	14.71
邳 州 市	303.24	200.50	4.67	57.94	18.00	22.14
常 州 市	**296.04**	**159.94**	**9.80**	**17.81**	**78.40**	**30.08**
溧 阳 市	97.78	53.52	2.49	3.66	30.00	8.12
苏 州 市	**351.10**	**178.30**	**20.30**	**12.20**	**89.50**	**50.80**
常 熟 市	74.14	43.76	1.76	2.92	14.64	11.06
张家港市	56.82	36.01	5.54	3.54	2.78	8.94
昆 山 市	52.93	18.29	4.30	0.13	25.14	5.07
太 仓 市	43.94	24.51	3.84	1.41	6.51	7.67
南 通 市	**950.63**	**415.53**	**4.20**	**155.30**	**258.80**	**116.80**
如 东 县	201.38	68.98	0.79	34.97	81.90	14.74
启 东 市	188.19	53.69	0.68	14.60	94.90	24.32
如 皋 市	143.86	84.52	0.18	38.03	9.68	11.45
海 安 市	150.55	66.46	0.41	47.32	18.53	17.82
连云港市	**776.46**	**336.74**	**10.48**	**123.69**	**236.05**	**69.49**
东 海 县	180.49	98.69	3.07	30.61	23.09	25.02
灌 云 县	169.28	80.10	2.57	37.16	27.22	22.24
灌 南 县	123.36	73.10	1.53	23.92	16.75	8.05

20－6 续表 (2022年) 单位:亿元

市县名称	农林牧渔业总产值	农业	林业	畜牧业	渔业	农林牧渔服务业
淮安市	**768.82**	**476.08**	**16.32**	**128.72**	**110.96**	**36.74**
涟水县	136.20	91.67	4.02	23.25	9.81	7.45
盱眙县	139.71	68.77	1.94	27.99	35.85	5.15
金湖县	91.54	53.30	2.29	10.50	20.95	4.50
盐城市	**1415.20**	**694.89**	**24.44**	**270.47**	**323.76**	**101.64**
响水县	116.00	51.22	2.00	14.04	41.75	6.99
滨海县	147.31	68.08	1.79	37.95	29.32	10.17
阜宁县	144.86	76.25	1.93	34.46	20.71	11.51
射阳县	213.91	90.26	5.35	39.42	60.86	18.02
建湖县	104.12	52.33	2.60	13.91	26.97	8.32
东台市	290.82	150.16	5.30	72.12	46.77	16.48
扬州市	**579.85**	**272.10**	**12.87**	**59.89**	**197.76**	**37.22**
宝应县	162.41	63.76	3.60	15.63	70.50	8.92
仪征市	49.70	31.28	2.21	8.03	2.16	6.02
高邮市	171.32	65.63	1.88	19.44	73.27	11.11
镇江市	**284.06**	**162.94**	**11.01**	**36.10**	**39.89**	**34.11**
丹阳市	94.77	53.47	2.52	11.76	14.96	12.06
扬中市	33.53	18.17	1.79	3.82	5.78	3.96
句容市	93.99	57.54	5.14	9.08	10.21	12.02
泰州市	**558.75**	**314.96**	**3.51**	**64.85**	**143.44**	**32.00**
兴化市	260.05	107.32	1.42	21.32	115.39	14.60
靖江市	44.95	32.12	0.58	4.02	3.89	4.35
泰兴市	117.28	82.39	0.94	21.25	7.61	5.10
宿迁市	**649.64**	**389.99**	**16.15**	**108.00**	**104.62**	**30.89**
沭阳县	199.55	156.30	5.59	24.48	5.26	7.92
泗阳县	140.86	73.81	6.04	19.94	33.45	7.62
泗洪县	155.80	77.19	1.72	29.77	40.61	6.50

20－7　农业生产情况

（2022年）

市县名称	农作物总播种面积（千公顷）	#粮食作物	农业机械总动力（万千瓦）
南京市	**262.28**	**138.21**	**240.05**
无锡市	**133.97**	**81.13**	**89.64**
江阴市	33.42	19.14	27.74
宜兴市	79.87	52.06	41.48
徐州市	**1189.88**	**769.28**	**798.97**
丰　县	155.89	100.54	117.08
沛　县	158.92	100.17	110.17
睢宁县	188.49	146.78	129.22
新沂市	193.58	106.35	130.45
邳州市	235.50	127.44	130.79
常州市	**170.02**	**95.85**	**139.83**
溧阳市	77.19	55.10	58.58
苏州市	**210.57**	**128.28**	**139.09**
常熟市	58.27	33.22	33.57
张家港市	44.09	31.42	30.11
昆山市	19.39	12.41	18.28
太仓市	35.66	21.80	21.30
南通市	**786.53**	**536.79**	**440.27**
如东县	167.82	141.24	99.24
启东市	128.84	80.80	69.92
如皋市	146.62	100.01	92.91
海安市	104.03	80.06	74.53
连云港市	**630.64**	**512.45**	**570.34**
东海县	208.20	164.03	152.06
灌云县	145.78	121.29	95.29
灌南县	106.37	88.01	128.70

20－7　续表　　　　　　　　　　　　　（2022 年）

市县名称	农作物总播种面积（千公顷）	#粮食作物	农业机械总动力（万千瓦）
淮安市	**815.91**	**683.15**	**657.35**
涟水县	176.44	141.52	134.10
盱眙县	163.82	147.67	135.09
金湖县	83.29	75.76	81.67
盐城市	**1398.10**	**992.87**	**783.68**
响水县	115.43	85.07	84.70
滨海县	163.02	132.32	113.15
阜宁县	168.47	126.98	94.72
射阳县	202.32	156.94	109.03
建湖县	120.64	95.34	71.41
东台市	249.66	148.12	116.20
扬州市	**482.39**	**389.96**	**312.85**
宝应县	136.57	113.18	84.40
仪征市	50.30	37.13	44.95
高邮市	135.74	113.99	78.40
镇江市	**184.70**	**135.70**	**148.09**
丹阳市	69.75	58.19	40.62
扬中市	16.06	10.39	13.33
句容市	57.27	38.02	51.76
泰州市	**520.03**	**377.00**	**295.67**
兴化市	202.13	162.61	132.28
靖江市	46.87	36.98	27.65
泰兴市	132.57	85.07	63.36
宿迁市	**749.22**	**603.75**	**648.25**
沭阳县	254.21	185.24	231.15
泗阳县	120.34	96.48	119.13
泗洪县	201.33	179.39	166.38

20－8　农产品产量

（2022年）　　单位:万吨

市县名称	粮食总产量	油料产量	棉花产量（吨）	肉类总产量	#猪牛羊肉	水产品产量
南京市	**99.03**	**5.04**	**290**	**4.63**	**2.65**	**16.73**
无锡市	**55.63**	**0.76**		**0.87**	**0.53**	**10.24**
江阴市	13.09	0.20		0.30	0.20	2.02
宜兴市	35.73	0.45		0.41	0.22	7.14
徐州市	**502.40**	**11.37**	**4665**	**66.10**	**36.05**	**16.39**
丰　县	60.93	0.63	4665	4.49	3.18	0.30
沛　县	66.39	0.33		11.29	4.07	2.80
睢宁县	94.27	2.90		10.72	6.49	2.67
新沂市	72.13	5.59		9.72	5.64	2.42
邳州市	85.21	1.10		15.98	7.98	2.77
常州市	**69.69**	**2.80**	**56**	**5.25**	**1.70**	**14.93**
溧阳市	40.92	2.21	56	0.92	0.43	6.48
苏州市	**92.39**	**0.65**	**50**	**1.81**	**1.64**	**14.33**
常熟市	23.87	0.20	45	0.69	0.66	2.49
张家港市	22.14	0.23		0.30	0.25	0.96
昆山市	9.30	0.05		0.02	0.01	2.18
太仓市	15.32	0.12	6	0.24	0.22	0.86
南通市	**340.95**	**21.25**	**588**	**38.24**	**23.44**	**83.18**
如东县	98.08	2.50	36	10.52	5.66	32.49
启东市	32.88	4.91	45	3.51	2.55	32.14
如皋市	67.88	2.92	8	9.98	5.30	2.83
海安市	62.37	1.42		7.87	5.73	4.95
连云港市	**368.00**	**10.50**	**5**	**34.07**	**21.87**	**76.19**
东海县	116.92	5.08		10.15	6.63	6.90
灌云县	87.89	0.17		7.03	4.57	6.30
灌南县	64.42	0.28		9.19	5.87	4.73

20－8 续表 （2022 年） 单位:万吨

市县名称	粮食总产量	油料产量	棉花产量（吨）	肉类总产量	#猪牛羊肉	水产品产量
淮安市	**492.93**	**6.00**	**2**	**33.48**	**20.72**	**31.87**
涟水县	97.00	2.90		6.45	4.36	2.82
盱眙县	104.85	0.77	2	8.64	4.68	10.31
金湖县	57.33	0.52		1.85	1.36	5.69
盐城市	**715.81**	**14.01**	**126**	**61.01**	**40.38**	**121.20**
响水县	59.99	1.15		4.74	4.03	7.24
滨海县	98.99	1.51		9.58	6.63	10.23
阜宁县	95.96	1.12		8.55	5.72	7.89
射阳县	114.14	1.53	5	9.07	6.73	19.08
建湖县	71.46	1.35		2.36	1.00	10.38
东台市	102.51	3.24	95	13.65	8.07	18.34
扬州市	**287.62**	**5.22**		**15.69**	**8.82**	**40.90**
宝应县	87.30	1.37		4.18	2.86	14.70
仪征市	26.61	0.67		1.42	1.16	0.79
高邮市	84.45	1.55		5.84	1.95	18.60
镇江市	**96.30**	**3.98**		**8.25**	**2.26**	**9.89**
丹阳市	42.75	0.69		3.02	0.89	4.67
扬中市	7.40	0.22		0.39	0.27	0.77
句容市	25.85	1.99		1.87	0.32	2.55
泰州市	**281.32**	**9.94**		**15.46**	**11.14**	**39.80**
兴化市	124.36	2.99		3.60	2.40	30.67
靖江市	27.10	0.59		1.04	0.60	1.04
泰兴市	63.23	3.44		5.76	4.73	2.28
宿迁市	**410.59**	**4.74**	**17**	**35.67**	**20.65**	**29.21**
沭阳县	128.85	1.92		7.67	5.65	1.75
泗阳县	64.53	0.74		5.58	3.90	10.19
泗洪县	117.88	1.66	17	9.32	7.79	8.50

20－9 规模以上工业企业主要经济指标

（2022 年）

单位:亿元

市县名称	企业个数（个）	资产合计	负债合计	营业收入	营业成本	利润总额
南京市	**4294**	**17489.87**	**9432.29**	**16141.72**	**13562.54**	**842.84**
无锡市	**8132**	**24000.40**	**12604.16**	**23374.18**	**20004.75**	**1569.48**
江阴市	2459	7465.54	4234.53	7088.32	6265.66	451.41
宜兴市	1492	3485.34	1964.18	4599.00	4042.66	255.34
徐州市	**3046**	**7229.37**	**4228.25**	**6398.54**	**5271.65**	**414.48**
丰县	290	309.46	181.45	288.76	248.13	17.19
沛县	434	657.90	404.35	699.60	621.50	21.14
睢宁县	335	327.98	202.59	290.87	254.77	7.63
新沂市	400	751.01	434.80	622.32	571.68	12.57
邳州市	506	598.39	346.86	659.90	557.08	56.71
常州市	**6291**	**17457.77**	**9858.34**	**16907.96**	**14577.50**	**961.86**
溧阳市	692	2731.25	1888.57	3445.52	3046.75	198.54
苏州市	**13277**	**45656.68**	**23946.29**	**45491.80**	**39156.89**	**2401.36**
常熟市	1792	5627.36	3034.51	5035.40	4289.75	285.73
张家港市	1549	6913.67	3739.43	7337.97	6656.78	259.40
昆山市	2659	9588.40	5171.19	10909.37	9637.41	479.05
太仓市	1226	2796.04	1515.07	3081.94	2627.66	161.76
南通市	**6541**	**14730.26**	**8261.81**	**12171.38**	**10344.48**	**768.62**
如东县	934	2912.93	1583.56	1801.40	1498.15	161.52
启东市	718	1692.33	1141.41	1210.27	1035.07	55.87
如皋市	966	1567.26	973.49	1504.26	1298.71	70.91
海安市	1176	1758.32	1053.75	2087.98	1786.22	142.39
连云港市	**1287**	**6371.40**	**3832.94**	**4097.37**	**3242.93**	**320.91**
东海县	338	340.46	160.39	371.14	303.91	39.02
灌云县	137	250.88	170.93	144.97	122.24	5.53
灌南县	145	319.41	221.81	401.78	368.08	15.09

20-9　续表　　　　(2022 年)　　　　单位:亿元

市县名称	企业个数(个)	资产合计	负债合计	营业收入	营业成本	利润总额
淮安市	**1968**	**3519.56**	**1859.49**	**3454.45**	**2761.71**	**260.23**
涟水县	263	414.88	205.12	425.34	307.74	63.88
盱眙县	263	257.49	172.52	276.56	238.31	11.74
金湖县	357	445.45	294.21	458.45	383.32	34.08
盐城市	**3937**	**8411.36**	**5544.41**	**8153.08**	**7291.57**	**313.73**
响水县	246	1069.60	758.92	1905.04	1807.73	84.23
滨海县	259	603.13	375.01	363.85	305.50	17.04
阜宁县	358	451.22	278.63	458.57	392.11	27.75
射阳县	481	820.99	574.96	567.68	474.00	35.49
建湖县	502	528.34	313.45	513.40	433.50	32.45
东台市	661	1053.36	655.36	931.72	819.28	46.33
扬州市	**3550**	**6321.45**	**3456.41**	**6752.27**	**5853.33**	**262.48**
宝应县	572	715.62	453.42	903.70	799.26	24.23
仪征市	539	1028.15	571.40	1202.48	1043.57	64.78
高邮市	686	874.18	454.29	1112.33	985.08	37.69
镇江市	**2534**	**6663.58**	**3719.27**	**5477.52**	**4643.26**	**264.95**
丹阳市	912	1854.17	1009.98	1633.69	1361.44	87.96
扬中市	485	1038.71	624.44	892.43	739.84	35.76
句容市	304	932.56	553.20	491.66	430.53	10.13
泰州市	**3676**	**7660.28**	**4192.61**	**7424.88**	**6204.97**	**535.43**
兴化市	777	803.39	429.16	945.76	811.49	47.86
靖江市	727	1798.75	1019.78	1375.64	1190.66	96.09
泰兴市	792	1734.38	904.22	1741.77	1420.51	146.36
宿迁市	**2642**	**4417.77**	**2291.99**	**4282.81**	**3555.70**	**376.96**
沭阳县	953	772.58	436.32	1170.42	1026.58	68.24
泗阳县	465	629.72	384.33	446.13	387.65	15.68
泗洪县	497	590.57	318.40	468.79	394.99	59.09

20－10 交通运输

（2022年）

市县名称	公路里程（公里）	#等级公路	公路客运量（万人）	公路货运量（万吨）	民用汽车拥有量（万辆）	#私人汽车
南京市	**9850**	**9850**	**4871**	**20834**	**306.54**	**233.40**
无锡市	**7280**	**7280**	**5292**	**17444**	**244.38**	**199.98**
江阴市	2336	2336	198	4264	60.43	51.84
宜兴市	2739	2739	60	1646	38.64	33.12
徐州市	**15906**	**15906**	**1498**	**26453**	**194.45**	**178.51**
丰　县	2034	2034	3	2274	18.63	17.86
沛　县	2574	2574	36	3061	20.38	19.05
睢宁县	2306	2306	51	2982	20.72	19.42
新沂市	2172	2172	7	5080	15.52	14.51
邳州市	3342	3342	387	4298	23.77	22.88
常州市	**8512**	**8133**	**1533**	**9770**	**175.97**	**145.14**
溧阳市	2346	2228	62	1991	24.46	21.51
苏州市	**11472**	**11472**	**12958**	**23320**	**499.65**	**416.66**
常熟市	2323	2323	522	1631	56.87	50.13
张家港市	1601	1601	285	4499	50.42	42.45
昆山市	1494	1494	2265	2725	88.13	71.85
太仓市	1358	1358	275	1911	31.19	25.73
南通市	**17506**	**17024**	**957**	**11541**	**215.34**	**191.85**
如东县	3177	3099	45	977	24.94	23.23
启东市	2946	2884	58	547	24.91	23.29
如皋市	3295	3215	183	1962	35.46	32.72
海安市	2599	2553	15	1537	21.20	18.78
连云港市	**12213**	**12213**	**1142**	**10828**	**95.07**	**86.87**
东海县	2828	2828	65	1955	22.37	21.14
灌云县	2578	2578	96	1387	14.79	14.06
灌南县	1873	1873	174	569	8.88	8.39

20－10　续表　　　　　　　　　　　　　　　　（2022 年）

市县名称	公路里程（公里）	#等级公路	公路客运量（万人）	公路货运量（万吨）	民用汽车拥有量（万辆）	#私人汽车
淮安市	**13706**	**13706**	**793**	**4939**	**81.36**	**74.05**
涟水县	2450	2450	240		13.73	12.92
盱眙县	2828	2828	179		8.69	8.01
金湖县	1534	1534	16		4.76	4.24
盐城市	**26202**	**26202**	**1057**	**10923**	**154.08**	**118.79**
响水县	2030	2030	48	465	8.80	7.43
滨海县	2657	2657	93	2016	15.91	12.73
阜宁县	2789	2789	76	568	14.22	11.35
射阳县	3410	3410	82	1628	19.27	14.17
建湖县	2026	2026	114	474	13.26	9.78
东台市	5035	5035	80	2071	19.58	15.36
扬州市	**9604**	**9604**	**563**	**5039**	**97.40**	**83.97**
宝应县	1785	1785	70	386	10.11	9.31
仪征市	1610	1610	55	791	11.81	10.62
高邮市	2171	2171	156	617	12.30	10.83
镇江市	**6895**	**6895**	**1064**	**5381**	**75.51**	**64.79**
丹阳市	2252	2252			24.78	21.40
扬中市	704	704			7.82	6.64
句容市	2399	2399			9.04	8.13
泰州市	**10101**	**10101**	**792**	**4982**	**100.06**	**88.06**
兴化市	3013	3013	47	664	19.13	17.82
靖江市	1276	1276	526	758	18.54	16.04
泰兴市	2374	2374	115	1007	20.45	18.38
宿迁市	**12260**	**12260**	**132**	**8482**	**112.85**	**105.87**
沭阳县	3742	3742	36	2715	32.58	30.61
泗阳县	2288	2288	12	1356	18.40	17.66
泗洪县	2500	2500	34	2013	15.72	14.86

20－11　电力

（2022 年）

市县名称	全年用电量（亿千瓦时）	#工业用电	#城乡居民生活用电
南京市	**724.46**	**355.25**	**122.53**
无锡市	**833.30**	**600.40**	**99.40**
江阴市	279.34	230.99	23.24
宜兴市	117.61	82.73	17.25
徐州市	**430.86**	**249.20**	**87.07**
丰　县	32.51	17.83	8.28
沛　县	58.00	40.51	9.39
睢宁县	31.83	13.27	9.60
新沂市	44.93	28.54	8.05
邳州市	42.99	20.76	11.99
常州市	**609.37**	**456.39**	**69.12**
溧阳市	122.83	100.71	9.70
苏州市	**1661.73**	**1213.31**	**185.79**
常熟市	211.51	164.92	21.82
张家港市	321.79	283.26	18.52
昆山市	270.81	191.65	34.31
太仓市	105.60	78.78	11.34
南通市	**585.43**	**388.12**	**94.26**
如东县	80.53	57.64	10.05
启东市	50.24	28.01	12.19
如皋市	75.10	47.23	15.47
海安市	71.05	52.41	9.27
连云港市	**255.93**	**159.52**	**44.97**
东海县	33.47	16.24	8.88
灌云县	20.09	7.64	6.77
灌南县	37.40	25.91	5.53

20－11　续表　(2022年)

市县名称	全年用电量(亿千瓦时)	#工业用电	#城乡居民生活用电
淮安市	**248.66**	**149.86**	**46.40**
涟水县	25.89	12.97	7.17
盱眙县	28.20	15.08	5.89
金湖县	18.85	12.18	3.22
盐城市	**448.92**	**293.99**	**71.61**
响水县	59.13	49.44	5.00
滨海县	31.66	16.49	8.29
阜宁县	34.98	20.53	8.01
射阳县	37.01	20.37	8.03
建湖县	32.56	20.76	6.42
东台市	57.14	36.82	9.11
扬州市	**313.61**	**200.15**	**53.41**
宝应县	30.38	17.02	6.88
仪征市	57.02	43.97	6.45
高邮市	51.69	35.49	7.33
镇江市	**298.47**	**211.30**	**40.92**
丹阳市	99.56	76.48	11.58
扬中市	19.02	11.34	4.15
句容市	36.12	18.27	8.61
泰州市	**362.22**	**254.53**	**53.43**
兴化市	82.46	59.53	11.32
靖江市	52.04	34.65	8.64
泰兴市	95.26	73.15	12.22
宿迁市	**277.76**	**182.33**	**46.34**
沭阳县	77.52	51.20	15.36
泗阳县	48.30	31.72	7.76
泗洪县	36.78	20.49	7.76

20－12　房地产开发投资主要指标

（2022 年）　　　　单位:亿元

市县名称	房地产开发投资	#住宅	商品房屋销售建筑面积（万平方米）	#住宅	商品房待售面积（万平方米）	#住宅
南京市	**2758.77**	**2052.38**	**942**	**792**	**264**	**97**
无锡市	**1386.79**	**1117.98**	**1160**	**919**	**301**	**81**
江阴市	219.37	183.95	231	204	82	37
宜兴市	184.17	142.51	154	115	71	20
徐州市	**756.13**	**627.11**	**1197**	**1102**	**167**	**90**
丰县	34.08	28.53	85	78	19	12
沛县	52.03	43.91	106	97	31	8
睢宁县	28.06	23.88	102	94	51	31
新沂市	58.77	51.00	113	103	2	1
邳州市	69.97	62.72	176	171	18	14
常州市	**847.56**	**648.41**	**658**	**448**	**422**	**146**
溧阳市	71.55	60.19	84	64	41	15
苏州市	**2691.38**	**2330.90**	**2069**	**1861**	**862**	**437**
常熟市	280.35	253.55	225	214	78	48
张家港市	199.92	177.07	209	180	58	13
昆山市	327.97	258.65	351	324	162	86
太仓市	212.88	182.12	207	187	96	58
南通市	**967.10**	**782.67**	**1333**	**1153**	**390**	**197**
如东县	55.83	46.20	110	104	15	7
启东市	117.82	108.71	186	186	87	80
如皋市	81.73	59.80	192	158	62	19
海安市	66.37	54.03	158	138	16	4
连云港市	**297.54**	**249.03**	**427**	**389**	**113**	**58**
东海县	30.72	27.73	71	64		
灌云县	29.54	22.88	63	50	24	13
灌南县	20.51	17.34	59	56	23	11

20－12 续表 （2022年） 单位:亿元

市县名称	房地产开发投资	#住宅	商品房屋销售建筑面积（万平方米）	#住宅	商品房待售面积（万平方米）	#住宅
淮安市	**360.17**	**262.02**	**830**	**739**	**113**	**80**
涟水县	29.90	19.77	129	119	11	5
盱眙县	16.37	14.06	106	102	28	19
金湖县	8.86	7.73	56	49	18	14
盐城市	**566.95**	**426.32**	**946**	**786**	**360**	**230**
响水县	14.89	10.94	36	33	4	1
滨海县	32.43	24.81	68	63	6	6
阜宁县	17.88	15.87	50	44	31	28
射阳县	31.50	27.80	93	78	38	25
建湖县	17.27	15.46	54	47	28	19
东台市	60.56	41.60	173	140	62	39
扬州市	**717.32**	**550.14**	**672**	**522**	**321**	**135**
宝应县	34.29	26.01	49	36	20	16
仪征市	86.29	58.80	105	90	52	25
高邮市	63.49	53.31	71	64	43	30
镇江市	**336.83**	**282.93**	**529**	**462**	**303**	**155**
丹阳市	72.67	62.41	109	89	79	32
扬中市	23.81	17.56	53	30	33	17
句容市	101.19	83.23	196	193	69	43
泰州市	**353.23**	**281.41**	**701**	**511**	**55**	**23**
兴化市	54.91	47.63	97	91	8	7
靖江市	36.66	30.52	100	83	4	0
泰兴市	29.51	23.98	144	92	18	8
宿迁市	**370.56**	**315.93**	**671**	**500**	**181**	**58**
沭阳县	78.31	64.90	215	96	77	11
泗阳县	56.29	49.40	134	114	37	18
泗洪县	52.80	45.71	97	84		

20－13　国内贸易、对外经济

（2022 年）

市县名称	社会消费品零售总额（亿元）	进出口总额（亿元）	出口	进口	实际使用外资（亿美元）
南京市	7832.41	6292.10	3827.90	2464.20	48.50
无锡市	**3337.60**	**7373.07**	**4852.64**	**2520.44**	**38.26**
江阴市	698.65	1574.24	1075.01	499.23	5.83
宜兴市	551.94	549.35	311.12	238.22	2.00
徐州市	**4102.73**	**1291.15**	**1111.96**	**179.20**	**12.24**
丰县	301.21	22.07	17.62	4.45	0.22
沛县	597.45	109.68	103.29	6.38	1.37
睢宁县	464.85	67.21	62.72	4.49	0.79
新沂市	392.97	109.13	69.79	39.34	0.88
邳州市	435.96	149.33	137.39	11.94	1.90
常州市	**2856.17**	**3228.45**	**2507.37**	**721.09**	**28.31**
溧阳市	379.88	152.28	108.17	44.10	4.03
苏州市	**9010.71**	**25721.11**	**15475.04**	**10246.07**	**74.18**
常熟市	1200.37	1595.00	1109.03	485.98	6.55
张家港市	789.34	3102.13	1354.02	1748.11	6.97
昆山市	1638.11	6900.15	4694.22	2205.94	17.32
太仓市	510.78	1106.44	598.38	508.07	5.56
南通市	**3956.87**	**3665.25**	**2350.38**	**1314.87**	**29.52**
如东县	497.02	648.95	203.69	445.26	3.12
启东市	477.24	338.36	271.11	67.26	3.60
如皋市	537.08	377.18	270.09	107.09	3.22
海安市	421.51	201.04	163.22	37.82	2.73
连云港市	**1197.69**	**1075.68**	**398.37**	**677.31**	**7.80**
东海县	263.15	53.30	46.36	6.94	0.62
灌云县	79.19	22.51	21.74	0.77	0.95
灌南县	95.10	16.81	14.86	1.95	0.79

市县名称	社会消费品零售总额（亿元）	进出口总额（亿元）	出口	进口	实际使用外资（亿美元）
淮安市	**1820.19**	**428.32**	**321.38**	**106.94**	**10.18**
涟水县	224.45	30.38	27.28	3.10	1.61
盱眙县	180.75	14.34	13.68	0.66	0.64
金湖县	130.42	39.96	38.62	1.34	1.20
盐城市	**2700.59**	**1388.07**	**934.52**	**453.54**	**11.83**
响水县	128.20	69.95	63.90	6.05	0.13
滨海县	264.53	82.53	53.88	28.65	0.44
阜宁县	284.38	61.41	46.54	14.86	1.23
射阳县	278.90	80.98	68.67	12.31	1.05
建湖县	239.68	45.60	43.72	1.88	0.24
东台市	308.42	102.24	93.22	9.01	0.48
扬州市	**1518.91**	**1101.19**	**870.82**	**230.37**	**15.35**
宝应县	175.06	60.35	50.71	9.64	0.74
仪征市	127.71	141.77	93.17	48.60	1.89
高邮市	188.72	51.59	48.91	2.68	1.30
镇江市	**1364.02**	**1038.82**	**774.61**	**264.22**	**5.68**
丹阳市	362.52	263.80	237.70	26.10	1.37
扬中市	158.76	45.70	41.80	3.90	0.45
句容市	179.01	48.30	36.50	11.80	0.90
泰州市	**1588.36**	**1307.33**	**895.82**	**411.51**	**11.39**
兴化市	315.36	74.79	69.25	5.54	0.61
靖江市	248.55	288.63	204.67	83.96	1.36
泰兴市	326.73	410.59	259.60	151.00	3.85
宿迁市	**1465.89**	**564.52**	**507.39**	**57.09**	**11.71**
沭阳县	356.26	102.09	98.99	3.10	0.40
泗阳县	178.09	92.60	89.50	3.09	0.56
泗洪县	184.46	66.40	61.48	4.93	0.02

20－14　财政、金融

（2022 年）　　　　单位：亿元

市县名称	一般公共预算收入	#税收收入	一般公共预算支出	年末金融机构存款余额	#住户存款	年末金融机构贷款余额
南京市	**1558.21**	**1208.88**	**1828.69**	**48372.91**	**13078.05**	**48201.43**
无锡市	**1133.38**	**852.24**	**1365.84**	**23613.48**	**9929.26**	**19562.10**
江阴市	226.83	178.68	244.59	5236.26	2134.88	4204.55
宜兴市	131.72	101.68	188.88	3386.96	1819.66	2599.14
徐州市	**517.43**	**361.44**	**1031.82**	**10553.62**	**5902.71**	**9338.85**
丰县	33.25	24.64	86.66	659.25	496.51	554.53
沛县	50.01	39.02	128.50	808.07	588.89	651.61
睢宁县	42.25	29.33	108.55	762.75	556.66	680.71
新沂市	46.07	32.57	106.00	682.91	445.96	731.76
邳州市	43.28	32.21	125.30	918.13	676.23	938.67
常州市	**631.78**	**502.54**	**826.03**	**15438.33**	**6916.66**	**13777.88**
溧阳市	81.09	67.61	127.68	2145.83	1073.64	1612.31
苏州市	**2329.18**	**1897.65**	**2588.57**	**44500.47**	**16723.66**	**45247.30**
常熟市	220.00	170.65	287.84	4599.76	2325.10	4110.77
张家港市	219.07	164.79	230.15	5006.50	2077.15	4086.58
昆山市	430.18	371.64	378.99	6394.07	2456.78	5854.78
太仓市	177.82	145.96	178.92	2417.55	1051.22	2583.94
南通市	**613.00**	**412.59**	**1147.22**	**17993.40**	**10648.19**	**16007.07**
如东县	52.72	36.26	153.94	1912.21	1181.66	1584.88
启东市	67.16	48.32	126.26	2088.24	1449.66	1701.17
如皋市	73.50	50.15	135.97	1973.88	1383.40	1813.14
海安市	66.02	44.86	140.46	2004.20	1310.38	1864.90
连云港市	**212.81**	**127.48**	**536.00**	**5223.01**	**2467.54**	**6004.64**
东海县	30.03	22.72	78.72	670.46	464.74	655.99
灌云县	23.78	16.71	69.23	418.80	300.87	483.59
灌南县	23.61	13.72	57.90	364.09	229.84	422.42

(2022 年)　　单位:亿元

市县名称	一般公共预算收入	#税收收入	一般公共预算支出	年末金融机构存款余额	#住户存款	年末金融机构贷款余额
淮安市	**300.08**	**210.00**	**659.35**	**5801.78**	**2840.98**	**6446.90**
涟水县	30.02	20.84	78.99	623.93	392.25	515.35
盱眙县	20.47	11.84	70.23	530.81	368.03	584.31
金湖县	27.28	22.01	61.58	429.84	290.88	415.77
盐城市	**453.26**	**297.26**	**1093.91**	**9870.57**	**5653.21**	**9586.97**
响水县	25.35	19.16	70.06	370.93	242.97	377.61
滨海县	28.96	20.40	110.75	692.52	444.07	659.58
阜宁县	30.50	22.01	100.83	759.87	558.78	505.90
射阳县	30.76	20.02	101.24	803.03	600.94	711.08
建湖县	37.65	26.11	115.49	783.73	561.21	603.19
东台市	60.60	44.20	139.81	1406.43	1002.78	992.21
扬州市	**325.49**	**238.14**	**699.17**	**8903.02**	**5006.37**	**8115.69**
宝应县	24.48	17.40	100.07	805.68	545.40	646.11
仪征市	46.65	37.00	72.06	923.59	566.64	791.71
高邮市	40.09	30.88	94.76	1010.16	694.21	848.79
镇江市	**303.96**	**199.22**	**535.53**	**7344.33**	**3679.81**	**7921.03**
丹阳市	71.93	55.55	112.06	1795.90	1093.12	1702.22
扬中市	36.15	26.91	61.22	879.10	509.08	878.80
句容市	39.82	26.37	80.00	1074.86	605.31	1554.83
泰州市	**416.65**	**264.50**	**703.86**	**9623.68**	**4941.56**	**8579.05**
兴化市	48.02	33.00	129.06	1350.86	1018.10	1085.00
靖江市	67.99	42.98	103.44	1730.27	898.45	1487.83
泰兴市	90.01	62.22	128.14	1687.65	874.80	1485.74
宿迁市	**271.78**	**218.45**	**621.81**	**4986.59**	**2373.56**	**5136.62**
沭阳县	60.71	46.41	132.09	953.91	689.54	1003.43
泗阳县	30.03	22.57	86.36	621.47	423.46	820.20
泗洪县	27.57	20.13	106.08	617.21	430.24	719.83

20－15　科技、教育

（2022 年）

市县名称	专利申请授权量（件）	#发明	普通中学在校学生（万人）	小　学在校学生（万人）	普通中学专任教师（人）	小　学专任教师（人）
南京市	**86900**	**28291**	**30.25**	**52.93**	**29331**	**36643**
无锡市	**68950**	**8439**	**27.94**	**47.09**	**24707**	**28311**
江阴市	11054	1069	6.79	10.95	6055	6624
宜兴市	9600	742	4.52	7.46	4426	4204
徐州市	**27540**	**5502**	**69.45**	**84.07**	**53055**	**51053**
丰　县	3421	463	6.84	8.30	4735	4896
沛　县	1575	192	7.96	10.01	5983	6124
睢宁县	1955	386	8.23	10.51	5638	6114
新沂市	2680	673	8.98	9.39	7183	5780
邳州市	2842	650	14.50	14.13	12317	9509
常州市	**53163**	**6712**	**21.23**	**34.34**	**17610**	**20351**
溧阳市	3349	487	3.04	4.40	2883	2735
苏州市	**164972**	**20558**	**47.54**	**91.95**	**41537**	**54288**
常熟市	11085	1226	5.29	9.43	4803	5602
张家港市	11007	1747	5.71	10.06	4703	5909
昆山市	33209	2997	8.47	17.93	6283	9640
太仓市	10278	695	2.86	5.44	2347	3275
南通市	**38506**	**6209**	**25.98**	**38.91**	**26015**	**24635**
如东县	2811	574	2.55	3.02	2900	2547
启东市	3820	666	2.87	4.06	3185	2836
如皋市	5631	652	5.12	7.04	4877	4301
海安市	6373	773	2.71	3.88	3303	2720
连云港市	**8285**	**1126**	**34.01**	**41.29**	**28814**	**26151**
东海县	1120	117	9.25	10.68	8237	7014
灌云县	675	56	5.30	5.96	4773	4043
灌南县	538	43	4.66	5.29	3756	3376

市县名称	专利申请授权量（件）	#发明	普通中学在校学生（万人）	小学在校学生（万人）	普通中学专任教师（人）	小学专任教师（人）
淮安市	**11624**	**1095**	**27.54**	**34.63**	**24967**	**23255**
涟水县	1305	62	5.48	6.57	5203	4425
盱眙县	909	43	4.33	4.57	4034	3302
金湖县	1456	110	0.95	1.44	968	1018
盐城市	**24606**	**2614**	**35.65**	**42.10**	**32913**	**28031**
响水县	707	96	3.57	3.96	3300	2666
滨海县	1120	127	6.24	6.15	4634	3940
阜宁县	1773	67	4.93	6.05	4430	4087
射阳县	1564	95	3.84	4.26	3544	2977
建湖县	2694	251	2.94	3.38	2777	2366
东台市	3087	488	2.96	3.73	1387	2648
扬州市	**23219**	**2543**	**17.40**	**23.17**	**16887**	**15070**
宝应县	2096	119	2.89	3.27	2997	2286
仪征市	2368	181	1.92	2.54	1993	1678
高邮市	4800	359	2.30	2.97	2445	2111
镇江市	**20131**	**3270**	**11.75**	**17.27**	**10964**	**11079**
丹阳市	5487	369	3.96	5.65	3598	3581
扬中市	3282	244	1.13	1.72	1063	1057
句容市	2082	159	2.07	3.11	2134	2197
泰州市	**20204**	**2061**	**18.16**	**23.68**	**18652**	**14782**
兴化市	3506	310	5.03	5.85	4557	3944
靖江市	4111	352	2.26	3.18	2705	1949
泰兴市	3401	427	3.99	4.94	4659	3238
宿迁市	**11994**	**825**	**38.47**	**54.19**	**24338**	**28759**
沭阳县	2483	277	13.50	17.93	7517	8635
泗阳县	1921	91	7.51	8.67	4629	5238
泗洪县	2025	110	7.40	10.33	5364	5403

20－16 文化、卫生

（2022 年）

市县名称	公共图书馆（个）	公共图书馆图书藏量（千册）	医疗卫生机构数（个）	医疗机构床位数（张）	卫生技术人员（人）	#执业（助理）医师
南京市	**14**	**9700**	**3607**	**70710**	**18640**	**40610**
无锡市	**8**	**10267**	**3185**	**52208**	**66311**	**25859**
江阴市	1	3088	671	9337	12301	5140
宜兴市	1	838	633	7692	11124	4317
徐州市	**11**	**5649**	**4501**	**62506**	**76327**	**29872**
丰　县	1	245	553	4473	5770	2740
沛　县	1	911	605	6866	6333	2681
睢宁县	1	1120	453	5206	6634	2654
新沂市	1	403	439	4623	6384	2624
邳州市	1	670	714	8557	9914	3821
常州市	**8**	**4759**	**1819**	**32747**	**42788**	**16578**
溧阳市	1	549	309	4306	5554	2361
苏州市	**11**	**27936**	**4138**	**79968**	**105498**	**41048**
常熟市	1	3138	559	11511	12435	5093
张家港市	1	3049	508	10321	11804	4763
昆山市	1	3398	682	8536	14703	5842
太仓市	1	1588	323	4697	5615	2331
南通市	**11**	**9531**	**3519**	**51342**	**57711**	**23077**
如东县	2	477	474	4074	5087	2258
启东市	1	852	402	4608	5725	2346
如皋市	2	1069	584	7022	7816	3437
海安市	1	512	409	6635	6174	2480
连云港市	**8**	**3962**	**2799**	**28778**	**33776**	**13366**
东海县	1	796	526	5068	5765	2396
灌云县	1	305	454	4449	4753	1950
灌南县	1	541	399	4105	4503	1762

20－16 续表 （2022 年）

市县名称	公共图书馆（个）	公共图书馆图书藏量（千册）	医疗卫生机构数（个）	医疗机构床位数（张）	卫生技术人员（人）	#执业（助理）医师
淮安市	**9**	**4983**	**2298**	**21322**	**38216**	**14582**
涟水县	1	213	472	4816	5114	2104
盱眙县	1	410	388	3866	4582	1856
金湖县	1	709	137	1596	2170	860
盐城市	**11**	**6877**	**3378**	**43780**	**52180**	**21583**
响水县	1	289	221	2827	3424	1228
滨海县	1	286	419	4712	5437	2310
阜宁县	2	540	418	5160	6075	2687
射阳县	1	399	339	4588	5032	2332
建湖县	1	328	317	3495	4171	1977
东台市	1	1221	472	5832	6337	2637
扬州市	**8**	**6539**	**1926**	**27438**	**33475**	**13538**
宝应县	1	320	340	3609	4490	1822
仪征市	1	1488	184	3043	4134	1733
高邮市	1	517	255	3832	4068	1782
镇江市	**9**	**4857**	**1151**	**18003**	**24248**	**9522**
丹阳市	2	1007	286	4016	5834	2340
扬中市	1	597	132	1549	2177	890
句容市	1	528	258	2363	3693	1538
泰州市	**7**	**4285**	**2144**	**30540**	**34834**	**14239**
兴化市	1	303	659	6894	7427	3232
靖江市	1	1117	327	5079	5220	2189
泰兴市	1	367	450	5616	7062	3050
宿迁市	**6**	**2870**	**2536**	**33619**	**39756**	**15368**
沭阳县	1	203	839	9673	11971	4812
泗阳县	1	377	460	6024	6986	2734
泗洪县	1	374	516	6574	7517	2839

20－17 人民生活(一)

(2022 年)

市县名称	居民人均可支配收入(元)	居民人均生活消费支出(元)	#食品烟酒	居民恩格尔系数(%)	居民人均住房建筑面积(平方米)
南京市	69039	40313	10482	26.0	45.4
无锡市	**65823**	**41381**	**11411**	**27.6**	**55.1**
江阴市	70515	38065	10707	28.1	64.9
宜兴市	58401	36212	10404	28.7	62.6
徐州市	**35950**	**22277**	**6612**	**29.7**	**55.8**
丰县	28934	19440	5934	30.0	57.2
沛县	34015	21102	6232	29.5	57.3
睢宁县	28942	17035	5094	29.9	68.4
新沂市	31360	20333	6015	29.6	60.6
邳州市	34557	19428	5817	29.9	65.1
常州市	**59514**	**35216**	**9599**	**27.3**	**63.6**
溧阳市	51904	29306	8248	28.1	46.1
苏州市	**70819**	**42889**	**11305**	**26.4**	**53.1**
常熟市	68421	41500	11250	27.1	65.4
张家港市	68681	39660	10627	26.8	51.9
昆山市	70269	41116	11589	28.2	47.1
太仓市	67392	40816	10969	26.9	61.4
南通市	**49093**	**30958**	**9149**	**29.6**	**58.0**
如东县	43645	26794	7762	29.0	62.1
启东市	46337	33250	9882	29.7	60.8
如皋市	43656	26318	7616	28.9	66.7
海安市	45116	29392	8489	28.9	64.0
连云港市	**33723**	**21735**	**7313**	**33.6**	**55.6**
东海县	32370	20519	7312	35.6	59.5
灌云县	27549	17274	6127	35.5	54.0
灌南县	28105	18406	5857	31.8	68.8

市县名称	居民人均可支配收入（元）	居民人均生活消费支出（元）	#食品烟酒	居民恩格尔系数（%）	居民人均住房建筑面积（平方米）
淮安市	**36706**	**20826**	**6318**	**30.3**	**53.6**
涟水县	30145	18116	5478	30.2	58.5
盱眙县	35152	18620	5571	29.9	54.0
金湖县	36539	24769	7533	30.4	62.0
盐城市	**38798**	**23062**	**6722**	**29.1**	**52.8**
响水县	31291	15937	4683	29.4	44.7
滨海县	32475	18922	5458	28.8	52.4
阜宁县	32162	21656	6141	28.4	53.6
射阳县	34381	22745	6805	29.9	49.7
建湖县	37208	20582	6084	29.6	49.0
东台市	41914	23402	6872	29.4	60.8
扬州市	**44828**	**27581**	**8023**	**29.1**	**54.1**
宝应县	34342	21652	6464	29.9	50.0
仪征市	42859	25959	7625	29.4	54.4
高邮市	37775	25737	7456	29.0	59.0
镇江市	**52615**	**32079**	**9402**	**29.3**	**55.1**
丹阳市	50386	32022	9542	29.8	48.8
扬中市	56310	31585	9387	29.7	59.0
句容市	46507	28947	9171	31.7	55.7
泰州市	**46363**	**29192**	**8615**	**29.5**	**59.5**
兴化市	40112	24062	7216	30.0	46.8
靖江市	50252	35806	10425	29.1	72.7
泰兴市	45210	28198	8117	28.8	63.0
宿迁市	**30796**	**18939**	**5681**	**30.0**	**48.5**
沭阳县	30353	19340	5842	30.2	49.2
泗阳县	30119	19411	5858	30.2	51.8
泗洪县	29358	17274	5203	30.1	48.3

20－17　人民生活(二)

(2022)

市县名称	城镇常住居民人均可支配收入(元)	城镇常住居民人均生活消费支出(元)	#食品烟酒	城镇常住居民恩格尔系数(%)	城镇常住居民人均住房建筑面积(平方米)
南京市	**76643**	**43629**	**11131**	**25.5**	**40.7**
无锡市	**73332**	**45298**	**12144**	**26.8**	**51.8**
江阴市	81418	41840	11530	27.6	66.2
宜兴市	69215	41523	11725	28.2	56.7
徐州市	**42610**	**24984**	**7283**	**29.2**	**50.8**
丰县	34817	23620	7121	30.0	48.8
沛县	41377	24632	7129	28.9	56.3
睢宁县	35113	19020	5529	29.1	68.0
新沂市	37970	23571	6817	28.9	56.7
邳州市	42931	22597	6650	29.4	70.0
常州市	**68578**	**39059**	**10272**	**26.3**	**51.6**
溧阳市	63152	31654	8696	27.5	42.1
苏州市	**79537**	**47451**	**12431**	**26.2**	**47.0**
常熟市	80054	46210	12450	26.9	62.2
张家港市	80511	44924	12018	26.8	43.8
昆山市	80138	45717	12697	27.8	39.7
太仓市	79265	46407	12378	26.7	51.0
南通市	**59605**	**36389**	**10495**	**28.8**	**52.7**
如东县	56448	31217	8901	28.5	58.7
启东市	57106	41291	12240	29.6	56.4
如皋市	56056	30678	8859	28.9	65.0
海安市	57045	33293	9423	28.3	61.2
连云港市	**41282**	**25853**	**8309**	**32.1**	**52.2**
东海县	40950	25392	8723	34.4	56.0
灌云县	34388	20253	7162	35.4	52.0
灌南县	36611	23014	7122	30.9	57.0

20－17　续表　（2022 年）

市县名称	城镇常住居民人均可支配收入（元）	城镇常住居民人均生活消费支出（元）	#食品烟酒	城镇常住居民恩格尔系数（%）	城镇常住居民人均住房建筑面积（平方米）
淮安市	**46041**	**24785**	**7405**	**29.9**	**50.2**
涟水县	38273	22677	6793	30.0	63.2
盱眙县	46182	24342	7272	29.9	50.0
金湖县	46601	28395	8486	29.9	56.7
盐城市	**45896**	**25194**	**7168**	**28.5**	**49.2**
响水县	37918	16742	4940	29.5	47.8
滨海县	39873	21147	5873	27.8	51.4
阜宁县	38309	27278	7800	28.5	52.3
射阳县	40332	28741	8505	29.6	50.7
建湖县	44542	23013	6601	28.7	50.0
东台市	49049	25514	7445	29.2	59.3
扬州市	**53673**	**30888**	**8954**	**29.0**	**49.1**
宝应县	40695	23895	7143	29.9	48.0
仪征市	55024	30261	8873	29.3	51.2
高邮市	47517	30443	8784	28.9	59.0
镇江市	**61552**	**35071**	**10202**	**29.1**	**51.3**
丹阳市	61519	33076	9911	30.0	46.7
扬中市	67927	34558	10254	29.7	56.4
句容市	59372	32963	10334	31.4	55.7
泰州市	**56576**	**33619**	**9478**	**28.2**	**53.3**
兴化市	51154	27823	7932	28.5	44.9
靖江市	60815	40743	11612	28.5	63.2
泰兴市	56312	34057	9987	29.3	57.0
宿迁市	**36756**	**22093**	**6565**	**29.7**	**45.7**
沭阳县	36230	22388	6729	30.1	46.6
泗阳县	36089	21560	6455	29.9	53.0
泗洪县	35113	21480	6430	29.9	46.0

20－17 人民生活(三)

(2022年)

市县名称	农村常住居民人均可支配收入(元)	农村常住居民人均生活消费支出(元)	#食品烟酒	农村常住居民恩格尔系数(%)	农村常住居民人均住房建筑面积(平方米)
南京市	**34664**	**25322**	**7548**	**29.8**	**66.8**
无锡市	**41934**	**28920**	**9082**	**31.4**	**65.4**
江阴市	44993	29227	8779	30.0	61.7
宜兴市	38153	26267	7929	30.2	80.8
徐州市	**25210**	**17911**	**5531**	**30.9**	**63.4**
丰　县	23054	15263	4737	31.0	64.5
沛　县	26051	17277	5259	30.4	58.3
睢宁县	22745	15040	4657	31.0	68.9
新沂市	24072	16763	5131	30.6	65.0
邳州市	25428	15969	4907	30.7	59.8
常州市	**37852**	**26031**	**8142**	**31.3**	**79.0**
溧阳市	35306	25806	7579	29.4	52.8
苏州市	**43785**	**28746**	**7812**	**27.2**	**72.0**
常熟市	44308	31738	8764	27.6	70.9
张家港市	44245	28786	7754	26.9	68.6
昆山市	44583	29143	8705	29.9	74.3
太仓市	43725	29671	8160	27.5	75.2
南通市	**30819**	**21515**	**6809**	**31.6**	**69.7**
如东县	27915	21360	6363	29.8	65.5
启东市	32501	22918	6852	29.9	68.2
如皋市	27820	20751	6028	29.0	68.5
海安市	29826	24391	7292	29.9	68.6
连云港市	**22667**	**15714**	**5860**	**37.3**	**60.6**
东海县	23620	15548	5873	37.8	63.0
灌云县	21256	14532	5174	35.6	56.0
灌南县	20293	14174	4720	33.3	70.4

20－17　续表　　　　　　　　　　　　　　　（2022 年）

市县名称	农村常住居民人均可支配收入（元）	农村常住居民人均生活消费支出（元）	#食品烟酒	农村常住居民恩格尔系数（%）	农村常住居民人均住房建筑面积（平方米）
淮安市	**23404**	**15184**	**4770**	**31.4**	**57.0**
涟水县	21848	13461	4136	30.7	51.7
盱眙县	23539	12595	3779	30.0	62.0
金湖县	25789	20895	6514	31.2	65.1
盐城市	**27794**	**19755**	**6029**	**30.5**	**57.7**
响水县	23686	15013	4389	29.2	62.4
滨海县	24203	16433	4994	30.4	60.0
阜宁县	24921	15032	4306	28.6	61.1
射阳县	26752	15058	4626	30.7	48.3
建湖县	27478	17356	5399	31.1	48.5
东台市	31758	20395	6057	29.7	62.4
扬州市	**29332**	**21786**	**6392**	**29.3**	**62.9**
宝应县	27722	19315	5767	29.9	55.0
仪征市	28302	20812	6131	29.5	57.6
高邮市	27559	20802	6063	29.1	67.0
镇江市	**33129**	**25556**	**7658**	**30.0**	**61.7**
丹阳市	34374	30506	9012	29.5	51.8
扬中市	37936	26882	8017	29.8	63.3
句容市	29982	23789	7677	32.3	63.0
泰州市	**29417**	**21846**	**7182**	**32.9**	**70.1**
兴化市	27638	19812	6407	32.3	49.0
靖江市	32193	27364	8395	30.7	90.4
泰兴市	29799	20066	5520	27.5	71.0
宿迁市	**23058**	**14844**	**4533**	**30.5**	**52.2**
沭阳县	23319	15691	4780	30.5	52.4
泗阳县	23081	16876	5155	30.5	50.8
泗洪县	22603	12338	3762	30.5	50.9

20－18　长江三角洲城市主要经济指标(一)

(2022 年)

地区	地区生产总值(亿元)	第一产业增加值(亿元)	第二产业增加值(亿元)	第三产业增加值(亿元)
杭　州	18753.07	345.97	5619.86	12787.24
宁　波	15704.30	381.99	7413.47	7908.84
温　州	8029.77	177.48	3380.82	4471.47
嘉　兴	6739.45	144.01	3719.61	2875.83
湖　州	3849.95	161.14	1966.15	1722.66
绍　兴	7350.55	243.55	3597.75	3509.25
金　华	5562.47	161.77	2328.48	3072.22
衢　州	2003.44	93.20	874.12	1036.12
舟　山	1951.29	170.94	950.36	829.99
台　州	6040.72	330.06	2639.10	3071.56
丽　水	1830.87	117.71	705.91	1007.25
南　京	16907.85	315.56	6069.64	10522.65
无　锡	14850.82	133.65	7177.39	7539.78
常　州	9550.06	172.36	4664.47	4713.23
苏　州	23958.34	192.98	11521.41	12243.95
南　通	11379.60	510.04	5611.06	5258.50
扬　州	7104.98	326.62	3470.02	3308.34
镇　江	5017.04	163.87	2471.61	2381.56
泰　州	6401.77	334.41	3158.01	2909.35
上　海	44652.80	96.95	11458.43	33097.42

20－18　长江三角洲城市主要经济指标(二)

(2022 年)

地　区	规模以上工业增加值比上年±%	规模以上工业利润总额(亿元)	全社会用电量(亿千瓦时)	工业用电量(亿千瓦时)
杭　州	0.30	1464.99	949.85	422.04
宁　波	3.80	1413.70	972.66	674.67
温　州	4.70	343.45	536.45	286.15
嘉　兴	3.90	686.62	653.34	495.84
湖　州	3.00	352.89	360.21	247.24
绍　兴	10.00	539.87	526.32	383.30
金　华	3.60	264.31	505.19	312.01
衢　州	9.60	163.98	225.05	166.77
舟　山	21.00	100.28	182.61	142.27
台　州	0.30	399.52	410.87	251.02
丽　水	5.00	95.59	139.08	81.28
南　京	2.40	825.90	724.46	355.25
无　锡	5.40	1460.30	833.30	600.40
常　州	9.20	939.70	609.37	456.39
苏　州	2.40	2383.90	1661.73	1213.31
南　通	5.10	740.90	585.43	388.12
扬　州	8.70	262.50	313.61	200.15
镇　江	5.60	239.50	298.47	211.30
泰　州	8.50	551.90	362.22	254.53
上　海	-0.60	2788.19	1745.55	809.84

20－18 长江三角洲城市主要经济指标(三)

(2022年)

地 区	一般公共预算收入(亿元)	一般公共预算支出(亿元)	社会消费品零售总额(亿元)	实际利用外资(亿美元)
杭 州	2450.61	2542.09	7293.60	78.12
宁 波	1680.13	2187.73	4896.70	37.27
温 州	573.85	1137.74	3944.10	6.12
嘉 兴	596.47	827.71	2342.70	31.58
湖 州	387.30	601.92	1594.70	15.77
绍 兴	540.09	804.86	2585.90	10.18
金 华	489.16	830.40	2965.30	4.68
衢 州	173.10	567.70	878.10	1.05
舟 山	156.15	354.27	575.20	4.63
台 州	440.75	834.93	2586.00	2.41
丽 水	170.86	607.10	804.80	1.19
南 京	1558.21	1828.70	7832.41	48.50
无 锡	1133.38	1365.84	3337.60	38.26
常 州	631.78	826.06	2856.16	28.31
苏 州	2329.18	2588.50	9010.71	74.18
南 通	613.00	1147.22	3956.87	29.52
扬 州	325.49	699.17	1518.91	15.35
镇 江	303.96	535.60	1364.02	5.68
泰 州	416.65	703.86	1588.36	11.39
上 海	7608.19	9393.16	16442.14	239.56

20－18 长江三角洲城市主要经济指标(四)

(2022 年)

地 区	进出口总额(亿元)	出口总额(亿元)	金融机构本外币存款余额(亿元)	金融机构本外币贷款余额(亿元)
杭 州	7564.81	2424.16	69592.03	62306.30
宁 波	12671.26	4440.67	31302.66	32986.07
温 州	2949.55	447.55	19140.41	18116.77
嘉 兴	4399.99	1186.92	13707.78	14345.45
湖 州	1629.57	129.44	7898.00	8797.87
绍 兴	3691.93	282.96	14339.47	13866.10
金 华	6838.74	882.17	14227.22	13694.56
衢 州	612.51	210.59	4159.90	4275.95
舟 山	3381.78	2226.28	3310.63	3703.86
台 州	2771.84	245.15	13937.42	13764.78
丽 水	324.57	35.32	4724.34	3950.62
南 京	6292.13	2464.22	49531.31	48760.23
无 锡	7373.07	2520.44	24438.57	19879.67
常 州	3228.45	721.09	15907.57	13844.17
苏 州	25721.11	10246.07	47430.56	46923.26
南 通	3665.25	1314.87	18293.56	16059.54
扬 州	1101.19	230.37	9030.06	8129.45
镇 江	1038.82	264.22	7470.40	7940.38
泰 州	1307.33	411.51	9739.35	8649.46
上 海	41902.75	24768.53	192293.06	103138.91

20－18　长江三角洲城市主要经济指标（五）

（2022 年）

地　区	城镇居民人均可支配收入（元）	农村居民人均可支配收入（元）	居民消费价格指数
杭　州	77043.00	45183.00	102.44
宁　波	76690.00	45487.00	102.27
温　州	73326.00	38482.00	101.85
嘉　兴	72096.00	46276.00	102.11
湖　州	71044.00	44112.00	102.32
绍　兴	76199.00	45709.00	101.72
金　华	69626.00	35630.00	101.87
衢　州	57465.00	31468.00	102.50
舟　山	71965.00	45924.00	101.71
台　州	70737.00	37700.00	101.55
丽　水	55784.00	28470.00	101.91
南　京	76642.56	34663.97	102.20
无　锡	73331.65	41934.26	102.10
常　州	68578.40	37851.66	101.90
苏　州	79537.44	43784.83	102.10
南　通	59605.36	30819.23	102.10
扬　州	53673.24	29331.54	102.20
镇　江	61552.30	33128.54	102.00
泰　州	56576.15	29417.41	102.30
上　海	84034.00	39729.00	102.50

附　录

主要统计指标解释

地区生产总值 一个国家(地区)所有常住单位在一定时期内(通常为1年)生产活动的最终成果(简称GDP)。地区生产总值有三种表现形态,即价值形态、收入形态和产品形态。从价值形态看,它是所有常住单位在一定时期内所生产的全部货物和服务价值超过同期投入的全部非固定资产货物和服务价值的差额,即所有常住单位的增加值之和;从收入形态看,它是所有常住单位在一定时期内所创造并分配给常住单位和非常住单位的初次分配收入之和;从产品形态看,它是最终使用的货物和服务减去进口货物和服务。在实际核算中,地区生产总值的三种表现形态表现为三种计算方法,即生产法、收入法和支出法。三种方法分别从不同的方面反映地区生产总值及其构成。

可比价格 在不同时期的价值指标对比时,扣除了价格变动的因素,以确切反映物量的变化。按可比价格计算有两种方法:一种是直接用产品产量乘某一年的不变价格计算;另一种是用价格指数换算。

不变价格 用同类产品的年平均价格作为固定价格,来计算各年产品价值。按不变价格计算的产品价值消除了价格变动因素,不同时期对比可以反映生产的发展速度。新中国成立后,随着工农业产品价格水平的变化,国家统计局先后五次制定了全国统一的工业产品不变价格和农业产品不变价格,从1949年到1957年使用1952年工(农)业产品不变价格,从1957年到1971年使用1957年不变价格,从1971年到1981年使用1970年不变价格,从1981年到1990年使用1980年不变价格,从1991年到1995年使用1990年不变价格,从1996年到2000年使用1995年不变价格,从2001年到2005年使用2000年不变价格,从2006年到2010年使用2005年不变价格,从2011年到2015年使用2010年不变价格,从2016年到2020年使用2015年不变价格。

平均每年增长速度 反映某种现象在一个较长时期中逐期递增的平均速度。在我国计算平均增长速度有两种方法,一种是习惯上经常使用的“水平法”,又称几何平均法,是以间隔期最后一年的水平同基期水平对比来计算平均每年增长(或下降)速度。另一种是“累计法”,又称代数平均法或方程法,是以间隔期内各年水平的总和同基期水平对比来计算平均每年增长(或下降)速度。

在一般正常情况下,两种方法计算的平均每年增长速度比较接近,但在经济发展不平衡,出现大起大落时,两种方法计算的结果差别较大。

登记注册类型 在工商行政管理机关登记注册的各类企业。企业登记注册类型分为以下几种:内资企业包括国有企业、集体企业、股份合作企业、联营企业、有限责任公司、股份有限公司、私营企业、其他企业;港、澳、台商投资企业包括合资经营企业(港或澳、台资)、合作经营企业(港或澳、台资)、港、澳、台商独资经营企业、港、澳、台商投资股份有限公司;外商投资企业包括中外合资经营企业、中外合作经营企业、外资企业、外商投资股份有限公司。

国有企业　企业全部资产归国家所有，并按《中华人民共和国企业法人登记管理条例》规定登记注册的非公司制的经济组织。不包括有限责任公司中的国有独资公司。

集体企业　企业资产归集体所有，并按《中华人民共和国企业法人登记管理条例》规定登记注册的经济组织。

股份合作企业　以合作制为基础，由企业职工共同出资入股，吸收一定比例的社会资产投资组建，实行自主经营，自负盈亏，共同劳动，民主管理，按劳分配与按股分红相结合的一种集体经济组织。

联营企业　两个及两个以上相同或不同所有制性质的企业法人或事业单位法人，按自愿、平等、互利的原则，共同投资组成的经济组织。

有限责任公司　根据《中华人民共和国登记管理条例》规定登记注册，由两个以上，五十个以下的股东共同出资，每个股东以其所认缴的出资额对公司承担有限责任，公司以其全部资产对其债务承担责任的经济组织。

有限责任公司包括国有独资公司以及其他有限责任公司。

股份有限公司　根据《中华人民共和国公司登记管理条例》规定登记注册，其全部注册资本由等额股份构成并通过发行股票筹集资本，股东以其认购的股份对公司承担有限责任，公司以其全部资产对其债务承担责任的经济组织。

私营企业　由自然人投资设立或由自然人控股，以雇佣劳动为基础的营利性经济组织。包括按照《公司法》《合伙企业法》《私营企业暂行条例》规定登记注册的私营有限责任公司、私营股份有限公司、私营合伙企业和私营独资企业。

合资经营企业(港或澳、台资)　港澳台地区投资者与内地的企业依照《中华人民共和国中外合资经营企业法》及有关法律的规定，按合同规定的比例投资设立、分享利润和分担风险的企业。

合作经营企业(港或澳、台资)　港澳台地区投资者与内地企业依照《中华人民共和国中外合作经营企业法》及有关法律的规定，依照合作合同的约定进行投资或提供条件设立、分配利润和分担风险的企业。

港、澳、台商独资经营企业　依照《中华人民共和国外商投资法》及有关法律的规定，在内地由港澳台地区投资者全额投资设立的企业。

港、澳、台商投资股份有限公司　根据国家有关规定，经外经贸部依法批准设立，其中港、澳、台商的股本占公司注册资本的比例达25%以上的股份有限公司。凡其中港、澳、台商的股本占公司注册资本的比例小于25%的，属于内资企业中的股份有限公司。

中外合资经营企业　外国企业或外国人与中国内地企业依照《中华人民共和国外商投资法》及有关法律的规定，按合同规定的比例投资设立、分享利润和分担风险的企业。

中外合作经营企业　外国企业或外国人与中国内地企业依照《中华人民共和国外商投资法》及有关法律的规定，依照合作合同的约定进行投资或提供条件设立、分配利润和分担风险的企业。

外资企业　依照《中华人民共和国外商投资法》及有关法律的规定。在中国内地由外国投资者全额投资设立的企业。

外商投资股份有限公司 根据国家有关规定,经外经贸部依法批准设立,其中外资的股本占公司注册资本的比例达25%以上的股份有限公司。凡其中外资股本占公司注册资本的比例小于25%的,属于内资企业中的股份有限公司。

三次产业 根据社会生产活动历史发展的顺序对产业结构的划分,产品直接取自自然界的部门称为第一产业,对初级产品进行再加工的部门称为第二产业。为生产和消费提供各种服务的部门称为第三产业。它是世界上通用的产业结构分类,但各国的划分不尽一致。我国的三次产业划分是:

第一产业:农业(包括种植业、林业、牧业和渔业)。

第二产业:工业(包括采掘业、制造业、电力煤气及水的生产和供应业)和建筑业。

第三产业:除第一、第二产业以外的其他各业。

支出法国内生产总值 一个国家(或地区)所有常住单位在一定时期内用于最终消费、资本形成总额,以及货物和服务的净出口总额,它反映本期生产的国内生产总值的使用构成。

最终消费 常住单位在一定时期内对于货物和服务的全部最终消费支出,也就是常住单位为满足物质、文化和精神生活的需要,从本国经济领土和国外购买的货物和服务的支出。它不包括非常住单位在本国经济领土内的消费支出。最终消费分为居民消费和政府消费。

(1)居民消费:常住住户在一定时期内对于货物和服务的全部最终消费支出。居民关于货物的最终消费支出在货物的所有权发生变化时记录,关于服务的最终消费支出在服务提供的时候记录。居民消费支出按市场价格计算,即按居民支付的购买者价格计算,货物的购买者价格是购买者取得交货所支付的价格,它包括购买者支付的运输和商业费用。居民消费支出除了直接以货币形式购买的货物和服务的消费支出外,还包括以其他方式获得的货物和服务的消费支出,即所谓的虚拟消费支出。居民虚拟消费支出包括如下几种类型:单位以实物报酬及实物转移的形式提供给劳动者的货物和服务;住户生产并由本住户消费了的货物和服务,其中的服务仅指住户的自有住房服务;金融机构提供的金融媒介服务;保险公司提供的保险服务。

(2)政府消费:政府部门向社会提供的公共服务支出和对居民提供的消费性货物和服务的转移支出。

资本形成总额 常住单位在一定时期内获得减去处置的固定资产和存货的净额,包括固定资本形成总额和存货增加两项。

①固定资本形成总额:常住单位在一定时期内购置、转入和自产自用的固定资产价值,扣除固定资产的销售和转出后的价值。可分为有形固定资产形成总额和无形固定资产形成总额。有形固定资产形成总额包括一定时期内完成的建筑工程、安装工程和设备工器具购置(减处置)价值,以及土地改良、新增役、种、奶、毛、娱乐用牲畜和新增经济林木价值。无形固定资产形成总额包括矿藏的勘探、计算机软件、娱乐和文学艺术品原件等获得减处置。

②存货增加:常住单位在一定时期内存货实物量变动的市场价值即期末价值减期初价值的差额。存货增加可以是正值,也可以是负值,正值表示存货上升,负值表示存货下降。它包括生产单位购进的原材料、燃料和储备物资等存货,以及生产单位生产的产成品、在制品和半成品等存货。

货物和服务净出口 货物和服务出口减货物和服务进口的差额。出口包括常住单位向非常住单位出售或无偿转让的各种货物和服务的价值;进口包括常住单位从非常住单位购买或无偿得到的各种货物和服务的价值。由于服务活动的提供与使用同时发生,因此服务的进出口业务并不发生出入境现象,一般把常住单位从国外得到的服务作为进口,非常住单位从本国得到的服务作为出口。货物的出口和进口都按离岸价格计算。

劳动者报酬 劳动者因从事生产活动所获得的全部报酬。它包括劳动者获得的各种形式工资、奖金和津贴,既包括货币形式的,也包括实物形式的,它还包括劳动者所享受的公费医疗和医药卫生费、上下班交通补贴和单位支付的社会保险费等。单位支付的社会保险费,就是单位直接支付给负责社会保险的政府单位(一般指劳动部门)的社会保险金或为本单位职工离退休、发生死亡、伤残、医疗保险等而支付的保险费。对于个体经济来说,其所有者所获得的劳动报酬和经营利润不易区分,这两部分统一作为劳动者报酬处理。

生产税净额 生产税减生产补贴后的差额。生产税指政府对生产单位生产、销售和从事经营活动以及因从事生产活动使用某些生产要素,如固定资产、土地、劳动力所征收的各种税、附加费和规费。具体包括销售税金及附加、增值税、管理费中开支的各种税、应交纳的养路费、排污费和水电费附加、烟酒专卖上缴政府的专项收入等。生产补贴与生产税相反,是政府对生产单位的单方面收入转移,因此视为负生产税处理,包括政策亏损补贴、粮食系统价格补贴、外贸企业出口退税收入等。

固定资产折旧 一定时期内为弥补固定资产损耗按照核定的固定资产折旧率提取的固定资产折旧,或按国民经济核算统一规定的折旧率虚拟计算的固定资产折旧。它反映了固定资产在当期生产中的转移价值。各种类型企业和企业化管理的事业单位的固定资产折旧指实际计提并计入成本费用中的折旧费;不计提折旧的单位,如政府机关、非企业化管理的事业单位和居民住房的固定资产折旧则是按照统一规定的折旧率和固定资产原值计算的虚拟折旧。原则上,固定资产折旧应按固定资产的重置价值来计算,但是我国目前尚不具备对全社会固定资产进行重估价的基础,所以暂时只能采用上述方法来计算。

营业盈余 常住单位创造的增加值扣除劳动者报酬、生产税净额和固定资产折旧后的余额。它相当于企业的营业利润加上生产补贴,但要扣除从利润中开支的工资和福利以及从税后利润中提取的公益金等。

人口 人口数为每年 12 月 31 日常住户口人数,不包括户口不在本市的临时户口人数。

出生率(又称粗出生率) 在一定时期内(通常为一年)平均每千人所出生的人数的比率,一般用千分率表示。计算公式:

$$出生率 = \frac{年出生人数}{年平均人数} \times 1000‰$$

出生人数是指活产婴儿,即胎儿脱离母体时(不管怀孕月数),有过呼吸或其他生命现象。

年平均人数是年初、年底人口数的平均数,也可用年中人口数代替。

死亡率(又称粗死亡率) 在一定时期内(通常为一年)一定地区的死亡人数与同期平均人数(或期中人数)之比,一般用千分率表示。计算公式:

$$死亡率 = \frac{年死亡人数}{年平均人数} \times 1000‰$$

人口自然增长率 在一定时期内(通常为一年)人口自然增加数(出生人数减死亡人数)与该时期内平均人数(或期中人数)之比,一般用千分率表示。计算公式:

$$人口自然增长率=\frac{(本年出生人数-本年死亡人数)}{年平均人数}\times 1000‰$$

$$人口自然增长率=人口出生率-人口死亡率$$

从业人员 从事一定社会劳动并取得劳动报酬或经营收入的全部劳动力。包括:

(1)全部职工;

(2)城镇私营企业从业人员;

(3)城镇个体劳动者;

(4)农村社会劳动者;

(5)其他社会劳动者。

这一指标反映了一定时期内全部劳动力资源的实际利用情况,是研究我国基本国情国力的重要指标。

各单位的从业人员是指在各级国家机关、政党机关、社会团体及企业、事业单位中工作,取得工资或其他形式的劳动报酬的全部人员。包括在岗职工、再就业的离退休人员、民办教师以及在各单位中工作的外方人员和港、澳、台方人员。

各单位的从业人员反映了各单位实际参加生产或工作的全部劳动力。

在岗职工 在本单位工作并由单位支付工资的人员,以及有工作岗位,但由于学习、病伤产假等原因暂未工作,仍由单位支付工资的人员。

离开本单位仍保留劳动关系的职工 由于各种原因,已经离开本人的生产或工作岗位,并已不在本单位从事其他工作,但仍与用人单位保留劳动关系的职工。

离开本单位仍保留劳动关系职工的生活费 离开本单位仍保留劳动关系职工在离开本单位仍保留劳动关系期间从本单位领取的生活费用。

城镇失业人员 有非农业户口,在一定的劳动年龄内(16 岁以上及男 50 岁以下、女 45 岁以下),有劳动能力,无业而要求就业,并在当地就业服务机构进行待业登记的人员。

职工工资总额 各城镇集体以上单位在一定时期内直接支付给本单位全部职工的劳动报酬总额。工资总额包括计时工资、计件工资、奖金、各种津贴和补贴、加班加点工资、特殊情况下支付的工资(其他工资)等。既包括货币形式支付的,也包括实物形式支付的。计划生育独生子女补贴等 15 种特殊收入不包括。

工资总额的计算原则应以直接支付给职工的全部劳动报酬为依据。各单位支付给职工的劳动报酬以及其他根据有关规定支付的工资,不论是计入成本的还是不计入成本的,不论是按国家规定列入计征奖金税项目的,还是未列入计征奖金税项目的,不论是以货币形式支付的还是以实物形式支付的,均包括在工资总额内。

在岗职工平均工资　城镇集体以上企业、事业、机关单位的在岗职工在一定时期内平均每人所得的工资额。它表明一定时期在岗职工工资收入的高低程度，是反映职工工资水平的主要指标。计算公式为：

$$在岗职工平均工资=\frac{报告期实际支付的在岗职工工资总额}{报告期在岗职工平均人数}$$

城镇居民家庭就业人口　城镇居民从事社会劳动并取得劳动报酬或经营收入的人口。就业人口包括通过国家统筹规划和指导由劳动部门介绍就业，自愿组织起来就业和自谋职业等方式，在国有、集体所有制、中外合资、中外合作、外资在华独资的企事业单位和私营企业单位工作或从事个体劳动的有固定性职业或临时性职业的人口。被聘用和留用的离退休人员也计入就业人口。本指标可以反映城镇居民的就业情况，是计算就业面、负担系数的重要资料。

可支配收入　调查户在调查期内获得的、可用于最终消费支出和储蓄的总和，即调查户可以用来自由支配的收入。可支配收入既包括现金，也包括实物收入。按照收入的来源，可支配收入包含四项，分别为：工资性收入、经营净收入、财产净收入和转移净收入。计算公式为：

可支配收入=工资性收入+经营净收入+财产净收入+转移净收入

其中：经营净收入=经营收入－经营费用－生产性固定资产折旧－生产税

财产净收入=财产性收入－财产性支出

转移净收入=转移性收入－转移性支出

工资性收入　就业人员通过各种途径得到的全部劳动报酬和各种福利，包括受雇于单位或个人、从事各种自由职业、兼职和零星劳动得到的全部劳动报酬和福利。

经营净收入　住户或住户成员从事生产经营活动所获得的净收入，是全部经营收入中扣除经营费用、生产性固定资产折旧和生产税之后得到的净收入。计算公式具体为：

经营净收入=经营收入－经营费用－生产性固定资产折旧－生产税

财产净收入　住户或住户成员将其所拥有的金融资产、住房等非金融资产和自然资源交由其他机构单位、住户或个人支配而获得的回报并扣除相关的费用之后得到的净收入。财产净收入包括利息净收入、红利收入、储蓄性保险净收益、转让承包土地经营权租金净收入、出租房屋净收入、出租其他资产净收入和自有住房折算净租金等。

财产净收入不包括转让资产所有权的溢价所得，这应该计入“非收入所得”。

转移净收入　计算公式为：转移净收入=转移性收入－转移性支出

转移性收入　国家、单位、社会团体对住户的各种经常性转移支付和住户之间的经常性收入转移。包括养老金或退休金、社会救济和补助、政策性生产补贴、政策性生活补贴、经常性捐赠和赔偿、报销医疗费、住户之间的赡养收入，以及本住户非常住成员寄回带回的收入等。

转移性收入不包括住户之间的实物馈赠。

转移性支出指调查户对国家、单位、住户或个人的经常性或义务性转移支付。包括缴纳的税款、各项社会保障支出、赡养支出、经常性捐赠和赔偿支出以及其他经常转移支出等。

固定资产投资　固定资产投资是指建造和购置固定资产的经济活动，它是社会增加固定资产，扩大生产规模发展国民经济的重要手段，也是提高人民物质文化生活水平的条件。

固定资产投资额是以货币表现的建造和购置固定资产活动的工作量，它是反映固定资产投资规模、速度、比例关系和使用方向的综合性指标。全社会固定资产投资包括国有经济单位投资、城乡集体经济单位投资、各种经济类型的单位投资和城乡居民个人投资等。（从1999年起，私营个体投资也纳入了固定资产投资统计范围）。按照我国现行计划管理体制划分，固定资产投资总额分为基本建设、更新改造、房地产开发投资、国有其他固定资产投资、城乡集体经济单位投资（包括城镇集体所有制单位投资和农村集体所有制单位投资）、其他各种经济类型的单位投资（包括联营经济、股份制经济、中外合资经营、中外合作经营、外资、与大陆合资经营、与大陆合作经营、港澳台独资及其他经济类型的单位投资）、城乡居民个人投资（包括城市、县城、镇、工矿区所辖范围内的个人建房和农村个人建房及购买生产性固定资产的投资）和私营个体投资等十个部分。

从1997年起，基本建设、更新改造、其他固定资产投资的起报点由5万元提高到50万元。

房地产开发投资　包括各种经济类型的房地产开发公司、商品房建设公司及其他房地产开发单位统一开发的包括统代建、拆迁还建的住宅、厂房、仓库、饭店、宾馆、度假村、写字楼、办公楼等房屋建筑物和配套的服务设施、土地开发工程，如道路、给水、排水、供电、供热、通讯、平整场地等基础设施工程的投资。包括非房地产企业实际从事房地产开发或经营的活动，不包括单纯的土地交易活动。

固定资产投资资金来源　固定资产投资单位在本年内收到的可用于固定资产建造和购置的各种资金。包括上年末结余资金、本年资金来源小计和各项应付款。其中本年资金来源小计又分为国家预算内资金、国内贷款、债券、利用外资、自筹资金和其他资金来源六种。

（1）国家预算内资金分为财政拨款和财政安排的贷款两部分。包括中央财政的基本建设基金（分经营性基金和非经营性基金两部分）、专项支出（如煤代油专项等）、收回再贷（指财政安排的贷款收回再贷）、贴息资金、财政安排的挖潜改造和新产品试制支出、城建支出、商业部门简易建筑支出、不发达地区发展基金等资金中用于固定资产投资的资金；地方财政中由国家统筹安排的资金等。

（2）国内贷款指报告期固定资产投资单位向银行及非银行金融机构借入的用于固定资产投资的各种国内借款。国内贷款包括：银行利用自有资金及吸收的存款发放的贷款、上级主管部门拨入的国内贷款、国家专项贷款（包括煤代油贷款、劳改煤矿专项贷款等）、地方财政专项资金安排的贷款、国内储备贷款、周转贷款等。

（3）债券是企业（公司）或金融机构通过发行各种债券筹集到的用于固定资产投资的资金，包括由银行代理国家专业投资公司发行的重点企业债券和重点建设债券。

（4）利用外资指报告期收到的用于固定资产投资的国外资金（含设备、材料、技术在内），包括外商直接投资、对外借款、外商其他投资。

（5）自筹资金指建设单位报告期收到的，用于固定资产投资的预算外资金，包括中央各部门、各级地方和本单位自有资金。

(6)其他资金来源指报告期收到的除以上各种拨款、借款、自筹资金之外,其他用于固定资产投资的资金。

固定资产投资按国民经济行业分 建设项目归哪个行业,按其建成投产后的主要产品或主要用途及社会经济活动性质来确定。基本建设按建设项目划分国民经济行业,更新改造、其他固定资产投资及城乡集体单位投资根据整个企业、事业单位所属的行业来划分。一般情况下,一个建设项目或一个企业、事业单位只能属于一种国民经济行业。

固定资产投资按建设性质分 建设项目的性质一般分为新建、扩建、改建、迁建、恢复。基本建设按建设项目划分建设性质,更新改造、其他固定资产投资及城乡集体单位投资按整个企业、事业单位的建设情况确定建设性质。

(1)新建一般是指从无到有、“平地起家”新开始建设的单位。有的单位原有的基础很小,经过建设后其新增加的固定资产价值超过原有固定资产价值(原值)三倍以上的也算新建。

(2)扩建一般是指为扩大原有产品的生产能力,在厂内或其他地点增建主要生产车间(或主要工程)、独立的生产线或总厂之下的分厂的企业;事业单位和行政单位在原单位增建业务用房(如学校增建教学用房、医院增建门诊部或病床用房、行政机关增建办公楼等)也作为扩建。

(3)改建一般是指现有企业、事业单位为了技术进步,提高产品质量,增加花色品种,促进产品升级换代,降低消耗和成本,加强资源综合利用和三废治理、劳保安全等,采用新技术、新工艺、新设备、新材料等对现有设施、工艺条件进行技术改造或更新(包括相应配套的辅助性生产、生活福利设施)。有的企业为充分发挥现有生产能力,进行填平补齐而增建不增加本单位主要产品生产能力的车间等,也属于改建。

固定资产投资按产业分 固定资产投资分为第一产业、第二产业、第三产业,它是研究不同用途的固定资产投资之间比例关系的重要指标。基本建设投资、更新改造投资、房地产开发投资、其他固定资产投资及城乡集体投资的用途按国民经济行业来确定。

固定资产投资按构成分 固定资产投资活动按其工作内容和实现方式分为建筑安装工程,设备、工具、器具购置,其他费用三个部分。

(1)建筑安装工程(建安工作量)指各种房屋、建筑物的建造工程和各种设备、装置的安装工程。包括各种房屋建造工程,各种用途设备基础和各种工业窑炉的砌筑工程;为施工而进行的各种准备工作和临时工程以及完工后的清理工作等;铁路、道路的铺设,矿井的开凿及石油管道的架设等;水利工程;防空地下建筑等特殊工程;以及各种机械设备的安装工程;为测定安装工程质量,对设备进行的试行工作。在安装工程中,不包括安装设备本身的价值。

(2)设备、工具、器具购置指购置或自制达到固定资产标准的设备、工具、器具的价值,固定资产的标准按财务部门的规定执行。新建单位、扩建单位的新建车间按照设计和计划要求购置或自制的全部设备、工具、器具,不论是否达到固定资产标准均计入“设备、工具、器具购置”中。

(3)其他费用指除建筑安装工程和设备、工具、器具购置以外的投资完成额。

施工和竣工房屋建筑面积 房屋建筑面积是从房屋外墙线算起的各层平面面积的总和,包括房屋结构(如柱、墙)占用的面积和地下室面积。多层建筑按各自然层面积总和计算,包括房屋内的楼隔层,突出墙面的眺望间、门斗、有柱雨罩的面积。不包括突出墙面结构的构件、艺术装饰等所占的面积,如台阶等。凹阳台、挑阳台按其水平投影面积一半计算建筑面积。

住宅建筑面积 施工和竣工房屋建设面积中供居住用的施工和竣工房屋建筑面积。

竣工面积 在报告期内房屋建筑按照设计要求已全部完工,达到住人和使用条件,经验收鉴定合格,正式移交使用单位的建筑面积。

房屋建筑面积竣工率 一定时期内房屋竣工面积占同期房屋施工面积的比率。它是从房屋建筑施工速度的角度反映投资效果和建筑业经济效益的指标。

新增固定资产 通过投资活动所形成的新的固定资产价值。包括已经建成投入生产或交付使用的工程价值和达到固定资产标准的设备、工具、器具的价值及有关应摊入的费用。它是以价值形式表示的固定资产投资成果的综合性指标,可以综合反映不同时期、不同部门、不同地区的固定资产投资成果。

建设项目投产率 一定时期内全部建成投入生产项目个数占同期正式施工项目个数的比率。它是从项目建设速度的角度反映投资效果的指标。

固定资产交付使用率 一定时期新增固定资产与同期完成投资额的比率。它是反映各个时期固定资产动用速度,衡量建设过程中投资效果的一个综合性指标。

零售价格指数 反映城乡商品零售价格变动趋势的一种经济指数。零售物价的调整变动直接影响到城乡居民的生活支出和国家的财政收入,影响居民购买力和市场供需平衡,影响消费与积累的比例。因此,计算零售价格指数,可以从一个侧面对上述经济活动进行观察和分析。

居民消费价格指数 反映一定时期内城乡居民所购买的生活消费品价格和服务项目价格变动趋势和程度的相对数。是综合了城市居民消费价格指数和农民消费价格指数计算取得的。利用居民消费价格指数,可以观察和分析消费品的零售价格和服务价格变动对城乡居民实际生活费支出的影响程度。

城市居民消费价格指数 反映城市居民家庭所购买的生活消费品和服务项目价格变动趋势及其程度的相对数。编制城市居民消费价格指数,可以观察和分析消费品的零售价格和服务项目价格变动对职工货币工资的影响,作为研究城市居民生活和确定工资政策的依据。

年底自来水生产能力 年底城建部门管理的自来水厂和自备水源的社会单位取水、净化、送水、出厂输水干管等环节的实际生产能力。

年底供水管道长度 从送水泵到用户水表之间所有管道的长度。

全年供水总量 公用自来水厂和自备水源的社会单位全年的供水总量,包括有效供水量及损失水量。

生活用水量 居民日常生活与公共福利设施的用水量。包括居民、饮食店、旅馆、医院、理发店、浴池、洗衣店、游泳池、商店、学校、机关、部队等单位的用水量。

城市人口用水普及率 城市用水的非农业人口数(不包括临时人口和流动人口)与城市非农业人口总数之比。计算公式:

$$用水普及率 = \frac{城市用水的非农业人口数}{城市非农业人口数} \times 100\%$$

人工煤气生产能力　城市煤气厂制气、净化、输送等环节的综合实际生产能力。

输气管道长度　由压缩机、鼓风机、储气罐的出口到用户立管之间的全部管道长度。

全年供气总量　全年售给各类用户的全部煤气量。包括工业用量、家庭用量和其他用量。

城市用气普及率　使用煤气(包括人工煤气、液化石油气、天然气)的城市非农业人口数(不包括临时人口和流动人口)与城市非农业人口总数之比。计算公式:

$$城市煤气普及率 = \frac{城市用气的非农业人口数}{城市非农业人口总数} \times 100\%$$

年底实有铺装道路长度　除土路外,路面经过铺装宽度在3.5米以上的道路,包括高级、次高级道路和普通道路。

城市桥梁　城市范围内,修建在河道上的桥梁和道路与道路立交、道路跨越铁路的立交桥,以及人行天桥。包括永久性桥和半永久性桥,不包括临时性桥、铁路桥、涵洞。

城市下水道总长度　所有排水总管、干管、支管及暗渠、检查井、连接井进出水口等长度之和。

城市污水日处理能力　污水处理厂每昼夜处理污水量的设计能力。

年末实有公共汽(电)车　年底可参加营运的全部车辆数,包括年底营运车辆数和库存查封未参加营运的车辆,不包括非营运车辆,如架线车、油罐车、工程车、货车及其他专用车辆和借人的客运车辆。

营运线路长度　设置的固定营运线路长度,包括郊区营运线路长度。不包括临时行驶的线路长度。

城市园林绿地面积　城市公共绿地、专用绿地、生产绿地、防护绿地、郊区风景名胜区的全部面积。

公共绿地　供游览休息的各种公园、动物园、植物园、陵园以及花园、游园和供游览休息用的林荫道绿地、广场绿地。不包括一般栽植的行道树及林荫道的面积。

农林牧渔业总产值　以货币表现的农、林、牧、渔业全部产品的总量和对农林牧渔业生产活动进行的各种支持性服务活动的价值。它反映一定时期内农业生产总规模和总成果。

农、林、牧、渔业的统计范围包括辖区内各种经济组织类型、各种系统的全部农林牧渔生产单位和非农行业单位附属的农林牧渔业生产活动单位。军委系统的农林牧渔业生产(除军马外)也包括在内,但不包括农业科学试验机构进行的农业生产。

(1)农业包括种植业和其他农业。

种植业包括谷物、豆类、薯类、棉花、油料、糖料、麻类、烟叶、蔬菜、药材、瓜类和其他农作物的种植,以及茶园、桑园、果园的生产经营。

其他农业包括采集野生植物的果实、纤维、树胶、树脂、油料以及柴草、野生药材、菌类等及农民家庭兼营的商品性工业。

(2)林业包括林木的栽培(不包括茶园、桑园和果园的栽培、管理和收获等活动)、林产品的采集和村及村以下合作经济和农户的竹木采伐。

(3)牧业包括除渔业养殖以外的一切动物饲养和放牧以及野生动物的捕猎和饲养。

(4)渔业包括水生动物和海藻类植物的养殖和捕捞。

农林牧渔业总产值的计算方法通常是按农林牧渔业产品及其副产品的产量分别乘以各自单位产品价格求得,少数生产周期较长,当年没有产品或产品产量不易统计的,则采用间接方法匡算其产值,然后将四业产品产值及农林牧渔服务业产值相加即为农林牧渔业总产值。

农林牧渔业中间消耗是指农林牧渔业生产经营过程中所消耗的货物和服务的价值,包括物质产品消耗和非物质性服务消耗。物质产品消耗是指农林牧渔业生产过程中所消耗的各种物质产品的价值,包括外购的和计入总产出的自给性物质产品消耗,如种籽、饲料、肥料、农药、燃料、用电量、小农具购置、原材料消耗等;支付物质生产部门的各种服务费包括修理费、生产用外雇运输费、生产用邮电费等,以及其他物质消耗;非物质性服务消耗是指支付给非物质生产部门的各种服务费,如畜禽配种费、畜禽防疫医疗费、科研费、旅馆、车船费、金融服务费、保险服务费、广告费等。

粮食产量 全社会的产量。包括国有经济经营的、集体统一经营的和农民家庭经营的粮食产量,还包括工矿企业办的农场和其他生产单位的产量。粮食除包括稻谷、小麦、玉米、高粱、谷子及其他杂粮外,还包括薯类和豆类。其产量计算方法,豆类按去豆荚后的干豆计算;薯类(包括甘薯和马铃薯,不包括芋头和木薯)1963 年以前按每 4 公斤鲜薯折 1 公斤粮食计算,从 1964 年开始及以后改为按 5 公斤鲜薯折 1 公斤粮食计算。城市郊区作为蔬菜的薯类(如:马铃薯等)按鲜品计算,并且不作为粮食统计。其他粮食一律按脱粒后的原粮计算。

油料产量 全部油料作物的生产量。包括花生、油菜籽、芝麻、向日葵籽、胡麻籽(亚麻籽)和其他油料。不包括大豆,也不包括木本油料和野生油料。花生以带壳干花生计算。

水产品产量 人工养殖的水产品和天然生长的水产品的捕捞量。

猪、牛、羊肉产量 当年出栏并已屠宰后除去头蹄下水后带骨肉(即胴体重)的重量。

耕地面积 种植农作物的土地,包括熟地,新开发、复垦、整理地,休闲地(含轮歇地、轮作地);以种植农作物(含蔬菜)为主,间有零星果树、桑树或其他树木的土地;平均每年能保证收获一季的已垦滩地和海涂。临时种植药材、草皮、花卉、苗木等的耕地,以及其他临时改变用途的耕地。

农作物播种面积 实际播种或移植有农作物的面积。凡是实际种植有农作物的面积,不论种植在耕地上还是种植在非耕地上,均包括在农作物播种面积中。在播种季节基本结束后,因遭灾而重新改种和补种的农作物面积,也包括在内。

农作物产量 本年度全社会范围内生产的农产品的产量,不论何种经营主体,不论是在耕地上还是在非耕地上种植的农作物产量,都应统计在内。

有效灌溉面积 具有一定的水源,地块比较平整,灌溉工程或设备已经配套,在一般年景下当年能够进行正常灌溉的耕地面积。

农用化肥施用量　本年内实际用于农业生产的化肥数量。包括氮肥、磷肥、钾肥和复合肥。化肥施用量要求按折纯量计算数量。折纯法化肥施用量是把氮肥、磷肥和钾肥分别按含氮、含五氧化二磷、含氧化钾的百分之一百成分折算后的数量。复合肥按其所含主要成分折算。

农业机械总动力　主要用于农、林、牧、渔业的各种动力机械的动力总和。包括耕作机械、排灌机械、收获机械、农用运输机械、植物保护机械、牧业机械、林业机械、渔业机械和其他农业机械[内燃机按引擎马力折成瓦(特)计算,电动机按功率折成瓦(特)计算]。不包括专门用于乡、镇、村、组办工业、基本建设、非农业运输、科学试验和教学等非农业生产方面用的动力机械与作业机械。

农林牧渔业劳动力　直接参加农林牧渔业生产劳动的劳动力。

期初(末)畜禽存栏头(只)数　本期期初(末)农村各种合作经济组织和国有农场、家庭农场、农民个人、机关、团体、学校、工矿企业、部队等单位以及城镇居民饲养的大牲畜、猪、羊、家禽等畜禽的存栏头(只)数。

谷物　籽实主要供作粮食的作物。这类作物包括稻谷、小麦、玉米、谷子、高粱和其他谷物,不包括豆类和薯类作物。

工业　从事自然资源的开采,对采掘品和农产品进行加工和再加工的物质生产部门。具体包括:

(1)对自然资源的开采,对采矿、晒盐、森林采伐等(但不包括禽兽捕猎和水产捕捞);

(2)对农副产品的加工、再加工,如粮油加工、食品加工、轧花、缫丝、纺织、制革等;

(3)对采掘品的加工、再加工,如炼铁、炼钢、化工生产、石油加工、机器制造、木材加工等,以及电力、自来水、煤气的生产和供应等;

(4)对工业品的修理、翻新,如机器设备的修理、交通运输工具(包括小卧车)的修理等。

1984 年以前农村的村及村以下办工业归属农业,1984 年以后划归工业。

规模以上工业统计调查单位　年主营业务收入在 2000 万元以上的工业企业。

企业控股情况　根据企业实收资本中某种经济成分的出资人的实际投资情况,或出资人对企业资产的实际控制、支配程度进行分类。具体分为国有控股、集体控股、私人控股、港澳台商控股、外商控股和其他六类。

1. 国有控股:包括:(1)在企业的全部实收资本中,国有经济成分的出资人拥有的实收资本(股本)所占企业全部实收资本(股本)的比例大于 50% 的国有绝对控股。(2)在企业的全部实收资本中,国有经济成分的出资人拥有的实收资本(股本)所占比例虽未大于 50%,但相对大于其他任何一方经济成分的出资人所占比例的国有相对控股;或者虽不大于其他经济成分,但根据协议规定拥有企业实际控制权的国有协议控股。(3)投资双方各占 50%,且未明确由谁绝对控股的企业,若其中一方为国有经济成分的,一律按国有控股处理。

2. 集体控股:包括:(1)在企业的全部实收资本中,集体经济成分的出资人拥有的实收资本(股本)所占企业全部实收资本(股本)的比例大于 50% 的集体绝对控股。(2)在企业的全部实收资本中,集体经济成分的出资人拥有的实收资本(股本)所占比例虽未大于 50%,但相对大于其他任何一方经济成分的出资人所占比例的集体相对控股;或者虽不大于其他经济成分,但根据协议规定拥有企业实际控制权的集体协议控股。

3. 私人控股:包括:(1)在企业的全部实收资本中,私人经济成分的出资人拥有的实收资本(股本)所占企业全部实收资本(股本)的比例大于50%的私人绝对控股。(2)在企业的全部实收资本中,私人经济成分的出资人拥有的实收资本(股本)所占比例虽未大于50%,但相对大于其他任何一方经济成分的出资人所占比例的私人相对控股;或者虽不大于其他经济成分,但根据协议规定拥有企业实际控制权的私人协议控股。

4. 港澳台商控股:包括:(1)在企业的全部实收资本中,港澳台商经济成分的出资人拥有的实收资本(股本)所占企业全部实收资本(股本)的比例大于50%的港澳台商绝对控股。(2)在企业的全部实收资本中,港澳台商经济成分的出资人拥有的实收资本(股本)所占比例虽未大于50%,但相对大于其他任何一方经济成分的出资人所占比例的港澳台商相对控股;或者虽不大于其他经济成分,但根据协议规定拥有企业实际控制权的港澳台商协议控股。

5. 外商控股:包括:(1)在企业的全部实收资本中,外商经济成分的出资人拥有的实收资本(股本)所占企业全部实收资本(股本)的比例大于50%的外商绝对控股。(2)在企业的全部实收资本中,外商经济成分的出资人拥有的实收资本(股本)所占比例虽未大于50%,但相对大于其他任何一方经济成分的出资人所占比例的外商相对控股;或者虽不大于其他经济成分,但根据协议规定拥有企业实际控制权的外商协议控股。

隶属关系　本单位隶属于哪一级行政管理单位。分为:中央、省、市、县级及以下和其他。

中央与地方双重领导的单位,以领导为主的一方来划分中央属或地方属。

县级以上各级中国共产党委员会及其所属各工作部门、县级以上各级人民代表大会机关、县级以上各级人民政府及其所属各工作部门、县级以上各级政治协商会议机关等机关的隶属关系填写本级,如:省政府的隶属关系填“省”。县、乡镇、街道一级的机关以及居委会、村委会的隶属关系填写县级及以下。

隶属于“中央”的单位兴办的集体企业,隶属关系填“其他”;省属以下的企业(单位)办的企业(单位),其隶属关系与企业(单位)本身的隶属关系一致。

无主管部门的单位、本省(自治区、直辖市)在外省(自治区、直辖市)的办事机构所开办的第三产业等单位填“其他”。

工业总产值　工业企业在报告期内生产的以货币形式表现的工业最终产品和提供工业劳务活动的总价值量。

资产总计　企业过去的交易或者事项形成的、由企业拥有或者控制的、预期会给企业带来经济利益的资源。

应收账款　企业因销售商品、提供劳务等经营活动所形成的债权,包括应向客户收取的货款、增值税款和为客户代垫的运杂费等。

存货　企业在日常活动中持有以备出售的产成品或商品、处在生产过程中的在产品、在生产过程或提供劳务过程中耗用的材料或物料等,通常包括原材料、在产品、半成品、产成品、商品以及周转材料等。

产成品　企业已经完成全部生产过程并验收入库,可以按照合同规定的条件送交订货单位,或者可以作为商品对外销售的产品。

固定资产合计 指企业为生产商品、提供劳务、出租或经营管理而持有的，使用寿命超过一个会计年度的有形资产。

负债合计 企业过去的交易或者事项形成的，预期会导致经济利益流出企业的现时义务。

主营业务收入 企业确认的销售商品、提供劳务等主营业务的收入。

主营业务成本 企业经营主要业务所发生的成本总额。

销售费用 企业在销售商品和材料、提供劳务的过程中发生的各种费用，包括保险费、包装费、展览费和广告费、商品维修费、预计产品质量保证损失、运输费、装卸费等以及为销售本企业商品而专设的销售机构（含销售网点、售后服务网点等）的职工薪酬、业务费、折旧费等经营费用。

管理费用 企业为组织和管理企业生产经营所发生的费用，包括企业在筹建期间内发生的开办费、董事会和行政管理部门在企业经营管理中发生的，或者应当由企业统一负担的公司经费等。

财务费用 企业为筹集生产经营所需资金等而发生的筹资费用，包括企业生产经营期间发生的利息支出（减利息收入）、汇兑损失（减汇兑收益）以及相关的手续费等。

利润总额 企业在一定会计期间的经营成果，是生产经营过程中各种收入扣除各种耗费后的盈余，反映企业在报告期内实现的盈亏总额。

建筑业统计范围 统计范围为各省、自治区、直辖市辖区内具有建筑业资质的所有独立核算建筑业企业（包括没有工作量的建筑业企业）及所属产业活动单位；国务院各有关部门（或企业）直属的具有建筑业资质的所有独立核算建筑业企业。建筑业企业资质执行住房和城乡建设部新的资质管理办法。

签订合同额 建筑业企业在报告期直接同建设单位签订的各种国内工程合同的总价款和以前年度同建设单位签订的各种国内工程合同的未完工程跨入本年度继续施工工程合同的总价款余额。

上年结转合同额 以前年度同建设单位签订合同的未完工程跨入本年度继续施工工程合同的总价款余额。

本年新签合同额 建筑业企业在报告期内同建设单位直接新签订的各种国内工程合同的总价款，不包括与其他建筑业企业新签的分包合同额。

建筑业总产值 以货币表现的建筑业企业在一定时期内生产的建筑业产品和服务的总和。建筑业总产值包括建筑工程产值、安装工程产值和其他产值三部分内容。

建筑工程产值 列入建筑工程预算内的各种工程价值，包括：

（1）各种房屋如厂房、仓库、办公室、住宅、商店、学校、医院、俱乐部、食堂、车库、招待所等房屋建筑，按照当前预算制度规定，列入房屋工程预算内的暖气、卫生、通风、照明、煤气等设备价值及其装饰油漆工程，以及列入建筑工程预算内的各种管道（如蒸汽、压缩空气、石油、给排水等管道），电力、电讯电缆导线的敷设等工程。

（2）设备基础、支柱、操作平台、梯子、烟囱、凉水塔、水池、灰塔等建筑工程，炼焦炉、裂解炉、蒸汽炉等各种窑炉的砌筑工程及金属结构工程。

（3）为施工而进行的建筑场地的布置，工程地质勘探，原有建筑物和障碍物的拆除及平整土地，施工临时用水、电、汽、道路工程，以及完工后建筑场地的清理，环境绿化工作等。

(4)矿井的开凿、井巷掘进延伸、露天矿的剥离、石油、天然气钻井工程和铁路、公路、港口、桥梁等工程。

(5)水利工程，如水库、堤坝、灌渠以及河道整治等工程。

(6)防空、地下建筑等特殊工程。

(7)装饰装修工程。

安装工程产值 设备安装工程价值，包括：

(1)生产、动力、起重、运输、传动和医疗、实验等各种需要安装设备的装配和安装与设备相连的工作台、梯子、栏杆等装设工程，附属于被安装设备的管线敷设工程、被安装设备的绝缘、防腐、保温、油漆等工作。

(2)为测定安装工作质量，对单个设备、系统设备进行单机试运和系统联动无负荷试运工作。

在设备安装产值中，不得包括被安装设备本身价值。

其他产值 建筑业总产值中除建筑工程、安装工程以外的产值。包括房屋构筑物修理产值、非标准设备制造产值、总包企业向分包企业收取的管理费以及不能明确划分的施工活动所完成的产值。

房屋构筑物修理产值 房屋和构筑物的修理所完成的产值，但不包括被修理房屋、构筑物本身价值和生产设备的修理价值。

非标准设备制造产值 加工制造没有定型的非标准生产设备的加工费和原材料价值(如化工厂、炼油厂用的各种罐、槽，矿井生产统一使用的各种漏斗、三角槽、阀门等)以及附属加工厂为本企业承建工程制作的非标准设备的价值。

房屋施工面积 报告期内施工的全部房屋建筑面积。包括本期新开工的房屋建筑面积、上期跨入本期继续施工的房屋建筑面积、上期停缓建在本期恢复施工的房屋建筑面积、本期竣工的房屋建筑面积以及本期施工后又停缓建的房屋建筑面积。多层建筑应填各层建筑面积之和。

房屋新开工面积 报告期内新开工建设的房屋建筑面积，以单位工程为核算对象，即整栋房屋的全部建筑面积，不能分割计算。不包括在上期开工跨入报告期继续施工的房屋建筑面积和上期停缓建而在本期恢复施工的房屋建筑面积。房屋的开工应以房屋正式开始破土刨槽(地基处理或打永久桩)的日期为准。

房屋建筑竣工面积 报告期内房屋建筑按照设计要求已全部完工，达到住人和使用条件，经验收鉴定合格或达到竣工验收标准，可正式移交使用的各栋房屋建筑面积的总和。

货(客)运量 在一定时期内，各种运输工具实际运送的货物(旅客)数量。是反映运输业为国民经济和人民生活服务的数量指标，也是制定和检查运输生产计划，研究运输发展规模和速度的重要指标。货运按吨计算，客运按人计算。货崐物不论运输距离长短，货物类别，均按实际重量统计；旅客不论行程远近或票价多少，均按一人一次作为客运量统计。半价票、小孩票也按一人统计。

货物(旅客)周转量 在一定时期内，由各种运输工具运送的货物(旅客)数量与其相应运输距离的乘积之总和，是反映运输业生产总成果的重要指标，也是编制和检查运输生产计划，计算运输效率、劳动生产率以及核算运输单位成本的主要基础资料。通常以吨公里和人公里为计算单位。计算货物周转量通常按发出站与到达站之间的最短距离，也就是计费距离计算。

港口货物吞吐量 由水运进出港区范围，并经过装卸的货物数量，包括邮件及办理托运手续的行李、包裹以及补给运输船舶的燃、物料和淡水。其计量单位为吨。货物吞吐量的货种分类及其主要流向流量，反映了港口在国内外物资交流和对外贸易运输中的地位和作用。吞吐量可以分为进口、出口，又可以分为国内贸易和对外贸易。

邮电业务总量 以货币表现的邮电部门用于传递信息和提供其他邮电服务的总数量。它综合反映了一定时期邮电工作的总成果，是研究邮电业务量构成发展趋势的重要指标。根据邮电管理体制不同，分为中央国营业务总量和地方国营业务总量。它用各种邮电分类业务量，如函件件数、电报份数、长话张数、市内电话和农村电话的年均户数、订销报刊累计份数等，分别乘以相应的平均单价（不变价），加总后再加上出租电路和设备的收入、代用户维护电话交换机和线路等设备的收入、其他业务收入求得。

无线寻呼电话用户 携带小型寻呼机，接收市话用户通过无线寻呼中心，在规定范围内向其发出声音、数字或文字显示信息的用户。目前在邮电部门办理登记手续的无线寻呼电话用户，每一部寻呼机按一户计算。

移动电话用户 在邮电部门登记，通过移动电话交换机进入移动电话网、占有移动电话号码的电话用户。用户数量以实际办理登记手续进入邮电部门移动电话网的户数进行计算，一部或一台移动电话统计为一户。

社会消费品零售总额 企业（单位、个体户）通过交易直接售给个人、社会集团非生产、非经营用的实物商品金额，以及提供餐饮服务所取得的收入金额。个人包括城乡居民和入境人员，社会集团包括机关、社会团体、部队、学校、企事业单位、居委会或村委会等。

商品购进额 从本企业以外的单位和个人购进（包括从国外直接进口）作为转卖或加工后转卖的商品金额（含增值税）。本指标反映批发和零售业从国内外市场上购进商品的总价。

商品购进包括：(1)从工农业生产者、批发和零售业、住宿和餐饮业、出版社或报社的出版发行部门和其他服务业等企事业单位和个体经营户购进的商品；(2)从机关、社会团体购进的商品；(3)从海关、市场管理部门购进的缉私和没收的商品；(4)从居民收购的废旧商品等。

不包括：(1)企业为本单位自身经营用，不是作为转卖而购进的商品，如材料物资、包装物、低值易耗品、办公用品等；(2)未通过买卖行为而收入的商品，如接受其他部门移交的商品、借入的商品、收入代其他单位保管的商品、其他单位赠送的样品、加工回收的成品等；(3)经本单位介绍，由买卖双方直接结算，本单位只收取手续费的业务；(4)销售退回和买方拒付货款的商品；(5)商品溢余；(6)期货交易商品。购进的各种商品，不论是否进入本单位仓库，凡是通过本企业结算货款的，都包括在内。从国内购进的商品，以进货全价计算商品购进，包括原始进价（或农副产品收购价）和购入环节缴纳的各项税金（包括增值税），企业购进商品发生的购进折扣、退回和折让，及购进商品发生的经确认的索赔收入，冲减商品购进金额。进口商品的国外进价按到岸价格（*CIF*）、折合成人民币计算，如果对外合同以离岸价格（*FOB*）成交，商品离开对方口岸后，应由我方企业负担的各项费用也包括在商品购进的金额内，但不包括到达我国口岸后发生的各项费用，收入的进口佣金冲减购进金额，不包括不易按商品认定的佣金金额。企业委托其他单位代理进口的商品，其购进金额为实际支付给代理单位的全部价款。

商品销售额 对本单位以外的单位和个人出售的商品金额(包括售给本单位消费用的商品,含增值税),在批发和零售业中,本指标反映在国内市场上销售商品以及出口商品的总价。商品销售包括:(1)售给个人和社会集团消费用的商品;(2)售给农业、工业、建筑业、服务业等国民经济各行业用于生产、经营用的商品,包括售予批发和零售业作为转卖或加工后转卖的商品;(3)对国(境)外直接出口的商品。

商品销售不包括:(1)未通过买卖行为付出的商品,如因机构变动移交给其他企业单位的商品、借出的商品、归还受其他单位委托代保管的商品、付出的加工原料和赠送给其他单位的样品等;(2)促销返券所销售的、不计入营业收入的商品;(3)经本单位介绍,由买卖双方直接结算,本单位只收取手续费的业务;(4)未发生所有权转移的商品预付卡销售,如加油卡;(5)汽车维修、电话卡销售等服务性经济活动;(6)购货退回的商品;(7)商品损耗和损失;(8)出售本单位自用的废旧物资;(9)期货交易商品;(10)自来水供应企业、电力企业、天然气供应企业提供的水、电、气。

商品销售是指商品已经售出、商品所有权已经转移给买方后,以收到货款或取得收取货款的证据时作为商品销售。(1)采取直接收款方式的,在实际收到货款或取得收款的凭证时作为商品销售;采取托收承付和委托银行收款结算方式的,在发出商品并办妥托收手续时作为商品销售;采用分期收款方式的,按合同约定的收款日期作为商品销售;采用预收货款方式的,在商品发出时作为商品销售;(2)委托其他单位代销商品,以收到代销单位的销售清单时作为商品销售。在交款提货的情况下,如货款已经收到,只要账单和提货单已经交给买方,不论商品是否发出,都应作为商品销售;(3)出口商品销售,陆路以取得承运货物收据或铁路联运运单、海运以取得出口装船提单、空运以取得运单并在银行办理了交单作业作为商品销售。预收货款不通过银行交单的,取得以上提单、运单后作为商品销售。出口商品一律以离岸价(*FOB*)计算商品销售,如按到岸价(*CIF*)对外成交的,应扣除商品离境后发生的由我方负担的国外运费、保险费、佣金(不包括不易按商品认定的累计佣金)、银行财务费和对外理赔款等作为商品销售;(4)自营进口商品销售,企业与境内用户签订合同实行货到结算的,在商品到达我国境内港口取得船舶到港通知,企业向订货单位开出结算凭证时作为商品销售;合同规定对境内实行单向结算的,企业凭境外账单向订货单位开出结算凭证时作为商品销售;已先期到达并存放在相应的仓储企业单位库存的进口商品,企业凭出库单向用户开出结算凭证后作为商品销售。

期末商品库存额 对于批发和零售业法人单位和个体经营户,是指报告期末取得所有权的全部商品金额(含增值税);对于批发和零售业产业活动单位,是指报告期末实际在库且归属法人具有所有权的全部商品金额(含增值税)。这个指标反映批发和零售业的商品库存情况,以及对市场商品供应的保证程度。

库存商品包括:(1)存放在本单位(如门市部、批发站、采购站、经营处)的仓库、货场、货柜和货架中的商品;(2)挑选、整理、包装中的商品;(3)已记入购进而尚未运到本单位的商品,即发货单或银行承兑凭证已到而货未到的商品;(4)寄放他处的商品,如因购货方拒绝付款而暂时存在购货方的商品;(5)委托其他单位代销(未作销售或调出)尚未售出的商品;(6)代其他单位购进尚未交付的商品。

库存商品不包括:(1)所有权不属于本单位的商品,如商品已作销售但买方尚未取走的商品,代替他人保管、运输、加工的商品,代其他单位销售(未做购进或调入)而未售出的商品;(2)委托外单位加工的商品

(包括本单位所属加工厂和其他生产单位加工生产尚未收回成品的商品);(3)外贸企业代理其他单位从国外进口,尚未付给订货单位的商品;(4)代国家储备部门保管的商品。

库存商品金额可以采用进价或售价进行核算。采用进价核算的商品,应按商品进货原则(或实际采购成本)计算期末库存;采用售价核算的商品,应按商品的售价计算期末库存。购入的商品,在商品到达验收入库后计算期末库存(对已记入购进尚未运到的商品,也可计算期末库存);对于月终尚未开出承兑商业汇票的入库商品,按应付给供货单位的价款暂估计算期末库存;年度终了,凡已转入库存和已作销售的进口商品,属于国外以离岸价格成交、有应付未付国外运保费的,应先估计期末库存,委托其他单位代销的商品包括在期末库存中;委托外单位加工的商品,在发出商品时作减少期末库存,当加工商品收回时增加期末库存(包括商品进货原价、加工费用、加工税金等)。

从事批发和零售业活动的从业人员平均人数 报告期内(年度、季度、月度)平均拥有的从事批发和零售业活动的人员数。包括参加企业批发和零售经营活动的正式人员,劳务派遣人员和其他临时人员。对于不属于与企业主营业务高度相关的活动,如利用本单位的车辆、仓储等设施进行的运输、仓库活动,但主要为本企业主营业务活动提供服务的人员,也视为直接从事主营业务活动人员。不包括在本企业领取工资、股息、红利未参加主营业务活动的人员;不包括医疗、教育等为企业提供社会性服务活动的人员。计算方法同从业人员平均人数。

从事住宿和餐饮业活动的从业人员平均人数 报告期内(年度、季度、月度)平均拥有的从事住宿和餐饮业活动的人员数。包括参加企业住宿和餐饮经营活动的正式人员,劳务派遣人员和其他临时人员。对于不属于与企业主营业务高度相关的活动,如利用本单位的车辆、仓储等设施进行的运输、仓库活动,但主要为本企业主营业务活动提供服务的人员,也视为直接从事主营业务活动人员。不包括在本企业领取工资、股息、红利未参加主营业务活动的人员;不包括医疗、教育等为企业提供社会性服务活动的人员。计算方法同从业人员平均人数。

进出口总额 海关进出口总额指实际进出我国国境的货物总金额。包括对外贸易实际进出口货物,来料加工装配进出口货物,国家间、联合国及国际组织无偿援助物资和赠送品,华侨、港澳台同胞和外籍华人捐赠品,租赁期满归承租人所有的租赁货物,进料加工进出口货物,边境地方贸易及边境地区小额贸易进出口货物(边民互市贸易除外),中外合资经营企业、中外合作经营企业、外商独资经营企业进出口货物和公用物品,到、离岸价格在规定限额以上的进出口货样广告品(无商业价值、无使用价值和免费提供出口的除外),从保税仓库提取在中国境内销售的进口货物以及其他进出口货物。进出口总额用以观察一个国家在对外贸易方面的总规模。我国规定出口货物按离岸价格统计,进口货物按到岸价格统计。

商品经营单位所在地进出口额 所在地海关注册登记的有进出口经营权企业实际进出口额。

商品目的地进口额和商品货源地出口额目的地进口额 进口货物的消费、使用或最终抵运地的实际进口额,货源地出口额是指出口货物的产地或原始发货地的实际出口额。

利用外资 我国各级政府、部门、企业和其他经济组织通过对外借款、吸收外商直接投资以及用其他方式筹措的境外现汇、设备、技术等。

对外借款 我国利用外资的主要部分。包括我国通过外国政府贷款,国际金融组织贷款,外国银行商业贷款,出口信贷以及对外发行债券,股票等方式从境外筹措的资金。

外商直接投资 外国企业和经济组织或个人(包括华侨、港澳台胞以及我国在境外注册的企业)按我国有关政策、法规,用现汇、实物、技术等在我国境内开办外商独资企业、与我国境内的企业或经济组织共同举办中外合资经营企业、合作经营企业或作合作开发资源的投资(包括外商投资效率的再投资)以及经政府有关部门批准的项目投资总额内,企业从境外借入的资金。

对外承包工程 包括各对外承包公司以招标议标承包方式承揽的下列业务:

(1)承包国外工程建设项目;

(2)承包我国对外经援项目;

(3)承包我国驻外机构的工程建设项目;

(4)承包我国境内利用外资进行建设的工程项目;

(5)与外国承包公司合营或联合承包工程项目时我国公司分包部分;

(6)以服务成果向业主收费的技术服务项目(包括承担地形地貌测绘;地质资源勘探与普查;建设区域规划;提供设计文件、图纸、生产工艺技术资料和工程技术经济咨询;工程项目的可行性考察、研究和评估;进行技术指导和培训人员等);

(7)对外承包兼营的房屋开发业务。对外承包工程的营业额是以货币表现的本期内完成的对外承包工程的工作量,包括以前年度签订的合同和本年度新签订的合同在报告期完成的工作量。

对外劳务合作 以收取工资的形式向业主或承包商提供技术和劳动服务的活动。我国对外承包公司在境外开办的合营企业,中国公司同时又提供劳务的其劳务部分也纳入劳务合作统计。劳务合作营业额按报告期内向雇主提交的结算数(包括工资、加班费和奖金等)统计。

入境游客人数 报告期内来我国观光、度假、探亲访友、就医疗养、购物、参加会议或从事经济、文化、体育、宗教活动的外国人、港澳台同胞等海外游客。

旅游外汇收入 海外旅游者在中国(大陆)境内旅行、游览过程中用于交通、参观游览、住宿、餐饮、购物、娱乐等全部花费。

星级饭店数 由国家旅游部门认可或评定的一星以上的饭店。

财政总收入 即财政预算内总收入,包括按财政体制划分的中央收入和地方财政一般预算内收入。中央收入包括:一般增值税75%、一般消费税、企业所得税与个人所得税中央分享部分。

保费 又叫保险费。是保险人根据保险合同的有关规定,为被保险人取得因约定危险事故发生所造成的经济损失补偿(或给付)权利,付给保险人的代价。包括财产险和人身险储金收入。

赔款 保险事故发生后,经查证确属保险责任范围以内的保险标的损失,保险人根据保险合同的规定履行赔偿义务,给予被保险人的款项叫做赔款。赔款可分为已决赔款和未决赔款两种。

文化事业机构 从事专业文化工作和为专业文化工作服务的独立建制的单独核算的单位。不包括这些单位另外举办独立核算的其他机构和各部门的业余文化组织。

艺术表演团体 从事戏曲、音乐、舞蹈、杂技等专业艺术表演,有独立账户,实行单独核算的团体。不包括半工半艺、半农半艺和民间职业剧团。

电影放映单位 具有放映机器设备、固定或不固定的放映场所与专职与兼职的放映技术人员,经有关部门登记批准,经常为一定的观众对象放映电影的机构。包括批准对外开放进行营业,并与电影发行放映管理机构分账的专用放映单位和军委系统租片单位。

艺术表演观众人数(人次) 售票、包场演出或民族地区免费演出的艺术表演观众人次数。不包括彩排审查和内部观摩演出的观看人次数。

医院 名称为医院,设有固定床位能收容病人住院并能为病人提供医疗、护理服务的医疗机构。包括县及县以上医院、农村乡卫生院、其他医院三部分。按所属性质分为卫生部门、工业及其他部门,集体经济单位三类。其中县及县以上医院按业务性质分为综合医院和专科医院。

卫生技术人员 卫生事业机构支付工资的全部固定职工和合同制职工中现任职务为卫生技术工作的专业人员。包括中医师、西医师、中西医结合高级医师护师、中药师、西药师、检验师、其他技师、中医士、西医士、护士、助产士、中药剂士、西药剂士、检验士、其他技士、其他中医、护理员、中药剂员、西药剂员、检验员,其他初级卫生技术人员。

医生 经卫生部门审查合格,从事医疗工作的专业人员。分为中医医生和西医医生。包括卫生技术人员中的中医师、西医师、中西结合高级医师、中医士西医士和其他中医。

工业废水排放量 经过企业厂区所有排放口排到企业外部的工业废水量。包括生产废水、外排的直接冷却水、超标排放的矿井地下水和与工业废水混排的厂区生活污水,不包括外排的间接冷却水(清污不分流的间接冷却水应计算在内)。

工业废水排放达标量 各项指标都达到国家或地方排放标准的外排工业废水量,包括未经处理外排达标的和经过处理后外排达标的两部分。国家排放标准见 *GB*8978-88。

工业废水处理量 报告期内各种水治理设施实际处理的工业废水量,包括处理后外排的和处理后回用的工业废水量。虽经处理但未达到国家或地方排放标准的废水量也应计算在内。计算时,如遇有车间和厂排放口均有治理设施,并对同一废水分级处理时,不应重复计算工业废水处理量。

工业废气排放量 企业厂区内燃料燃烧和生产工艺过程中产生的各种排入空气的含有污染物的气体的总量,以标准状态[273*K*,101325*Pa*]计。

二氧化硫排放量 企业在燃料燃烧和生产工艺过程中排入大气的二氧化硫量。

工业烟尘排放量 企业厂区内的燃料燃烧产生的烟气中夹带的颗粒物的量。

工业粉尘排放量 企业在生产工艺过程中排放的颗粒物重量。如钢铁企业的耐火材料粉尘、焦化企业的筛焦系统粉尘、烧结机的粉尘、石灰窑的粉尘、建材企业的水泥粉尘等。不包括电厂排入大气的烟尘。

工业固体废物产生量 企业在生产过程中产生的固体状、半固体状和高浓度液体状废弃物的总量,包括危险废物、冶炼废渣、粉煤灰、炉渣、煤矸石、矿、放射性废物和其他废物等;不包括矿山开采的剥离废石和掘进废石(煤矸石和呈酸性或碱性的废石除外)。酸性或碱性废石是:指采掘的废石其流经水、雨淋水的 *pH* 值小于 4 或 pH 值大于 105 者。

工业固体废物处置量 将固体废物焚烧或者最终置于符合环境保护规定要求的场所并不再回取的工业固体废物量(包括当年处置往年的工业固体废物累计贮存量)。处置方法如:填埋(其中危险废物应安全填埋)、焚烧、专业贮存场(库)封场处理、深层灌注、回填矿井等。

工业固体废物排放量 将所产生的固体废物排到固体废物污染防治设施、场所以外的量。不包括矿山开采的剥离废石和掘进废石(煤矸石和呈酸性或碱性的废石除外)。

"三废"综合利用产品产值 利用"三废"(废液、废气、废渣)作为主要原料生产的产品产值(现行价),已经销售或准备销售的,应计算产品产值;但留作生产上自用的,不应计算产品产值。

"三废"综合利用产品利润 利用"三废"(废液、废气、废渣)生产的产品,销售后所得到的利润。

环境污染与破坏事故 由于违反环境保护法规的经济、社会活动与行为,以及意外因素的影响或不可抗拒的自然灾害等原因,致使环境受到污染,国家重点保护的野生动植物、自然保护区受到破坏,人体健康受到危害,社会经济和人民财产受到损失,造成不良社会影响的突发性事件。

景气指数 亦称景气度,是对企业景气调查中的定性指标通过定量方法加工汇总,综合反映某一特定调查群体或某一社会现象所处的状态或发展趋势的一种指标。景气指数介于 0 - 200 之间,100 为景气指数的临界值,当景气指数大于 100 时,表明经济状况趋于上升或改善,当景气指数小于 100 时,表明经济状况趋于下降或恶化,处于不景气状态。更为细致的划分为:0 - 100 为不景气区间,100 - 120 为较景气区间,120 - 150 为较高景气区间,150 - 200 为高景气区间。

企业景气指数 亦称企业综合生产经营景气指数,是根据企业家对本企业综合生产经营情况的判断和预期(通常为对"良好""一般""不佳"的选择)而编制的指数,用以综合反映企业的生产经营状况。

原煤 煤矿生产的、经过验收符合质量标准的原煤。即:从毛煤中选出规定粒度的矸石(包括黄铁矿等杂物)、绝对干燥灰分在 40% 以下的原煤。绝对干燥灰分虽在 40% 以上,但经有关部门批准开采,并有消费需求的劣质煤,亦应计入原煤产量。原煤分为无烟煤、烟煤、褐煤,在烟煤中又分为炼焦烟煤和一般烟煤两种。原煤不包括石煤、泥煤(泥炭)和伴随原煤生产过程而采出的煤矸石。

无烟煤 煤化程度高的原煤。其特点是挥发分低、密度大、燃点高、碳含量高、无黏结性,燃烧时多不冒烟。通常作为民用燃料,也可直接用于小型高炉炼铁等。无烟煤的干燥无灰基挥发分质量分数一般在 10% 以下。

烟煤 煤化程度低于无烟煤而高于褐煤的原煤。其特点是挥发分产率范围宽,干燥无灰基挥发分质量分数一般在 10 - 40% 之间,其中若干燥无灰基挥发分质量分数在 37% 至 40% 之间时,透光率大于 50% 者为烟煤。烟煤主要分为炼焦烟煤和一般烟煤。

炼焦烟煤 主要可用于炼焦的烟煤,包括焦煤、1/3 焦煤、肥煤、气肥煤、气煤、瘦煤、贫瘦煤、其他炼焦的烟煤。

一般烟煤 除炼焦的烟煤以外的烟煤,包括贫煤、弱粘煤、不粘煤、长焰煤、1/2 中粘煤、其他一般烟煤。

褐煤 煤化程度低的煤,其外观多呈褐色,光泽暗淡,水分含量高,在空气中易于风化。褐煤的干燥无灰基挥发分质量分数一般在37%以上,透光率小于等于50%。褐煤多作发电燃料,也可作气化原料和锅炉燃料,有的可用来制造磺化煤、活性炭、褐煤蜡的原料。

洗煤 将原煤经过洗选和筛选等加工后,清除或减少灰分、矸石、硫分等杂质,并按不同煤种、灰分、热值和粒度分等级的煤。

洗精煤(用于炼焦) 原煤经洗选加工后,灰分较低、热值较高的用于炼焦的洗选煤产品,一般为炼焦选煤厂洗选产出。用于炼焦的洗精煤灰分较低,一般不超过12.5%。

其他洗煤 除用于炼焦的洗精煤以外的其他洗选煤产品。

煤制品 以原煤为原料制成的各种煤制品,包括水煤浆、型煤、煤粉等。

原油 各种碳氢化合物的复杂混合物,通常呈暗褐色或者黑色液态,少数呈黄色、淡红色、淡褐色。

天然气 以气态碳氢化合物为主的各种气体的混合物,由有机物质经生物化学作用分解而成,或与石油共存于岩石的裂缝和空洞中,或以溶解状态存在于地下水中;主要成分为甲烷(约占85%—95%),还有乙烷、丙烷、丁烷等,是一种优质燃料和化工原料。天然气分为常规天然气和非常规天然气。

液化天然气 液体状态的天然气,由气态天然气在一定温度和压力条件下液化而成,无毒、无色、无味,在-161℃下的密度约为425千克/立方米。天然气在常温、常压状态为气态,占有的体积大,不利于储存,液化后体积只有气态的1/600左右。天然气的主要成分——甲烷的临界温度为-82℃,故在常温下不可能通过压缩而将其液化。而当将甲烷冷却到-161℃以下时,在常压下即转化为液体,即液化天然气(*LNG*)。

原油加工量 直接进入蒸馏装置及二次加工装置加工的原油量。该指标是衡量炼化企业生产规模、能力的一项基础指标,也是炼化企业计算各项技术经济指标的重要依据。因此,原油加工量作为一个特殊的指标在产品产量中统计。

计算原油加工量必须具有一定的计量手段,一般用流量计计量,在计量表误差较大的情况下,也可以用罐检尺方法计量,但不允许用产出量倒算。

汽油 直馏汽油和二次加工(如催化裂化、加氢裂化,催化重整和经精制的热裂化、焦化等)汽油,按不同比例调和,加入适量抗氧防胶剂及金属钝化剂,必要时加入适量的抗爆剂(如加入抗爆剂还要加入着色剂)而制成。本品为易燃、易挥发液体,具有良好的抗爆性能和燃烧性能,其蒸发性好,燃烧完全,积炭少,对发动机部件及储油容器无腐蚀性,由于加有抗氧剂,产品具有较好的安定性,不易过早氧化。

煤油 包括灯用煤油、航空煤油。

柴油 直馏柴油和经过精制的二次加工(如催化裂化、加氢裂化、热裂化、加氢精制的焦化的柴油等),以不同比例调和而成的成品油。柴油分为轻柴油、重柴油。

润滑油 以原油经常减压蒸馏装置和二次加工所得的馏分油为原料,经糠醛精制和溶剂脱蜡或压榨脱蜡,再经白土或加氢精制工艺所得的润滑油基础油,加入清净、分散、抗氧、抗腐、抗泡等添加剂调和而成。

燃料油 包括船用燃料油、重油或其他燃料油。燃料油分为商品燃料油和自用燃料油。商品燃料油指企业作为商品销售的燃料油;自用燃料油指本企业用作燃料和化肥、化工原料的自用油。

石脑油 属一部分石油轻馏分的泛称;用途不同,各种馏程亦不同。馏程自初馏点至220℃左右,主要用作重整和化工原料；70—145℃馏分，称轻石脑油，生产芳烃的重整原料；70—180℃馏分，称重石脑油，用作生产高辛烷值汽油。用作溶剂时，称作溶剂石脑油；来自煤焦油的芳香族溶剂油也称作重石脑油或溶剂石脑油。

溶剂油 以蒸馏装置的直馏汽油组分或催化重整的抽余油为原料，经精制、分馏而制成，按馏分不同分为以下不同牌号：6号抽提溶剂油，用于植物油萃取工艺中作抽提溶剂，也可作合成橡胶工艺中的溶剂、化学试剂、化学溶剂等；70号溶剂油，别名香花溶剂油，用于香花香料及油脂工业作抽提剂；90号溶剂油，别名90号石油醚，用于化学试剂、医药溶剂；120号橡胶溶剂油，用于橡胶工业作溶剂；190号溶剂油，用于机械零件洗涤和工农业生产作溶剂；200号溶剂油，用作油漆工业溶剂和稀释剂；260号溶剂油，为煤油型特种溶剂；300号彩色油墨溶剂油，用于制造高档油墨；航空洗涤油，用于航空机件等精密机件的洗涤，也用作航空涡轮发电机点火燃料。

石蜡 从石油、页岩油或其他沥青矿物油的某些馏出物中提取出来的烃类混合物，主要成分是固体烷烃，无臭无味，为白色或淡黄色半透明固体。

液化石油气 亦称液化气或压缩汽油，是炼油精制过程中产生并回收的气体在常温下经加压而成的液态产品。主要成分是丙烷、丁烷、丙烯、丁烯，主要用作石油化工原料，脱硫后可直接用作燃料。

石油焦 以原油经常减压装置蒸馏所得的渣油或其以重油为原料，经焦化装置生产。产品按用途分为三个牌号，每个牌号按质量分为 *A*、*B* 两类，牌号有 1#*A*、1#*B*、2#*A*、2#*B*、3#*A*、3#*B* 石油焦等。主要用于制造石墨电极、碳素、碳化硅、碳化钙等产品的原料，也可直接用于冶炼、铸煅工艺作燃料。

石油沥青 由原油经常减压装置蒸馏直接获得的渣油制品，也可以用减压渣油为原料经氧化，溶剂脱出的沥青再经适度氧化或调和而成。是来自原油中的最重的组分，是高度缩合的多环烃类混合物，具有良好的黏结性、绝缘性、不渗水性，并能抵抗许多化学药物的侵蚀，广泛用于道路工程、建筑工程、水利工程、防护涂料以及保持水土、改良土壤等领域。沥青性能主要是以软化点、针入度、延伸度来表示的。软化点表示沥青的耐热性能，软化点越高则耐热性能越好。针入度反映沥青的流变性能，为使道路沥青与砂石黏结紧密，需要高针入度的沥青；而作为防腐用的专用沥青，则需要低针入度的沥青，防止流失。延伸度表示沥青的抗张性和可塑性，道路沥青要求的延伸度最高，是为了保证在低温下路面不致受车辆碾压而出现裂缝。沥青按用途可分为普通沥青、道路沥青、建筑沥青、专用沥青，其中以道路沥青的用量最大。

炼厂干气 炼油厂炼油过程中产生并回收的非冷凝气体（也称蒸馏气），主要成分为乙烯、丙烯和甲烷、乙烷、丙烷、丁烷等，主要用作燃料和化工原料。

其他石油制品 石油加工过程中除汽油、煤油、柴油、燃料油、液化石油气、炼厂干气、石脑油、润滑油、石蜡、溶剂油、石油焦、石油沥青以外的其他炼油产品。石油制品很多，目录中只列出了上述主要品种，统计时为了简化，把除这些主要品种以外的其他石油产品归并在“其他石油制品”一个目录下一起填报。

焦炭 将各种经过洗选的煤炭按一定比例配合后，在隔绝空气的高温炭化室内经过热解、缩聚、固化、收缩等复杂的物理化学过程形成的固体燃料，呈黑灰色块状、有光泽，燃烧时烟气少，具有不黏结、不结块、低硫、低灰、坚硬、耐磨、耐压、富于气孔性等特点，主要用于冶金、化工、铸造等工艺的燃料和原料。它包括各种生产方式生产的焦炭，即包括机械化焦炉、简易焦炉、土焦炉、煤气发生炉等装置生产的所有焦炭和半焦炭。

工业企业能源消费量　工业企业在工业生产活动和非工业生产活动中消费的能源，包括工业生产活动中作为燃料、动力、原料、辅助材料使用的能源，生产工艺中使用的能源，用于能源加工转换的能源；非工业生产活动中使用的能源。具体包括：

(1)用于本企业产品生产、工业性作业和其他生产性活动的能源；

(2)用于技术更新改造措施、新技术研究和新产品试制以及科学试验等方面的能源；

(3)用于经营维修、建筑及设备大修理、机电设备和交通运输工具等方面的能源；

(4)用于劳动保护的能源；

(5)生产交通运输工具的企业(如造船厂、汽车制造厂)，向成品轮船、汽车中添加动力用油，应算作企业的能源消费，但不作为工业生产消费，应作为非工业生产消费和交通运输工具消费；

(6)其他非生产消费的能源。

不包括：

(1)由仓库发到车间，但在报告期最后一天没有消费的能源。这部分能源应在办理假退料手续后计入库存量。

(2)拨到外单位，委托外单位加工用的能源。

(3)调出本单位或借给外单位的能源。

工业生产能源消费量　工业企业为进行工业生产活动所消费的能源。主要包括：

(1)用于本企业产品生产、工业性作业的能源，包括用作原料、材料、燃料、动力的能源；作为能源加工转换企业，还包括用作加工转换的能源(这部分能源不能理解为用作原材料，用作原材料的概念见后面的解释)。

(2)产品生产过程中作为辅助材料使用的能源。

(3)生产工艺过程使用的能源。

(4)新技术研究、新产品试制、科学试验使用的能源。

(5)为了工业生产活动而在进行的各种修理过程中使用的能源。

(6)生产区内的劳动保护用能等。

用于原材料的能源消费量　能源产品不作能源使用，即不作燃料、动力使用，而作为生产另外一种产品(非能源产品)的原料或作为辅助材料使用，作原料使用时通常构成这种产品的实体。它与用作加工转换的区别是：用作加工转换，投入的是能源，产出的主要产品还是能源(或产出的产品属于加工转换过程中产生的不作能源使用的其他副产品和联产品)。而用作原材料时，投入的是能源，产出的主要产品是能源范畴以外的产品，包括产出的某种产品在广义上可以用作能源(比如可以燃烧以提供热量)，但通常意义上不作能源使用的产品。

非工业生产能源消费量　在工业企业能源消费中，除“工业生产能源消费”以外的能源消费，即非工业生产用能和工业企业附属的不从事工业生产活动的非独立核算单位用能。比如本企业施工单位进行技术更新改造、维修等过程用能，非生产区的劳动保护用能，科研单位、农场、车队、学校、医院、食堂、托儿所等单位用能。但是必须注意，上述单位如果是独立核算的，其用能既不能包括在“工业企业能源消费”中，亦不能包括在“非工业生产能源消费”中。

生产交通运输工具的企业（如造船厂、汽车制造厂），向成品轮船、汽车中添加动力用油，应算作企业的非工业生产消费。

综合能源消费量　企业（单位）在报告期内实际消费的各种能源（扣除能源加工转换和能源回收利用等重复因素）的总和。计算综合能源消费量时，需要将各种能源品种的消费量换算成按照标准计量单位（如：吨标准煤）计量的消费量。不同工业法人单位的计算方法见《能源购进、消费与库存》（205－1 表）的说明。

取水量　企业从各种水源直接提取或者从市场购买的用于厂区、办公区内工业生产活动的水量，以实际获得的新水量为准。

用于工业生产活动的水量，包括主要生产用水、辅助生产用水（如机修、运输、空压站等）和附属生产用水（如绿化、办公室、浴室、食堂、厕所、保健站等），不包括非工业生产单位的用水量（如基建用水、厂内居民家庭用水和企业附属幼儿园、学校、对外营业的浴室、游泳池等的用水量）和居民生活用水量。

取水量包括企业取自地表、地下、城镇供水工程的水，外购的再生水（中水）、其他水或水的产品，以及企业为生产外供水或水产品而取用的水。不包括重复用水量、直流冷却水量、未利用直接排放的矿井水和雨水量、污水处理企业处理的污（废）水量、水力发电动力用水量。

外供水量　企业外供给其他单位的水或水产品的量，以离厂水量为准。包括外供给其他企业或市场的原水、自来水、再生水（中水）、海水淡化水、矿泉水、纯净水等。不包括直流冷却水量、未利用直接排放的矿井水和雨水量、北方地区供暖企业供给城镇热力网内循环的热水量、进入城镇污水管网和直接排到自然环境中的水量。

地表淡水　陆地表面形成的径流及地表贮存的淡水。包括江、河、淡水湖、水库等。

地下淡水　地下径流或埋藏于地下的，经过提取可被利用的淡水。包括井水、地热水等。

自来水　自来水厂将地表淡水、地下淡水经过“混凝、沉淀、过滤、消毒”等净水工序，达到国家饮用水标准，通过城镇自来水管网供给工业生产、居民生活使用的水。

海水　海洋的水。海水的取水量包括企业用来淡化、制盐、化工生产等海水资源利用所提取的海水量，以及用于海水循环冷却补充水、脱硫、洗涤、除尘、冲渣、印染等的海水直接利用量，不包括海水直流冷却水量。

陆地苦咸水　存在于陆地地表或地下，含盐量大于 1 克/升的水。包括微咸水、咸水湖和地下的咸水。不包括海水。

矿井水　在采矿过程中，由于矿床开采破坏了地下水原始赋存状态而产生导水裂隙，使周围水沿着原有的和新的裂隙渗入井下采掘空间进而形成的矿井涌水。收集、处理并已利用的矿井水填报取水量，未利用直接排放的矿井水不填报取水量、外供水量、外排水量。

雨水　通过集雨工程积蓄处理后被工业利用的雨水。雨水的取水量不包括天降雨、雪后流到江河、湖泊、水库中的水，以及未经利用通过厂区内排水管道直接排放的雨水。

再生水（中水） 以污（废）水为水源，经再生工艺净化处理后水质达到再利用标准的水。再生水（中水）不填报外供量。有再生水（中水）取水的单位填报再生水（中水）的取水量。

海水淡化水 经过特定生产工艺去除海水中的盐分后得到的淡化水。

其他水 上述水资源品种没有涵盖的，或者界定不清的水及水的产品。包括软化水、除盐水、蒸汽（需折算成同等质量的水）、蒸汽冷凝水、管道供应的热水（不含北方地区城镇热力网内循环的热水）、瓶（桶）装纯净水、矿泉水、经过初步处理未达到自来水标准的水。不包括地热水、碳酸饮料、茶饮料、果汁饮料、酒类、污（废）水。

外排水量 完成生产过程和生产活动之后，经过企业厂区、办公区所有排水口排到企业外部的水量。包括进入城镇污水管网的污（废）水量、直接排到自然环境中的水量。不包括外供水量、直流冷却水量、未利用就直接排放的矿井水量。

重复用水量 在确定的用水单元或系统内，所有未经处理和处理后又重复使用的水量总和。

满足下列任意一种情况，即可视为重复用水：

1. 循环水：在确定的用水单元或系统内，生产过程中已用过、再循环用于同一过程的水。例如火力发电企业的循环冷却水。循环水量循环使用一次计算一次，根据循环水泵的流量乘以工作时间计算。

2. 串联水：在确定的用水单元或系统，由生产过程中产生的或使用后、再用于另一单元或系统的水。例如先用于冷却再用于洗涤的水；生产过程中产生的，用于烟气脱硫、冲渣（灰）的水。串联水量重复使用一次计算一次。

3. 回用水：企业产生的，没有排放而是直接或经处理后再利用于某一用水单元或系统的水。例如收集回用的蒸汽冷凝水，生产活动产生的、净化后回用的污（废）水，自来水厂冲洗沉淀池、滤池再处理后回用的水。回用水量回用一次计算一次。

重复用水量不包括北方地区城镇热力网内循环的热水、火力发电设备内进行汽水循环的除盐水。

直流冷却水量 企业取自河流、水库、湖泊、海洋，经一次使用后，直接排放回河流、水库、湖泊、海洋的冷却水量，多见于火（核）电企业。直流冷却水不填报取水量、外供水量、外排水量。企业从直流冷却水系统中取水用做其他用途，则该部分应计入取水量。

利用河、湖、水库等的淡水进行直流冷却填报直流冷却水量（河湖水），利用海水进行直流冷却填报直流冷却水量（海水）。

污水处理企业污水处理量 污水处理企业取自企业外部并实际处理的污（废）水量。本指标仅限污水处理企业填报。

污水处理企业指专业化进行城镇污水、工业废（污）水处理的企业或单位，不仅限4620行业（污水处理及再生利用）的企业和单位。包括城镇污水处理厂、工业废（污）水处理厂以及有污水处理业务资质和污水处理系统，对外提供社会化服务、专门为工业园区、连片工业企业和周边工业企业处理工业废（污）水（包括一并处理的周边地区生活污水）的法人单位。

中华人民共和国统计法

（1983年12月8日第六届全国人民代表大会常务委员会第三次会议通过 根据1996年5月15日第八届全国人民代表大会常务委员会第十九次会议《关于修改〈中华人民共和国统计法〉的决定》修正 2009年6月27日第十一届全国人民代表大会常务委员会第九次会议修订）

第一章　总　　则

第一条　为了科学、有效地组织统计工作，保障统计资料的真实性、准确性、完整性和及时性，发挥统计在了解国情国力、服务经济社会发展中的重要作用，促进社会主义现代化建设事业发展，制定本法。

第二条　本法适用于各级人民政府、县级以上人民政府统计机构和有关部门组织实施的统计活动。

统计的基本任务是对经济社会发展情况进行统计调查、统计分析，提供统计资料和统计咨询意见，实行统计监督。

第三条　国家建立集中统一的统计系统，实行统一领导、分级负责的统计管理体制。

第四条　国务院和地方各级人民政府、各有关部门应当加强对统计工作的组织领导，为统计工作提供必要的保障。

第五条　国家加强统计科学研究，健全科学的统计指标体系，不断改进统计调查方法，提高统计的科学性。

国家有计划地加强统计信息化建设，推进统计信息搜集、处理、传输、共享、存储技术和统计数据库体系的现代化。

第六条　统计机构和统计人员依照本法规定独立行使统计调查、统计报告、统计监督的职权，不受侵犯。

地方各级人民政府、政府统计机构和有关部门以及各单位的负责人，不得自行修改统计机构和统计人员依法搜集、整理的统计资料，不得以任何方式要求统计机构、统计人员及其他机构、人员伪造、篡改统计资料，不得对依法履行职责或者拒绝、抵制统计违法行为的统计人员打击报复。

第七条　国家机关、企业事业单位和其他组织以及个体工商户和个人等统计调查对象，必须依照本法和国家有关规定，真实、准确、完整、及时地提供统计调查所需的资料，不得提供不真实或者不完整的统计资料，不得迟报、拒报统计资料。

第八条　统计工作应当接受社会公众的监督。任何单位和个人有权检举统计中弄虚作假等违法行为。对检举有功的单位和个人应当给予表彰和奖励。

第九条　统计机构和统计人员对在统计工作中知悉的国家秘密、商业秘密和个人信息，应当予以保密。

第十条　任何单位和个人不得利用虚假统计资料骗取荣誉称号、物质利益或者职务晋升。

第二章 统计调查管理

第十一条 统计调查项目包括国家统计调查项目、部门统计调查项目和地方统计调查项目。

国家统计调查项目是指全国性基本情况的统计调查项目。部门统计调查项目是指国务院有关部门的专业性统计调查项目。地方统计调查项目是指县级以上地方人民政府及其部门的地方性统计调查项目。

国家统计调查项目、部门统计调查项目、地方统计调查项目应当明确分工,互相衔接,不得重复。

第十二条 国家统计调查项目由国家统计局制定,或者由国家统计局和国务院有关部门共同制定,报国务院备案;重大的国家统计调查项目报国务院审批。

部门统计调查项目由国务院有关部门制定。统计调查对象属于本部门管辖系统的,报国家统计局备案;统计调查对象超出本部门管辖系统的,报国家统计局审批。

地方统计调查项目由县级以上地方人民政府统计机构和有关部门分别制定或者共同制定。其中,由省级人民政府统计机构单独制定或者和有关部门共同制定的,报国家统计局审批;由省级以下人民政府统计机构单独制定或者和有关部门共同制定的,报省级人民政府统计机构审批;由县级以上地方人民政府有关部门制定的,报本级人民政府统计机构审批。

第十三条 统计调查项目的审批机关应当对调查项目的必要性、可行性、科学性进行审查,对符合法定条件的,作出予以批准的书面决定,并公布;对不符合法定条件的,作出不予批准的书面决定,并说明理由。

第十四条 制定统计调查项目,应当同时制定该项目的统计调查制度,并依照本法第十二条的规定一并报经审批或者备案。

统计调查制度应当对调查目的、调查内容、调查方法、调查对象、调查组织方式、调查表式、统计资料的报送和公布等作出规定。

统计调查应当按照统计调查制度组织实施。变更统计调查制度的内容,应当报经原审批机关批准或者原备案机关备案。

第十五条 统计调查表应当标明表号、制定机关、批准或者备案文号、有效期限等标志。

对未标明前款规定的标志或者超过有效期限的统计调查表,统计调查对象有权拒绝填报;县级以上人民政府统计机构应当依法责令停止有关统计调查活动。

第十六条 搜集、整理统计资料,应当以周期性普查为基础,以经常性抽样调查为主体,综合运用全面调查、重点调查等方法,并充分利用行政记录等资料。

重大国情国力普查由国务院统一领导,国务院和地方人民政府组织统计机构和有关部门共同实施。

第十七条 国家制定统一的统计标准,保障统计调查采用的指标涵义、计算方法、分类目录、调查表式和统计编码等的标准化。

国家统计标准由国家统计局制定,或者由国家统计局和国务院标准化主管部门共同制定。

国务院有关部门可以制定补充性的部门统计标准,报国家统计局审批。部门统计标准不得与国家统计标准相抵触。

第十八条　县级以上人民政府统计机构根据统计任务的需要，可以在统计调查对象中推广使用计算机网络报送统计资料。

第十九条　县级以上人民政府应当将统计工作所需经费列入财政预算。

重大国情国力普查所需经费，由国务院和地方人民政府共同负担，列入相应年度的财政预算，按时拨付，确保到位。

第三章　统计资料的管理和公布

第二十条　县级以上人民政府统计机构和有关部门以及乡、镇人民政府，应当按照国家有关规定建立统计资料的保存、管理制度，建立健全统计信息共享机制。

第二十一条　国家机关、企业事业单位和其他组织等统计调查对象，应当按照国家有关规定设置原始记录、统计台账，建立健全统计资料的审核、签署、交接、归档等管理制度。

统计资料的审核、签署人员应当对其审核、签署的统计资料的真实性、准确性和完整性负责。

第二十二条　县级以上人民政府有关部门应当及时向本级人民政府统计机构提供统计所需的行政记录资料和国民经济核算所需的财务资料、财政资料及其他资料，并按照统计调查制度的规定及时向本级人民政府统计机构报送其组织实施统计调查取得的有关资料。

县级以上人民政府统计机构应当及时向本级人民政府有关部门提供有关统计资料。

第二十三条　县级以上人民政府统计机构按照国家有关规定，定期公布统计资料。

国家统计数据以国家统计局公布的数据为准。

第二十四条　县级以上人民政府有关部门统计调查取得的统计资料，由本部门按照国家有关规定公布。

第二十五条　统计调查中获得的能够识别或者推断单个统计调查对象身份的资料，任何单位和个人不得对外提供、泄露，不得用于统计以外的目的。

第二十六条　县级以上人民政府统计机构和有关部门统计调查取得的统计资料，除依法应当保密的外，应当及时公开，供社会公众查询。

第四章　统计机构和统计人员

第二十七条　国务院设立国家统计局，依法组织领导和协调全国的统计工作。

国家统计局根据工作需要设立的派出调查机构，承担国家统计局布置的统计调查等任务。

县级以上地方人民政府设立独立的统计机构，乡、镇人民政府设置统计工作岗位，配备专职或者兼职统计人员，依法管理、开展统计工作，实施统计调查。

第二十八条　县级以上人民政府有关部门根据统计任务的需要设立统计机构，或者在有关机构中设置统计人员，并指定统计负责人，依法组织、管理本部门职责范围内的统计工作，实施统计调查，在统计业务上受本级人民政府统计机构的指导。

第二十九条　统计机构、统计人员应当依法履行职责，如实搜集、报送统计资料，不得伪造、篡改统计资料，不得以任何方式要求任何单位和个人提供不真实的统计资料，不得有其他违反本法规定的行为。

统计人员应当坚持实事求是，恪守职业道德，对其负责搜集、审核、录入的统计资料与统计调查对象报送的统计资料的一致性负责。

第三十条　统计人员进行统计调查时，有权就与统计有关的问题询问有关人员，要求其如实提供有关情况、资料并改正不真实、不准确的资料。

统计人员进行统计调查时，应当出示县级以上人民政府统计机构或者有关部门颁发的工作证件；未出示的，统计调查对象有权拒绝调查。

第三十一条　国家实行统计专业技术职务资格考试、评聘制度，提高统计人员的专业素质，保障统计队伍的稳定性。

统计人员应当具备与其从事的统计工作相适应的专业知识和业务能力。

县级以上人民政府统计机构和有关部门应当加强对统计人员的专业培训和职业道德教育。

第五章　监督检查

第三十二条　县级以上人民政府及其监察机关对下级人民政府、本级人民政府统计机构和有关部门执行本法的情况，实施监督。

第三十三条　国家统计局组织管理全国统计工作的监督检查，查处重大统计违法行为。

县级以上地方人民政府统计机构依法查处本行政区域内发生的统计违法行为。但是，国家统计局派出的调查机构组织实施的统计调查活动中发生的统计违法行为，由组织实施该项统计调查的调查机构负责查处。

法律、行政法规对有关部门查处统计违法行为另有规定的，从其规定。

第三十四条　县级以上人民政府有关部门应当积极协助本级人民政府统计机构查处统计违法行为，及时向本级人民政府统计机构移送有关统计违法案件材料。

第三十五条　县级以上人民政府统计机构在调查统计违法行为或者核查统计数据时，有权采取下列措施：

（一）发出统计检查查询书，向检查对象查询有关事项；

（二）要求检查对象提供有关原始记录和凭证、统计台账、统计调查表、会计资料及其他相关证明和资料；

（三）就与检查有关的事项询问有关人员；

（四）进入检查对象的业务场所和统计数据处理信息系统进行检查、核对；

（五）经本机构负责人批准，登记保存检查对象的有关原始记录和凭证、统计台账、统计调查表、会计资料及其他相关证明和资料；

（六）对与检查事项有关的情况和资料进行记录、录音、录像、照相和复制。

县级以上人民政府统计机构进行监督检查时，监督检查人员不得少于二人，并应当出示执法证件；未出示的，有关单位和个人有权拒绝检查。

第三十六条　县级以上人民政府统计机构履行监督检查职责时，有关单位和个人应当如实反映情况，提供相关证明和资料，不得拒绝、阻碍检查，不得转移、隐匿、篡改、毁弃原始记录和凭证、统计台账、统计调查表、会计资料及其他相关证明和资料。

第六章　法律责任

第三十七条　地方人民政府、政府统计机构或者有关部门、单位的负责人有下列行为之一的，由任免机关或者监察机关依法给予处分，并由县级以上人民政府统计机构予以通报：

（一）自行修改统计资料、编造虚假统计数据的；

（二）要求统计机构、统计人员或者其他机构、人员伪造、篡改统计资料的；

（三）对依法履行职责或者拒绝、抵制统计违法行为的统计人员打击报复的；

（四）对本地方、本部门、本单位发生的严重统计违法行为失察的。

第三十八条　县级以上人民政府统计机构或者有关部门在组织实施统计调查活动中有下列行为之一的，由本级人民政府、上级人民政府统计机构或者本级人民政府统计机构责令改正，予以通报；对直接负责的主管人员和其他直接责任人员，由任免机关或者监察机关依法给予处分：

（一）未经批准擅自组织实施统计调查的；

（二）未经批准擅自变更统计调查制度的内容的；

（三）伪造、篡改统计资料的；

（四）要求统计调查对象或者其他机构、人员提供不真实的统计资料的；

（五）未按照统计调查制度的规定报送有关资料的。

统计人员有前款第三项至第五项所列行为之一的，责令改正，依法给予处分。

第三十九条　县级以上人民政府统计机构或者有关部门有下列行为之一的，对直接负责的主管人员和其他直接责任人员由任免机关或者监察机关依法给予处分：

（一）违法公布统计资料的；

（二）泄露统计调查对象的商业秘密、个人信息或者提供、泄露在统计调查中获得的能够识别或者推断单个统计调查对象身份的资料的；

（三）违反国家有关规定，造成统计资料毁损、灭失的。

统计人员有前款所列行为之一的，依法给予处分。

第四十条 统计机构、统计人员泄露国家秘密的，依法追究法律责任。

第四十一条 作为统计调查对象的国家机关、企业事业单位或者其他组织有下列行为之一的，由县级以上人民政府统计机构责令改正，给予警告，可以予以通报；其直接负责的主管人员和其他直接责任人员属于国家工作人员的，由任免机关或者监察机关依法给予处分：

（一）拒绝提供统计资料或者经催报后仍未按时提供统计资料的；

（二）提供不真实或者不完整的统计资料的；

（三）拒绝答复或者不如实答复统计检查查询书的；

（四）拒绝、阻碍统计调查、统计检查的；

（五）转移、隐匿、篡改、毁弃或者拒绝提供原始记录和凭证、统计台账、统计调查表及其他相关证明和资料的。

企业事业单位或者其他组织有前款所列行为之一的，可以并处五万元以下的罚款；情节严重的，并处五万元以上二十万元以下的罚款。

个体工商户有本条第一款所列行为之一的，由县级以上人民政府统计机构责令改正，给予警告，可以并处一万元以下的罚款。

第四十二条 作为统计调查对象的国家机关、企业事业单位或者其他组织迟报统计资料，或者未按照国家有关规定设置原始记录、统计台账的，由县级以上人民政府统计机构责令改正，给予警告。

企业事业单位或者其他组织有前款所列行为之一的，可以并处一万元以下的罚款。

个体工商户迟报统计资料的，由县级以上人民政府统计机构责令改正，给予警告，可以并处一千元以下的罚款。

第四十三条 县级以上人民政府统计机构查处统计违法行为时，认为对有关国家工作人员依法应当给予处分的，应当提出给予处分的建议；该国家工作人员的任免机关或者监察机关应当依法及时作出决定，并将结果书面通知县级以上人民政府统计机构。

第四十四条 作为统计调查对象的个人在重大国情国力普查活动中拒绝、阻碍统计调查，或者提供不真实或者不完整的普查资料的，由县级以上人民政府统计机构责令改正，予以批评教育。

第四十五条 违反本法规定，利用虚假统计资料骗取荣誉称号、物质利益或者职务晋升的，除对其编造虚假统计资料或者要求他人编造虚假统计资料的行为依法追究法律责任外，由作出有关决定的单位或者其上级单位、监察机关取消其荣誉称号，追缴获得的物质利益，撤销晋升的职务。

第四十六条 当事人对县级以上人民政府统计机构作出的行政处罚决定不服的，可以依法申请行政复议或者提起行政诉讼。其中，对国家统计局在省、自治区、直辖市派出的调查机构作出的行政处罚决定不服的，向国家统计局申请行政复议；对国家统计局派出的其他调查机构作出的行政处罚决定不服的，向国家统计局在该派出机构所在的省、自治区、直辖市派出的调查机构申请行政复议。

第四十七条 违反本法规定，构成犯罪的，依法追究刑事责任。

第七章　附　　则

第四十八条　本法所称县级以上人民政府统计机构，是指国家统计局及其派出的调查机构、县级以上地方人民政府统计机构。

第四十九条　民间统计调查活动的管理办法，由国务院制定。

中华人民共和国境外的组织、个人需要在中华人民共和国境内进行统计调查活动的，应当按照国务院的规定报请审批。

利用统计调查危害国家安全、损害社会公共利益或者进行欺诈活动的，依法追究法律责任。

第五十条　本法自2010年1月1日起施行。

中华人民共和国国务院令

第681号

《中华人民共和国统计法实施条例》已经2017年4月12日国务院第168次常务会议通过，现予公布，自2017年8月1日起施行。

总理　李克强

2017年5月28日

中华人民共和国统计法实施条例

第一章　总　则

第一条　根据《中华人民共和国统计法》（以下简称统计法），制定本条例。

第二条　统计资料能够通过行政记录取得的，不得组织实施调查。通过抽样调查、重点调查能够满足统计需要的，不得组织实施全面调查。

第三条　县级以上人民政府统计机构和有关部门应当加强统计规律研究，健全新兴产业等统计，完善经济、社会、科技、资源和环境统计，推进互联网、大数据、云计算等现代信息技术在统计工作中的应用，满足经济社会发展需要。

第四条　地方人民政府、县级以上人民政府统计机构和有关部门应当根据国家有关规定，明确本单位防范和惩治统计造假、弄虚作假的责任主体，严格执行统计法和本条例的规定。

地方人民政府、县级以上人民政府统计机构和有关部门及其负责人应当保障统计活动依法进行，不得侵犯统计机构、统计人员独立行使统计调查、统计报告、统计监督职权，不得非法干预统计调查对象提供统计资料，不得统计造假、弄虚作假。

统计调查对象应当依照统计法和国家有关规定，真实、准确、完整、及时地提供统计资料，拒绝、抵制弄虚作假等违法行为。

第五条　县级以上人民政府统计机构和有关部门不得组织实施营利性统计调查。

国家有计划地推进县级以上人民政府统计机构和有关部门通过向社会购买服务组织实施统计调查和资料开发。

第二章　统计调查项目

第六条　部门统计调查项目、地方统计调查项目的主要内容不得与国家统计调查项目的内容重复、矛盾。

第七条　统计调查项目的制定机关(以下简称制定机关)应当就项目的必要性、可行性、科学性进行论证,征求有关地方、部门、统计调查对象和专家的意见,并由制定机关按照会议制度集体讨论决定。

重要统计调查项目应当进行试点。

第八条　制定机关申请审批统计调查项目,应当以公文形式向审批机关提交统计调查项目审批申请表、项目的统计调查制度和工作经费来源说明。

申请材料不齐全或者不符合法定形式的,审批机关应当一次性告知需要补正的全部内容,制定机关应当按照审批机关的要求予以补正。

申请材料齐全、符合法定形式的,审批机关应当受理。

第九条　统计调查项目符合下列条件的,审批机关应当作出予以批准的书面决定:

(一)具有法定依据或者确为公共管理和服务所必需;

(二)与已批准或者备案的统计调查项目的主要内容不重复、不矛盾;

(三)主要统计指标无法通过行政记录或者已有统计调查资料加工整理取得;

(四)统计调查制度符合统计法律法规规定,科学、合理、可行;

(五)采用的统计标准符合国家有关规定;

(六)制定机关具备项目执行能力。

不符合前款规定条件的,审批机关应当向制定机关提出修改意见;修改后仍不符合前款规定条件的,审批机关应当作出不予批准的书面决定并说明理由。

第十条　统计调查项目涉及其他部门职责的,审批机关应当在作出审批决定前,征求相关部门的意见。

第十一条　审批机关应当自受理统计调查项目审批申请之日起20日内作出决定。20日内不能作出决定的,经审批机关负责人批准可以延长10日,并应当将延长审批期限的理由告知制定机关。

制定机关修改统计调查项目的时间,不计算在审批期限内。

第十二条　制定机关申请备案统计调查项目,应当以公文形式向备案机关提交统计调查项目备案申请表和项目的统计调查制度。

统计调查项目的调查对象属于制定机关管辖系统,且主要内容与已批准、备案的统计调查项目不重复、不矛盾的，备案机关应当依法给予备案文号。

第十三条　统计调查项目经批准或者备案的，审批机关或者备案机关应当及时公布统计调查项目及其统计调查制度的主要内容。涉及国家秘密的统计调查项目除外。

第十四条　统计调查项目有下列情形之一的，审批机关或者备案机关应当简化审批或者备案程序，缩短期限：

（一）发生突发事件需要迅速实施统计调查；

（二）统计调查制度内容未作变动，统计调查项目有效期届满需要延长期限。

第十五条　统计法第十七条第二款规定的国家统计标准是强制执行标准。各级人民政府、县级以上人民政府统计机构和有关部门组织实施的统计调查活动，应当执行国家统计标准。

制定国家统计标准，应当征求国务院有关部门的意见。

第三章　统计调查的组织实施

第十六条　统计机构、统计人员组织实施统计调查，应当就统计调查对象的法定填报义务、主要指标涵义和有关填报要求等，向统计调查对象作出说明。

第十七条　国家机关、企业事业单位或者其他组织等统计调查对象提供统计资料，应当由填报人员和单位负责人签字，并加盖公章。个人作为统计调查对象提供统计资料，应当由本人签字。统计调查制度规定不需要签字、加盖公章的除外。

统计调查对象使用网络提供统计资料的，按照国家有关规定执行。

第十八条　县级以上人民政府统计机构、有关部门推广使用网络报送统计资料，应当采取有效的网络安全保障措施。

第十九条　县级以上人民政府统计机构、有关部门和乡、镇统计人员，应当对统计调查对象提供的统计资料进行审核。统计资料不完整或者存在明显错误的，应当由统计调查对象依法予以补充或者改正。

第二十条　国家统计局应当建立健全统计数据质量监控和评估制度，加强对各省、自治区、直辖市重要统计数据的监控和评估。

第四章　统计资料的管理和公布

第二十一条　县级以上人民政府统计机构、有关部门和乡、镇人民政府应当妥善保管统计调查中取得的统计资料。

国家建立统计资料灾难备份系统。

第二十二条　统计调查中取得的统计调查对象的原始资料，应当至少保存 2 年。

汇总性统计资料应当至少保存 10 年，重要的汇总性统计资料应当永久保存。法律法规另有规定的，从其规定。

第二十三条　统计调查对象按照国家有关规定设置的原始记录和统计台账，应当至少保存 2 年。

第二十四条　国家统计局统计调查取得的全国性统计数据和分省、自治区、直辖市统计数据，由国家统计局公布或者由国家统计局授权其派出的调查机构或者省级人民政府统计机构公布。

第二十五条　国务院有关部门统计调查取得的统计数据，由国务院有关部门按照国家有关规定和已批准或者备案的统计调查制度公布。

县级以上地方人民政府有关部门公布其统计调查取得的统计数据，比照前款规定执行。

第二十六条　已公布的统计数据按照国家有关规定需要进行修订的，县级以上人民政府统计机构和有关部门应当及时公布修订后的数据，并就修订依据和情况作出说明。

第二十七条　县级以上人民政府统计机构和有关部门应当及时公布主要统计指标涵义、调查范围、调查方法、计算方法、抽样调查样本量等信息，对统计数据进行解释说明。

第二十八条　公布统计资料应当按照国家有关规定进行。公布前，任何单位和个人不得违反国家有关规定对外提供，不得利用尚未公布的统计资料谋取不正当利益。

第二十九条　统计法第二十五条规定的能够识别或者推断单个统计调查对象身份的资料包括：

（一）直接标明单个统计调查对象身份的资料；

（二）虽未直接标明单个统计调查对象身份，但是通过已标明的地址、编码等相关信息可以识别或者推断单个统计调查对象身份的资料；

（三）可以推断单个统计调查对象身份的汇总资料。

第三十条　统计调查中获得的能够识别或者推断单个统计调查对象身份的资料应当依法严格管理，除作为统计执法依据外，不得直接作为对统计调查对象实施行政许可、行政处罚等具体行政行为的依据，不得用于完成统计任务以外的目的。

第三十一条　国家建立健全统计信息共享机制，实现县级以上人民政府统计机构和有关部门统计调查取得的资料共享。制定机关共同制定的统计调查项目，可以共同使用获取的统计资料。

统计调查制度应当对统计信息共享的内容、方式、时限、渠道和责任等作出规定。

第五章　统计机构和统计人员

第三十二条　县级以上地方人民政府统计机构受本级人民政府和上级人民政府统计机构的双重领导，在统计业务上以上级人民政府统计机构的领导为主。

乡、镇人民政府应当设置统计工作岗位，配备专职或者兼职统计人员，履行统计职责，在统计业务上受上级人民政府统计机构领导。乡、镇统计人员的调动，应当征得县级人民政府统计机构的同意。

县级以上人民政府有关部门在统计业务上受本级人民政府统计机构指导。

第三十三条　县级以上人民政府统计机构和有关部门应当完成国家统计调查任务，执行国家统计调查项目的统计调查制度，组织实施本地方、本部门的统计调查活动。

第三十四条　国家机关、企业事业单位和其他组织应当加强统计基础工作，为履行法定的统计资料报送义务提供组织、人员和工作条件保障。

第三十五条　对在统计工作中做出突出贡献、取得显著成绩的单位和个人，按照国家有关规定给予表彰和奖励。

第六章　监督检查

第三十六条　县级以上人民政府统计机构从事统计执法工作的人员，应当具备必要的法律知识和统计业务知识，参加统计执法培训，并取得由国家统计局统一印制的统计执法证。

第三十七条　任何单位和个人不得拒绝、阻碍对统计工作的监督检查和对统计违法行为的查处工作，不得包庇、纵容统计违法行为。

第三十八条　任何单位和个人有权向县级以上人民政府统计机构举报统计违法行为。

县级以上人民政府统计机构应当公布举报统计违法行为的方式和途径，依法受理、核实、处理举报，并为举报人保密。

第三十九条　县级以上人民政府统计机构负责查处统计违法行为；法律、行政法规对有关部门查处统计违法行为另有规定的，从其规定。

第七章　法律责任

第四十条　下列情形属于统计法第三十七条第四项规定的对严重统计违法行为失察，对地方人民政府、政府统计机构或者有关部门、单位的负责人，由任免机关或者监察机关依法给予处分，并由县级以上人民政府统计机构予以通报：

（一）本地方、本部门、本单位大面积发生或者连续发生统计造假、弄虚作假；

（二）本地方、本部门、本单位统计数据严重失实，应当发现而未发现；

（三）发现本地方、本部门、本单位统计数据严重失实不予纠正。

第四十一条　县级以上人民政府统计机构或者有关部门组织实施营利性统计调查的，由本级人民政府、上级人民政府统计机构或者本级人民政府统计机构责令改正，予以通报；有违法所得的，没收违法所得。

第四十二条　地方各级人民政府、县级以上人民政府统计机构或者有关部门及其负责人，侵犯统计机构、统计人员独立行使统计调查、统计报告、统计监督职权，或者采用下发文件、会议布置以及其他方式授意、指使、强令统计调查对象或者其他单位、人员编造虚假统计资料的，由上级人民政府、本级人民政府、上级人民政府统计机构或者本级人民政府统计机构责令改正，予以通报。

第四十三条　县级以上人民政府统计机构或者有关部门在组织实施统计调查活动中有下列行为之一的，由本级人民政府、上级人民政府统计机构或者本级人民政府统计机构责令改正，予以通报：

（一）违法制定、审批或者备案统计调查项目；

（二）未按照规定公布经批准或者备案的统计调查项目及其统计调查制度的主要内容；

（三）未执行国家统计标准；

（四）未执行统计调查制度；

（五）自行修改单个统计调查对象的统计资料。

乡、镇统计人员有前款第三项至第五项所列行为的，责令改正，依法给予处分。

第四十四条　县级以上人民政府统计机构或者有关部门违反本条例第二十四条、第二十五条规定公布统计数据的，由本级人民政府、上级人民政府统计机构或者本级人民政府统计机构责令改正，予以通报。

第四十五条　违反国家有关规定对外提供尚未公布的统计资料或者利用尚未公布的统计资料谋取不正当利益的，由任免机关或者监察机关依法给予处分，并由县级以上人民政府统计机构予以通报。第四十六条

统计机构及其工作人员有下列行为之一的，由本级人民政府或者上级人民政府统计机构责令改正，予以通报：

（一）拒绝、阻碍对统计工作的监督检查和对统计违法行为的查处工作；

（二）包庇、纵容统计违法行为；

（三）向有统计违法行为的单位或者个人通风报信，帮助其逃避查处；

（四）未依法受理、核实、处理对统计违法行为的举报；

（五）泄露对统计违法行为的举报情况。

第四十七条　地方各级人民政府、县级以上人民政府有关部门拒绝、阻碍统计监督检查或者转移、隐匿、篡改、毁弃原始记录和凭证、统计台账、统计调查表及其他相关证明和资料的，由上级人民政府、上级人民政府统计机构或者本级人民政府统计机构责令改正，予以通报。

第四十八条　地方各级人民政府、县级以上人民政府统计机构和有关部门有本条例第四十一条至第四十七条所列违法行为之一的，对直接负责的主管人员和其他直接责任人员，由任免机关或者监察机关依法给予处分。

第四十九条　乡、镇人民政府有统计法第三十八条第一款、第三十九条第一款所列行为之一的，依照统计法第三十八条、第三十九条的规定追究法律责任。

第五十条　下列情形属于统计法第四十一条第二款规定的情节严重行为：

（一）使用暴力或者威胁方法拒绝、阻碍统计调查、统计监督检查；

（二）拒绝、阻碍统计调查、统计监督检查，严重影响相关工作正常开展；

（三）提供不真实、不完整的统计资料，造成严重后果或者恶劣影响；

（四）有统计法第四十一条第一款所列违法行为之一，1 年内被责令改正 3 次以上。

第五十一条　统计违法行为涉嫌犯罪的，县级以上人民政府统计机构应当将案件移送司法机关处理。

第八章　附　则

第五十二条　中华人民共和国境外的组织、个人需要在中华人民共和国境内进行统计调查活动的，应当委托中华人民共和国境内具有涉外统计调查资格的机构进行。涉外统计调查资格应当依法报经批准。统计调查范围限于省、自治区、直辖市行政区域内的，由省级人民政府统计机构审批；统计调查范围跨省、自治区、直辖市行政区域的，由国家统计局审批。

涉外社会调查项目应当依法报经批准。统计调查范围限于省、自治区、直辖市行政区域内的，由省级人民政府统计机构审批；统计调查范围跨省、自治区、直辖市行政区域的，由国家统计局审批。

第五十三条　国家统计局或者省级人民政府统计机构对涉外统计违法行为进行调查，有权采取统计法第三十五条规定的措施。

第五十四条　对违法从事涉外统计调查活动的单位、个人，由国家统计局或者省级人民政府统计机构责令改正或者责令停止调查，有违法所得的，没收违法所得；违法所得 50 万元以上的，并处违法所得 1 倍以上 3 倍以下的罚款；违法所得不足 50 万元或者没有违法所得的，处 200 万元以下的罚款；情节严重的，暂停或者取消涉外统计调查资格，撤销涉外社会调查项目批准决定；构成犯罪的，依法追究刑事责任。

第五十五条　本条例自 2017 年 8 月 1 日起施行。1987 年 1 月 19 日国务院批准、1987 年 2 月 15 日国家统计局公布，2000 年 6 月 2 日国务院批准修订、2000 年 6 月 15 日国家统计局公布，2005 年 12 月 16 日国务院修订的《中华人民共和国统计法实施细则》同时废止。

江苏省统计条例

2014年1月16日江苏省第十二届人民代表大会常务委员会第八次会议通过　根据2017年6月3日江苏省第十二届人民代表大会常务委员会第三十次会议《关于修改〈江苏省固体废物污染环境防治条例〉等二十六件地方性法规的决定》修正。

第一章　总　则

第一条　为了加强统计管理和监督，规范统计行为，维护统计调查对象的合法权益，保障统计资料的真实性、准确性、完整性和及时性，发挥统计服务经济社会发展的作用，根据《中华人民共和国统计法》等法律、行政法规，结合本省实际，制定本条例。

第二条　本条例适用于本省行政区域内地方各级人民政府、县级以上地方人民政府统计机构和有关部门组织实施的统计活动与统计监督管理。

第三条　县级以上地方人民政府应当加强对统计工作的组织领导，将统计事业纳入本地区国民经济和社会发展规划，建立健全统计机构，加强统计队伍建设，为统计工作提供必要的保障，确保统计工作正常开展。

第四条　县级以上地方人民政府统计机构（以下简称政府统计机构）负责本行政区域内统计工作的组织实施、管理协调和监督检查。

县级以上地方人民政府有关部门依法组织、管理本部门职责范围内的统计工作，实施统计调查。

第五条　县级以上地方人民政府应当加强统计信息化建设，构建统计公共信息系统和业务平台，支持和实现资源共享、业务协同。

省人民政府统计机构应当会同有关部门对全省统计信息化建设进行统一规划，推进统计信息搜集、处理、传输、存储技术和统计数据库体系的现代化。

政府统计机构应当制定统计信息安全应急处置预案，建立和完善统计资料备份系统，保障统计资料安全。

第六条　政府统计机构应当建立统计信用制度，定期将政府统计调查对象依法履行统计义务的信用信息提供给公共信用信息机构，供社会公众查询。

第七条　地方各级人民政府和有关部门应当鼓励支持、依法规范民间统计调查，引导从事民间统计调查活动的社会中介机构等民间统计调查组织（以下称民间统计调查组织）参与政府统计调查活动，发挥其在促进经济社会发展中的作用。

地方各级人民政府和有关部门应当扶持统计调查行业组织，发挥其联系政府、社会的作用，促进行业的自律和有序发展。

第二章　统计调查

第八条　地方统计调查应当按照地方统计调查项目组织实施。地方统计调查项目包括县级以上地方人民政府、政府统计机构及有关部门的统计调查项目。

地方统计调查项目应当执行国家统计标准和部门统计标准，与国家统计调查项目、部门统计调查项目互相衔接，下级地方统计调查项目不得与上级地方统计调查项目重复。

地方统计调查项目的制定应当进行必要性、可行性论证，听取有关部门、专家和公众的意见，并根据经济社会发展需要科学合理设置统计指标。与人口、社会相关的统计调查项目应当合理设置分性别统计指标。

第九条　制定地方统计调查项目，应当同时制定该项目的统计调查制度，并按照下列规定审批：

（一）省人民政府统计机构单独制定或者与有关部门共同制定的，报国家统计局审批；

（二）设区的市、县（市、区）人民政府统计机构单独制定或者与有关部门共同制定的，报省人民政府统计机构审批；

（三）县级以上地方人民政府有关部门单独制定或者与其他部门共同制定的，报本级人民政府统计机构审批。

变更统计调查制度内容的，应当报经原审批机关批准。

第十条　除涉及国家秘密的以外，地方统计调查项目及其统计调查制度，应当及时向社会公布。经国家统计局批准的，由省人民政府统计机构自批准之日起十日内公布；经县级以上地方人民政府统计机构批准的，由审批机关自批准之日起十日内公布。

第十一条　地方统计调查项目及其统计调查制度未经批准或者虽经批准但未依法公布的，不得组织实施。紧急情况下，经省人民政府批准实施的临时性统计调查项目除外。

前款所称的紧急情况，是指重大自然灾害等突发事件对本省经济社会发展产生重大影响的情形。

第十二条　省人民政府统计机构应当建立全省统一的基本单位名录库，作为政府统计调查的基础。

政府统计机构应当利用行政记录等资料对基本单位名录库进行日常维护和更新。机构编制、民政、工商行政、税务、质量监督等有关部门，应当按照有关规定向本级人民政府统计机构提供统计所需的行政记录，不得以任何理由拒绝提供。

第十三条　国家机关、企业事业单位和其他组织，应当配备与统计任务相适应的统计信息技术设备，按照统计调查制度规定的使用计算机网络报送等方式报送统计资料。

第十四条　有下列情形之一的，政府统计机构、有关部门应当告知政府统计调查对象在规定期限内补正：

（一）未按照统计调查制度规定的方式报送统计资料的；

（二）以纸介质方式报送统计调查表，没有填表人、统计调查对象单位负责人签字，或者未加盖单位公章的；

（三）以数据电文方式报送统计资料，没有电子签名等身份识别标志的；

（四）发现报送的统计数据有错误的；

（五）其他按照统计调查制度应当补正的情形。

第十五条　政府统计调查对象未按照统计调查制度规定时间报送统计资料的，政府统计机构和有关部门应当书面催报。政府统计调查对象应当在催报规定的期限内报送统计资料。

第十六条　地方各级人民政府、政府统计机构和有关部门、单位的主要负责人及其他负责人，应当支持和保障政府统计机构、统计人员独立行使法定职权，不得有下列行为：

（一）自行修改统计资料、编造虚假统计数据；

（二）要求政府统计机构、统计人员或者其他机构、人员拒报、虚报、瞒报或者伪造、篡改统计资料；

（三）对依法履行职责或者拒绝、抵制统计违法行为的统计人员打击报复；

（四）对揭发、检举统计违法行为的人员打击报复；

（五）对本地区、本部门、本单位发生的统计违法行为不履行监督管理职责。

第十七条　省人民政府统计机构应当建立健全统计数据质量监控制度，规范统计方法，统一指标口径，避免政府部门统计数据的重复、交叉和不一致，保障统计数据的客观真实。

第十八条　地方各级人民政府、政府统计机构和有关部门可以按照政府采购的法律、法规规定，委托民间统计调查组织进行统计调查，实施数据搜集、核实、整理、分析和相关培训等活动。

民间统计调查组织应当在受委托的权限和范围内实施统计调查。未经委托，民间统计调查组织不得以政府或者政府部门的名义实施统计调查。

第十九条　接受委托实施政府统计调查活动的民间统计调查组织，主管统计业务的负责人应当具有中级以上统计专业技术职务资格或者与统计专业相关的中级以上职称。

第二十条　民间统计调查组织者开展民间统计调查活动时，应当向调查对象表明身份，告知调查目的，不得以任何方式强迫调查对象接受调查，不得冒用政府统计调查的名义组织实施调查，不得欺骗、蒙蔽调查对象。

民间统计调查组织者对能够识别或者推断单个调查对象身份的信息和数据应当予以保密，未经调查对象同意，不得对外提供、泄露。

第三章　统计资料公布和使用

第二十一条　除依法应当保密的以外，政府统计机构、有关部门开展地方统计调查取得的统计资料，应当及时向社会公布。

公布统计资料时，应当同时公布主要统计指标含义、调查范围、调查方法、计算方法、调查样本量等信息；引用其他机构或者部门资料的，应当注明资料来源。

第二十二条　地方各级人民政府编制国民经济和社会发展规划与计划、财政预算，以及制定重大经济社会发展政策等使用统计资料的，应当以政府统计机构提供的统计资料为准。

政府统计机构应当及时向本级人民政府及其有关部门提供统计资料。

第二十三条　民间统计调查组织者发布民间统计调查资料应当客观真实，不得伪造、篡改，同时应当说明调查目的以及主要统计指标含义、调查范围、调查方法、计算方法、调查样本量等内容；引用其他组织、个人或者机构资料的，应当注明资料来源。

新闻媒体和其他单位、组织对外发布信息引用民间统计调查资料的，应当准确引用，并注明民间统计调查组织者名称，不得伪造、篡改民间统计调查资料。

第四章　统计调查对象权利和义务

第二十四条　政府统计调查对象依法独立填报统计资料。任何单位和个人干涉独立填报的，统计调查对象有权抵制，并可以向地方各级人民政府、政府统计机构或者监察机关等有关部门举报。

第二十五条　有下列情形之一的，政府统计调查对象有权拒绝政府统计调查：

（一）未书面告知统计权利和义务的；

（二）统计调查项目及其统计调查制度未经批准或者虽经批准但未依法公布的；

（三）统计调查表未标明法定标志或者法定标志不完整的；

（四）统计调查表超过有效期限的；

（五）现场调查时，统计人员未出示政府统计机构或者有关部门颁发的工作证件的。

第二十六条　政府统计调查对象发现他人对外提供、泄露能够识别或者推断其身份的资料，或者将上述资料用于统计以外目的的，有权举报。

第二十七条　除依法应当保密的以外，社会公众有权查询统计资料。

在统计资料法定保存期限内，政府统计调查对象可以查询其报送的统计资料以及相关信息。对查询结果有疑问的，政府统计机构、有关部门应当给予解答和说明；确属错误的，应当予以订正。

第二十八条　政府统计调查对象可以通过签订合同，委托民间统计调查组织代理统计调查活动。委托合同应当自签订之日起十个工作日内，由委托方报所在地县（市、区）人民政府统计机构备案。

第二十九条　政府统计调查对象应当按照法律、行政法规和本条例以及统计调查制度的规定，真实、准确、完整、及时地提供统计调查所需的资料，不得提供不真实或者不完整的统计资料，不得迟报、拒报统计资料。

第三十条　国家机关、企业事业单位和其他组织，应当以业务活动或者生产经营中形成的原始记录和凭证为依据，记录统计台账、编制统计调查表，并按照统计调查制度的规定报送统计资料。

原始记录、凭证、统计台账、统计调查表等统计资料应当留存归档。

第五章　机构和人员

第三十一条　县级以上地方人民政府有关部门根据各自职责和统计任务的需要，设立从事统计工作的机构或者明确承担综合统计工作职责的机构，配备相适应的统计人员，并指定统计负责人，在本级人民政府统计机构的指导下负责本部门、本行业的统计工作。

国家级和省级开发园区根据经济和人口规模，明确承担统计工作职责的机构，配备相适应的统计人员，负责统计资料的搜集、整理、汇总、上报以及催报、查询和数据核查工作。

第三十二条　乡镇人民政府和街道办事处根据经济和人口规模，明确承担统计工作职责的机构，配备相适应的统计人员，负责本区域统计工作的组织实施、管理、协调，履行政府综合统计的职能。

基层群众性自治组织应当指定专人负责统计工作。

第三十三条　政府统计机构、统计人员应当依法履行职责，如实搜集、报送统计资料，不得伪造、篡改统计资料，不得以任何方式要求任何单位和个人提供不真实的统计资料，不得有其他违反法律、行政法规和本条例规定的行为。

政府统计机构、统计人员对其负责搜集、审核、录入的统计资料与统计调查对象报送的统计资料的一致性负责。

第三十四条　政府统计机构、有关部门应当对统计人员开展统计专业培训和职业道德教育，提高其综合素质。

统计人员应当接受统计继续教育，提高业务素质和职业道德水平。

统计人员所在单位应当支持和保障统计人员接受统计继续教育，参加统计专业培训。

第六章　监督检查

第三十五条　县级以上地方人民政府及其监察机关，应当对下级人民政府、本级人民政府统计机构和有关部门执行统计法律、行政法规及本条例的情况实施监督。

第三十六条　政府统计机构应当加强对政府统计活动、民间统计调查活动的监督检查，依法查处统计违法行为。政府统计机构在实施监督检查时，有关部门、单位和个人应当予以配合。

第三十七条　县级以上地方人民政府有关部门应当对职责范围内的统计活动实施监督检查，及时向本级人民政府统计机构移送有关涉嫌统计违法的材料,协助查处统计违法案件。

第三十八条　政府统计机构应当明确承担统计执法检查职责的内设机构,配备相适应的统计执法检查人员。

第三十九条　政府统计机构在调查统计违法行为或者核查统计数据时,可以发出统计检查查询书。被查询对象收到统计检查查询书后,应当按照规定期限如实书面答复,提供相关证明和资料。

第七章　法律责任

第四十条　违反本条例规定,政府统计机构或者有关部门有下列行为之一的,由本级人民政府、上级人民政府统计机构、本级人民政府统计机构责令限期改正,予以通报;对直接负责的主管人员和其他直接责任人员,由任免机关或者监察机关依法给予处分:

(一)违反第十一条第一款规定,地方统计调查项目未经批准或者虽经批准但未依法公布,擅自组织实施的;

(二)违反第十二条第二款规定,拒绝向本级人民政府统计机构提供统计所需的行政记录的;

(三)违反第三十三条第一款规定,不依法履行职责,不如实搜集、报送统计资料,伪造、篡改统计资料或者要求政府统计调查对象提供不真实统计资料的;

(四)违反第三十六条、第三十七条规定,不依法履行统计监督检查职责或者不依法查处统计违法行为的。

第四十一条　违反本条例第十四条第一项、第二项、第三项规定,政府统计调查对象未在规定期限内补正的,由政府统计机构责令补正,给予警告;拒不补正的,对企业事业单位或者其他组织处以二千元以上一万元以下罚款,对个体工商户处以二百元以上一千元以下罚款。

第四十二条　违反本条例第十六条规定,地方各级人民政府、政府统计机构或者有关部门、单位的主要负责人及其他负责人有下列行为之一的,由任免机关或者监察机关依法给予处分,并由政府统计机构予以通报:

(一)自行修改统计资料、编造虚假统计数据的;

(二)要求政府统计机构、统计人员或者其他机构、人员拒报、虚报、瞒报或者伪造、篡改统计资料的;

(三)对依法履行职责或者拒绝、抵制统计违法行为的统计人员打击报复的;

(四)对揭发、检举统计违法行为的人员打击报复的;

(五)对本地区、本部门、本单位发生的严重统计违法行为不履行监督管理职责的。

第四十三条　违反本条例第十八条第二款规定,民间统计调查组织超出委托权限或者范围实施统计调查活动的,由政府统计机构责令改正,给予警告,并处一万元以上五万元以下罚款。

第四十四条　违反本条例第十九条规定，接受委托实施政府统计调查活动的民间统计调查组织，主管统计业务的负责人不具有中级以上统计专业技术职务资格或者与统计专业相关的中级以上职称的，由政府统计机构责令改正，给予警告；拒不改正的，由政府统计机构处以二千元以上一万元以下罚款。

第四十五条　违反本条例第二十条规定，民间统计调查组织者有下列行为之一的，由政府统计机构责令停止调查，给予警告，并处一万元以上五万元以下罚款：

（一）强迫调查对象接受调查的；

（二）冒用政府统计调查的名义组织实施调查的；

（三）欺骗、蒙蔽调查对象的；

（四）未经调查对象同意，对外提供、泄露能够识别或者推断单个调查对象身份的信息和数据的。

民间统计调查组织者冒用政府统计调查的名义组织实施调查，情节严重的，由政府统计机构处以五万元以上十万元以下罚款。

第四十六条　违反本条例第二十一条规定，应当公布统计资料而未公布，或者公布统计资料不符合规定要求的，对直接负责的主管人员和其他直接责任人员由任免机关或者监察机关依法给予处分。

第四十七条　违反本条例第二十三条规定，有下列情形之一的，由政府统计机构责令停止发布、公开更正，给予警告，可以处以五千元以上二万元以下罚款：

（一）民间统计调查组织者发布伪造、篡改的民间统计调查资料，发布时不按照要求说明相关内容，或者不注明资料来源的；

（二）新闻媒体和其他单位、组织对外发布信息引用民间统计调查资料未注明民间统计调查组织者名称，或者伪造、篡改民间统计调查资料的。

第八章　附　则

第四十八条　涉外民间统计调查活动，按照国家有关规定执行。

第四十九条　本条例自 2014 年 5 月 1 日起施行。1989 年 12 月 15 日江苏省第七届人民代表大会常务委员会第十二次会议通过，1997 年 7 月 31 日江苏省第八届人民代表大会常务委员会第二十九次会议修正的《江苏省统计管理条例》同时废止。